岩　波　現　代　文　庫

大災害の時代

三大震災から考える

五百旗頭 真
Makoto Iokibe

社会 343

岩波書店

岩波現代文庫版への序文

日本史上最大の人的被害をもたらした一九二三(大正十二)年の関東大震災から百年を迎える本年、この文庫の増補版を発刊できることを嬉しく思う。なぜなら「大災害の時代」は、終わったわけではなく、首都直下地震や南海トラフ地震だけでなく、地球温暖化に伴う風水害も頻発し、地殻変動と気象異常の双方に起因する大災害を覚悟すべき時代に、われわれが生きているからである。

日本列島は変化に富む美しい自然に恵まれている。他面で、日本列島は、世界で最も自然災害の多い地でもある。この両側面は、同じ一つの歴史的現実の産物である。今から約二三〇〇万年前にアジア大陸の東縁部が割れ、沖合へ旅し始めた。これが日本列島の起源である。ただ、沖合への旅は、太平洋を西進・北上するプレートの運動によって阻止され、約一五〇〇万年前に、日本列島は、ほぼ現在地に折れ曲がって停止した。年速八～一〇センチという猛スピードで進む太平洋プレートと、南方から年速三～五センチのスピードで北上するフィリピン海プレートが、日本列島の南下を食い止め、むしろ日本列島の下に潜り込むことにより列島を浮上させ、盛り上げて、山岳列島へと変えた。二つのプレートが潜り込む持続的圧迫とそれに対抗する反作用とによって、日本列島内部は活断層の巣窟となり、また南アルプスの赤石岳のように今なお、毎年数ミリの隆起を続ける造山運動も続いている。

海洋プレートの潜り込みが日本海溝沿いに東日本大震災のような地震津波を周期的に生むだけでなく、両側から圧力を受ける日本列島のいたる所に生じた活断層が動いて、直下型断層地震が頻発する。また、海洋プレートが日本列島の下に潜り込む際に、大量の海水を引き連れるが、それが地底深く潜ると高い地熱と混ざりあってマグマを生じ、日本の脊梁山脈沿いに火山帯を作り上げ、火山噴火が止まない。

南西日本の下に潜り込むフィリピン海プレートの西端が相模トラフであり、関東平野の下へ潜る活動を続ける中で、本書の第1章である一九二三年の関東大震災をもたらした。

よくこんな危険な地に住んでいると思われる人もいるかもしれないが、災害は忘れた頃にやってくる非日常的例外事態である。平時は、日本列島の自然は美しいだけでなく、よき漁場を提供し、多くの作物を実らせる恵み豊かなものである。列島の住民は、自然と共存しつつ災害をこなすノウハウを二〇〇〇年にわたって蓄積してきた。釜石の小中学生が地震の後、津波が来るまでの三〇〜四〇分間に全員高地に逃れた例を引きながら、そうしたノウハウがなければ、東日本大震災の被害はこの程度で済まなかったと、世界銀行の東日本大震災報告書は指摘している〔1〕。

明治以降の近代化による技術能力の高まりによって、災害への社会的対応力が強化された。

本書が扱うのは、そうした近現代の時期である。とりわけ、一九九五(平成七)年の阪神・淡路大震災以後、日本列島は、震災が頻発する地震活性期に入った。その悲惨の中で、日本社会はかつてなく災害対処に力を注ぐようになった。本書は、その進化の渦中における記録に他ならない。

本書は、近代日本の三つの大震災を主として論じる。三大震災とは、第一に、日本の中枢部である首都圏を襲い、一〇万五三八五人という日本史上最大の犠牲者を出した一九二三年の関東大震災である。第二には、日本における第二の中心地である関西のうち、神戸から阪神間にかけての市街地を直撃して六四三四人(災害関連死を含む)の犠牲者を出した一九九五年の阪神・淡路大震災である。そして第三に、二〇一一年三月十一日の東日本大震災である。それは、マグニチュード(M)9・0という、記録されている限り日本史上最大規模の地震が東北地方の太平洋岸に巨大津波をもたらし、二万二千余人もの命を奪った。のみならず、それは、福島第一原発の過酷な事故を併発して、周辺の住民から故郷を奪い、日本の未来社会に影を落とした。

本書は、三つの大震災のそれぞれを包括的に解き明かすことを目的とする。災害は、常に個性的であるとともに、多面的であるが、その多様な諸側面に留意しつつ、全体像を示したいと思う。

まず注目すべきは、災害のフィジカルな側面である。地殻運動のどのようなメカニズムが大地を揺らし、海を掻き立てたのか。それは人々と社会にどのような被害をもたらしたのか。単発災害か、複合災害か。

ただ、本書の著者は自然科学者ではなく、人間と社会に関心を持つ歴史家である。それゆえ災害のフィジカルな側面以上に、人間と社会の側の対応により大きな関心を注ぐであろう。災害とは、大自然が一方的に人間社会に科すものではなく、両者の相互作用の結果である。その観点に立てば、社会がどのように災害を予期し、備えていたか否かはきわめて重要である。備えのありようは、危機管理的な災害突発時の対処から、復旧・復興の完成に至るまでの全過程に影響を及ぼす。

災害は個性的であり、一回性を本質とするが、近代日本の災害後の社会の対応と再生プロセスには共通パターンが認められる。

阪神・淡路大震災のような直下断層による内陸地震を例にとれば、まず第一局面は、七二時間が勝負と言われる人命救出活動を中心とする緊急期である。災害に対し、人が生存を全うするには、まず自助が基本である。自助が失われ、たとえば倒壊家屋に埋もれながら生きている場合には、家族やコミュニティによる救出、すなわち共助が求められる。(阪神・淡路大震災の場合、七〜八割が共助による生存救出であった。)それで足りない場合は警察・消防・自衛隊など第一線部隊による公助を待たねばならない。地震とともに発生しがちな火災への対処は、人命救出に劣らず重要な初動の課題である。以上の災害突発直後の緊急救援活動が、人々の生死を分かち、犠牲者の規模をほぼ確定することになる。

津波災害の場合は、本人が津波から逃れる自助の重要性がさらに高まる。津波に流される者を家族や友人の共助をもって救うことは不可能に近い。親が抱きしめる赤児すら、津波は奪い取る。何とか自力で木に登り、あるいはビルの屋上に逃れた者を、公的機関のヘリコプターが救出する。それが津波災害からの「生存救出」の意味である。地下に埋もれて自らは動けない者を、共助や公助で掘り起こし救出する地震災害と異なり、津波から本人がとりあえず逃れていたものを安全地に移すものであり、自助＋公助が実態である。

針の先ほどの偶然によって生死が分かたれる。それが大災害の現実である。極限状況をくぐって生き延びた者たちも多くの涙を流さねばならない。仏教の天台宗には「一念三千」という概念がある。一つの心の中に、仏から鬼までの善悪すべての世界があるの意である。秩序喪失の極限状況は、そのことを現実化する。関東大震災において地震と火災に攻め立てられた被災者には、朝鮮人らコミュニティ外の人々を殺害する集団ヒステリー現象が見られた。他方、極限状況の中でこそ自らの命を失っても他者を救おうとする、まばゆい人間の行為が多く現れる。最も邪悪な世界と最も香しい世界が同時並行的に現れうる被災地である。悲惨の極みにあって、人の輝きが示される例にも、本書は注目する。

次に第二局面は、安全な住居を奪われた被災者に対し、各レベルの政府(日本の場合、基礎自治体が中心)が避難所を提供し、水と食糧を届けて、当座の生存を支える応急救援期である。震災により、電気・水・ガスなどライフラインが途絶する中、避難者は、被災していない近隣と全国、全世界からの生活物資の提供に依存することになる。二、三カ月のうちに通信・道路・鉄道・学校・電気・ガス・水道などの社会インフラの復旧が急がれ、仮設住宅が建ち並ぶことになる。災害から生き残った人々は、プライバシー喪失状況にある避難所生活から、およそ三カ月のうちに狭いながら仮設住宅において家庭生活を――もし家族が生き残っておれば――取り戻す。

第三局面は、仮設住宅などで暮らしつつ、自宅再建や災害公営住宅の建設など、恒久的住居と街の再建を待つ時期である。被災した地や別の地に、個別に自宅を再建する場合は一年から三年で済むが、街そのものを土地区画整理事業や高台移転により造り替える場合には、五年から一〇年を要することになる。

以上の三大震災のすべてにおいて、復興思想をめぐる対立が存在した。単に災害前の状態に戻す「復旧」か、災害を機にかえってよりよい街をつくる「創造的復興」か、いずれを目標にするかの争いである。

たとえば、関東大震災において後藤新平内相は、東京をパリやベルリンに劣らない立派な帝都に造り替える革命的な創造的復興プラン(「大風呂敷」と揶揄された。)を説いたが、地主層や財政健全派から激しい反発を招いた。後藤の復興予算は大幅にカットされたが、なんとか東京は近代都市に生まれ変わることができた。阪神・淡路大震災においては、被災地の兵庫県知事・貝原俊民《としたみ》が創造的復興を唱えたが、中央行政は国費投入を復旧までに限定する方針を示し、また個人住宅など私有財産の自己責任論に立って私邸の再建に対する国費投入を拒否した。貝原知事に率いられた兵庫県は、屈することなく県の基金(借金)による創造的復興の事業をいくつか推進した。この対立経験を経て、東日本大震災においては、菅直人内閣が当初より創造的復興の方針を閣議決定した。また復興税の新設により財源を確保した結果、津波常襲地の三陸海岸を、津波に対し格段に安全な街に造り替える事業が展開された。

本書は、以上のような復興思想の進展をはじめとする社会意識の変容に注目して、三大震災への対応と復興を比較検討するものである。

本書の日本語版原著をほぼ書き終えた二〇一六年四月、熊本地震が発生した。私が神戸大学教授であった時に一九九五年の阪神・淡路大震災が起こり、西宮市の私の自宅は震度7の烈震に振り回された。防衛大学校長であった時に二〇一一年の東日本大震災に遭い、その復興にかかわることになった。そして熊本県立大学に赴任したら、またも二〇一六年の熊本地震に迎えられたのである。私のことを「地震男」とからかう者もいた。

防衛大学校長を六八歳で定年退官した私が熊本県立大学の理事長になったのは、一九七七年にハーヴァード大学で出会って以来、四〇年の友人である蒲島郁夫熊本県知事に招かれたからである。彼は熊本地震の本震二日後に、復興プランづくりを電話で求めてきた。私たちはそのための委員会を設け、一カ月後に報告書をまとめて答申した。単に地震前の旧に復するだけでなく、よりよい熊本を生み出す創造的復興が共通の課題であった。

阪神・淡路大震災に比べて、東日本大震災の犠牲と被害はいっそう大きくなり、他方で、日本の経済財政状態は悪化した。にもかかわらず、国民の意識は被災地への共感を強めて、立派な創造的復興の主張を支持し、国民は復興税の増税を受け入れた。災害が繰り返される中で、多くの教訓と対処ノウハウが蓄積され、それが新たな災害に活かされた。阪神・淡路大震災や二〇〇四年に新潟県を襲った中越地震の体験者が、東日本大震災の支援に駆けつけ、東松島市はじめ東日本大震災の被災者が熊本地震を支援するといった連鎖が成立した。

筆者自身が近年の地震に関わったことが、本書のトーンに影響しているかもしれない。関東大震災の記述は、もっぱら歴史的研究に基づくものである。阪神・淡路大震災の被災者に筆者自身がなったことにより、本書の記述には個人的体験が加味され、さらに復興事業のうち、震災オーラル・ヒストリー・プロジェクトの実施責任者に私がなったことにより、被災地と国の関係者からの直接の情報が多く用いられている。東日本大震災については、復興構想会議の議長を務めたことにより、復興プランがいかに作られるかを内側から知ることになり、それが本書に反映されている。

本書の日本語版原著は、二〇一二年から三年八カ月にわたり月一回『毎日新聞』に掲載された記事に手を加えて、二〇一六年六月に毎日新聞出版より単行本として出版されたものである。防災関係の研究の多くは理工系分野に属するが、本書はそうではない。山崎正和氏が、毎日新聞二〇一六年九月四日付「今週の本棚」に掲載された本書に対する書評を、氏のご好意により、英語版の Foreword として転載し、この文庫版にも「緒言」として掲載しているが、それにも指摘されているように、本書はむしろ人間社会の歴史の中で震災の全体像を論じたものである。(その後、氏は二〇二〇年に他界された。感謝とともに冥福を祈りたい。)

原著が出版文化産業振興財団(JPIC)の英語出版プロジェクトの一冊に選ばれて、ミシガン大学の筒井清輝日本研究センター長(当時)の紹介により、ミシガン大学出版会より刊行された。日本は代表的災害国であるが、世界の多くの国々も日本の災害体験と対処ノウハウの蓄積を共有することは無意味ではないので、英語版の出版は、幸いであったと思う。

なお、英語版出版に際して、東日本大震災の章に新たな一節「トモダチ作戦」を書き加えた。日米両国は第二次世界大戦後、変わることなく同盟関係を維持しているが、東日本大震災時のように、一方の軍隊が他方の被災への支援のためにこれほど大規模に出動したことはない。規模とともに、その作戦名が象徴するように心のこもった友情の表現であったことが、日米関係の新たな一頁に彩を添えた。

「トモダチ作戦」を新たに加筆したことに伴い、大きくなりすぎた東日本大震災の章を二分して、津波の現場を主として扱う第3章と、国と社会の対応を論ずる第4章に再構成した。その意味で、本文庫版は、日本語版原著の単なる再版というよりも増補版である。

私の敬愛する教え子のロバート・エルドリッヂ氏が、東日本大震災に際して、海兵隊の政治将校として仙台に赴き、日米両国の連携協力に尽力したことは、「トモダチ作戦」の項において改めて述べるが、氏は本書の英語版出版に際しては、協力を惜しまず、監訳者というべき役割を果たされた。英語版と増補文庫版を通じて周到な助言と指導をくださった青海泰司氏ともども、深くお礼を申し上げたい。

本文庫版の出版は、岩波書店編集部の伊藤耕太郎氏の力強い励ましによって可能になった。岩波らしい緻密なチェックを加えられた編集部の倉持豊氏に対しても、御礼を申し上げたい。私は今なお手書きで原稿を書く〝絶滅危惧種〟人間である。増補分につき、それをきれいな活字に改めるうえで、木田薫・良輔の両氏のお世話になった。

二〇二三年七月　関東大震災百年を前にして

五百旗頭　真

緒　言

歴史を振り返ると、日本には大地震が連発する時期、いわば地震の活性期が何度となくあった。九世紀の貞観《じょうがん》地震から仁和地震にいたる時代をはじめとして、十六〜十七世紀の天正・慶長地震群、十九世紀の安政地震を挟む活性期など、その頻度は数えきれない。そして今、阪神・淡路大震災を皮切りに、あらためて日本は「大災害の時代」に入ったのではないかと憂慮して、著者はこの本を書いた。

著者は自ら阪神・淡路大震災の被災者であり、当時は神戸大学教授として復興に貢献し、現在も震災を記念して創立された研究機構の理事長を務めている。また東日本大震災では政府の要請を受けて、復興構想会議議長として力を尽くしたうえ、熊本地震でも、縁あって復旧・復興有識者会議座長の重責を負っている。「大災害の時代」の到来を直観し、その実像を究明するうえで、これほど適格な人材はほかにないだろう。

この類い稀《まれ》な大著の魅力は、二本の糸の撚《よ》り合わせから成っている。一方は手練の歴史家による精密な史実の記録であり、無数の当事者証言にすべて出典を付記する厳密さである。だがそれ以上に読者を魅了するのは、被災者や救出者、復興当事者への著者の熱烈な愛情と、その人間愛に読者を共感させる人物像の描写力である。不幸な人、善意の人、勇敢な人の肖像が、凡百の小説の及ばない現実感を帯びて三百頁にちりばめられている。

第1章は戦前の関東大震災、2章は阪神・淡路大震災、3章と4章(原著では3章)は東日本大震災を扱うが、この選択それ自体が著者の歴史観を反映している。それぞれの復興を契機に日本の災害復興思想に変化が生じ、復興行政の制度や体制にも画期的な進歩が見られたからである。

関東大震災復興の英雄は後藤新平であり、その理念は今日の言葉でいう創造的復興であった。全滅した東京の街をただ復旧するのではなく、首都にふさわしい近代都市として改革を加え、むしろ発展の機会にしようという考え方である。周知のようにこの計画は財政上の困難に遭い、縮小の憂き目を見たが、それでも著者はこれが相当の成果をあげたと評価している。後藤の薫陶を受けた後輩官僚が持ち場ごとに奮闘し、かなりの程度に理想の実質的な実現に成功したからだった。

第2章に入ると、著者自身が被災者であっただけに、行文はにわかに切実さを増す。ここでのキーワードは「共助」であって、被災者の近隣共同体の助け合いが活写される。生存救出者の八割が共助によるものであって、無数の美談が後に残った。神戸商船大学(当時)の寮生の活躍は涙ぐましいし、「祭りのある街では生存救出者が多かった」という、自治体幹部の証言が印象に残る。

これを反映してか、復興の理念も新しくなり、後藤の創造的復興は引き継ぎながら、その牽引《けんいん》主体は中央政府から地方自治体の手に移った。貝原俊民兵庫県知事を筆頭に、各自治体の首長が奮闘し、独自に「阪神・淡路大震災復興基金」も設立されたし、同じ理念から後に多くの研究機構や文化施設も創立される。また共助の精神は全国に広がり、自発的な奉仕者が集まって「ボランティア元年」と呼ばれる活況を呈したのも、このときだった。

そして私が一読者として見るところ、第3・4章の英雄は著者その人である。控え目な書きぶりながら、当時の復興構想会議の混迷は凄《すさ》まじく、主宰する著者の苦闘は深刻だったことがわかる。弱体な政府と自己主張の強い委員たちを向こうに回して、著者は文字通り夜も眠れぬ難局に耐える。その結果、生まれた「復興への提言」は画期的な文書となり、史上初めて創造的復興を公的な目標として明記したうえ、その財源も公費に求めることを宣言した。これはそのまま法律に反映され、住宅の高台移転を含む私有財産への援助も、初めて法的に保証されることになった。

同時に阪神・淡路大震災後の一六年間、復興環境の変化もいちじるしく、警察も自衛隊も即応体制を一段と高め、国交省が直接に現場に対処する用意を調えていたりした。自治体も災害救援の意識を強め、関西広域連合、杉並区、遠野市などが被災自治体を助け、企業も三菱商事やヤマト運輸を先頭に、多くが得意分野で貢献したと、著者は頼もしげに伝える。

だが著者の筆が冴《さ》え渡るのは、やはり善意の個人の描写である。東北の自衛隊には家族が被災した隊員が多かったが、津波の直後、ある隊員の電話に助けてという妻の悲鳴が響いた。胸裂かれる思いでそれでも任務の救助作業を続けていると、まもなく「大丈夫だから、他の人を助けてあげて」という気丈な第二報が入った。「天使の言葉であった」という著者の述懐は、心に沁《し》みる。

全編を貫いて、人間に対する著者の愛と信頼は毅然《きぜん》として揺るぎない。大災害の時代に立ち向かう人間の可能性を信じ、シニカルな悲観論を峻拒《しゅんきょ》するその姿は、太古、民を励まして幽囚から救出した大伝道者を彷彿《ほうふつ》とさせる。

山崎正和

目次

1 「三大震災」の視座から

われわれは思いもかけず「大震災の時代」にめぐり合わせている。日本列島の地震活動は、あの一九九五年の阪神・淡路大震災をもって平穏期から活性期に転じた。一六年を経て、二〇一一年に勃発《ぼっぱつ》した東日本大震災は超弩級《ちょうどきゅう》の複合災害であった。問題の重大さは、それを地震活動のフィナーレと見ることができない点にある。

私は阪神・淡路大震災の内部に居合わせた。家族は無事だったものの、わが家は全壊。私の職場であった神戸大学では、ゼミ生の森渉君を含む三九名の学生が犠牲となった。六四三四名(災害関連死を含む)の犠牲者が阪神・淡路の地に屍《しかばね》を連ねる事態は、戦後日本の平和な時代の認識を超えるものであった。被災地の未曽有の悲惨の中で、このような凄まじい災害は二度とないであろう、否、あってはならない。二度となからしむるよう社会を再強化・再構築せねばならない。われわれはそんなふうに心に誓ったものである。

事実は、神戸が例外的に突出した災害だったのではなかった。むしろそれは「大震災の時代」の到来を告げる号砲であった。

それ以後、「天災は忘れた頃にやってくる」との格言に反して、忘れるいとまもないほどに頻発した。地震だけをとっても、神戸の大都市直下型の後は、二〇〇〇年の鳥取県西部地震（M7・3）を経て、二〇〇四年に中山間地域の新潟県中越地震（M6・8）、そして二〇〇八年には岩手・宮城の内陸地震（M7・2）とアングルを変え様相を変移させながら、二〇一一年、ついに東日本大地震津波がこの列島を襲ったのである。

表 0-1　日本を襲った近年の大地震

年　月　日	地　震　名	マグニチュード
1995 年　1 月 17 日	阪神・淡路大震災	7.3
2000 年 10 月　6 日	鳥取県西部地震	7.3
2001 年　3 月 24 日	芸予地震	6.7
2004 年 10 月 23 日	新潟県中越地震	6.8
2005 年　3 月 20 日	福岡県西方沖地震	7.0
2007 年　3 月 25 日	能登半島地震	6.9
2007 年　7 月 16 日	新潟県中越沖地震	6.8
2008 年　6 月 14 日	岩手・宮城内陸地震	7.2
2011 年　3 月 11 日	東日本大震災	9.0
2016 年　4 月 16 日	熊本地震	7.3

［出典］　自然科学研究機構 国立天文台編『理科年表 2017 年版』（丸善出版，2016 年）などをもとに作成

三点に留意したい。

第一に、過去の災害から教訓を学ぶ必要があるが、直近の強烈な災害ばかりに認識を支配されすぎてはいけない。

「将軍たちは前の大戦を戦い、外交官は前の講和会議を交渉する」と揶揄《やゆ》されるのと同じく、大自然も絶えず人々の想定を裏切り、新たな奇襲攻撃をかけてくる。一つ覚えは、その餌食になりやすい。安定した認識の視座を得るには、三脚がほしい。少なくとも三つの主要なケースを視界に収め、全体的な認識を得る必要がある。本書が、近代日本の代表的大震災である関東大震災、阪神・淡路大震災、東日本大震災の三者を検討の対象とするゆえんである。この三大震

災を検討し、今後も列島に生起する多くの震災に対する知的準備としたいと思う。

それ以外にも、天正十三(一五八六)年型の内陸部大地震を忘れることはできない。この大地震は、土砂崩れによって帰雲《かえりくも》城下の町全体を消滅させただけでなく、日本海に面した高岡の城、太平洋側は木曽川河口の長島城、そして琵琶湖畔の長浜城を倒壊させた。(1) 飛騨を中心にいくつかの活断層が連動したものと思われるが、今後もフォッサマグナ級、もしくは中央構造線級の内陸部大断層が動くことをも想定しておかねばなるまい。

第二に、大自然は天災の配分において平等主義者ではない。

戦後における米ソ対決の冷戦期は、大戦争なしに終わってみれば、「長い平和」(米国の歴史家ジョン・ルイス・ギャディスの言)とも評されるに至った。この時期の日本は、主観的には戦争忌避と憲法第九条の大義において、客観的には日米安保体制と冷戦の膠着状況ゆえに、史上稀な平和を享受することができた。不思議なことに、大自然もこれに協賛し、冷戦期は日本列島における地震の平穏期でもあった。そして冷戦が終結し、流動的で危機の相次ぐ時代が始まるとともに、一九九五年の阪神・淡路大震災を機に日本の大地は激動の時代を開始したのである。大地は平穏期と活性期の時期的な交互性を生理としている。

第三に、神戸に始まる地震の活性期は、東日本大震災をもって終わりを迎えたか否かが大きな問題である。今後も、東日本大震災の広大な領域とその周辺に余震が頻発するだけでなく、この大地の大きな動きが遠く離れた地域にまで歪みを拡大し、各地が抱える断層や火山の動きを活発化する作用が憂慮される。

地震発生のメカニズムに関する研究は、近年急速に発展しているが、地震についての科学的データの蓄積はまだ薄く、新しい学問として緒についたばかりである。大地の下で起こっていることはとらえがたい。

日本列島は四つのプレート(ユーラシア、北米、太平洋、フィリピン海)の交錯する場であり、そのせめぎ合いによって浮上している島々である。単純にモデル化すれば、太平洋プレートが年に一〇センチもの猛スピードで東日本の北米プレートの下に潜り込む。その接触面になめらかに滑る部分と、くっついて動く部分がある。後者がぎりぎりまで引っ張られ耐えられなくなった時点で、激しくはね動き、海洋プレート型の地震となり、津波を併発する。日本列島、とりわけ関東地方は四つのプレートが複雑にせめぎ合っている場所であり、その多元連立方程式には解がないのかもしれない。ことが起こってはじめて認識される要因も少なくない。

とはいえ、地震研究の発展にはめざましいものがある。地球物理学的なメカニズムの研究、コンピューターを駆使してのシミュレーションによるモデル化、それにボーリング調査などによる地層分析、地下や海底に計測機器を設置することによる大地の蠢《うごめ》きのより精緻な測定、さらには歴史文献研究を融合させることにより、古い災害の実像が甦り、新たに起こりうることの想定が、一昔前とは比較にならないほどに進んでいる。

身近な一例を引くならば、かつて一九二三年の関東大震災は一つの大地震のように思われ

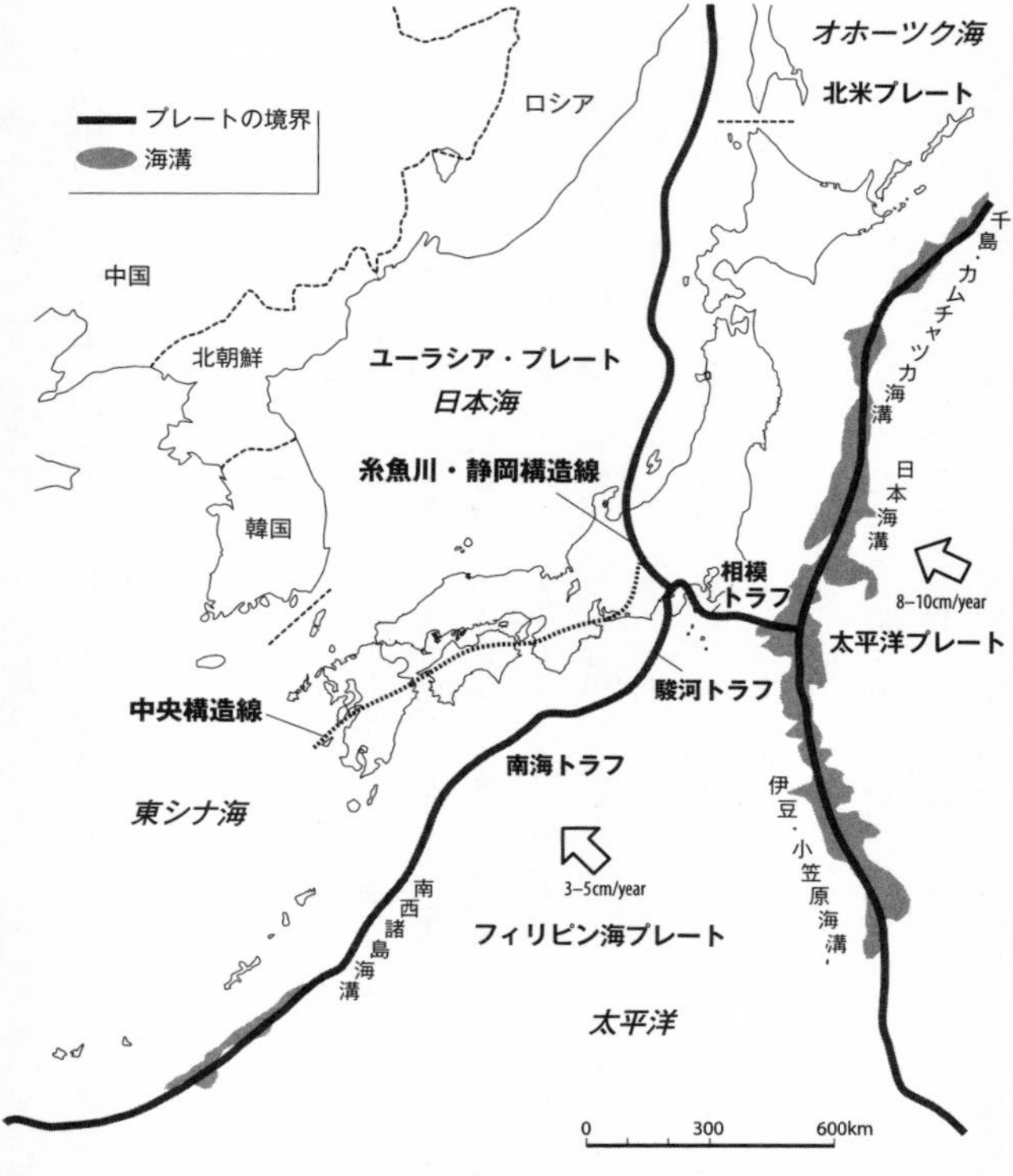

［出典］ https://www.static.jishin.go.jp/resource/figure/figure005048.jpg

図 0-1　日本列島をとりまく四つのプレートの境界

ていた。しかし近年の研究成果を中央防災会議の研究プロジェクトで再評価した結果、六〜七分にわたり連続して起こった三つの地震による災害であることが明らかとなった。九世紀の貞観地震すら、われわれの認識の射程に組み入れられつつある。

未来については、過去ほどにデータは存在しない。しかし過去を立派に分析することは、未来へのよりよき想定の土台となる。そうした観点から、日本列島について、われわれが知るところの地震活性期を振り返っておきたい。

筆者は地震学者ではなく、歴史家であり政治学者である。地震のメカニズムよりも、日本人と日本社会の地震への対処の歴史を多く語ることになるであろう。近代の三大震災に襲われた現地の人々は、どのような悲惨な目に遭わねばならなかったか。災害に対処すべき第一線部隊をはじめ、国と社会はどう対応したか。その時の政治の能力はいかほどであったか。復旧と復興について、その時代にどのような思想が支配的だったか。創造的復興は行われたのか。これらの考察を通して、大災害の時代を生きるわれわれ共同の運命を訪ね、その中でこの列島の住人が悲惨を超えてよりよく生きる道を問いたいと思う。

2　日本人の自然観・天災観

近代の大災害の各論に入る前に、一つ見ておきたいことがある。この日本列島の住人たちは、自然災害に対し、否、自然そのものに対し、どのように関わり、生きてきたのか。

人類は長く農耕生活を経験してきたが、農耕とは人間による自然の活用に他ならない。自然に任せても果物や穀物は実るが、それを人為により効率化し、密集化し、用水を灌漑し、品種改良して、より多くの食糧を安定的に得る。そのことは洋の東西を問わない。ただ、自然に対する人々の姿勢には、東西でかなり異なるところが感じられる。

石でできた西洋の住居は、自然を遮断する。自然を隔て、退け、制圧し、支配する。もちろん西洋人も自然を愛し、庭園や都市環境に取り込むけれども、基本的に自然が人間を支配することは好まない。自然は人間の文明社会に資すべきものであり、西洋文明はその必要に沿って自然を成敗する。

日本文明は違う。古来、日本人は自然が春夏秋冬にもたらす豊かな恵みに包まれて生きてきた。自然は対峙すべき敵ではない。日本の伝統家屋は外気を遮断せず呼吸する。木と草と土でできた家である。自然を畏敬し共生する日本列島の住人たちであった。

防衛大学校長時代に、F15ジェット戦闘機とグライダーの双方に試乗して、似た対比を感じた。F15は大気を切り裂き、重力(G)に逆らって鋭角的に急上昇する。グライダーは違う。上空に放たれたグライダーは、動力もないのに意外に長く漂う。パイロットが「右前方に緩やかな上昇気流の渦があります」と言う。凝視しても何も見えない。彼は機体にかかるちょっとした外気の変化を感じ取り、それに寄り添って自らも長く飛ぶ。古くから日本列島の住人の生き方も、そのようだったのではないだろうか。

大自然が、しかし時として牙をむき、暴虐のかぎりをつくす。それに人々はどう対処してきたのか。猛き者には抗い難い。首をすくめて、暴虐の嵐が通り過ぎるのをひたすら耐えて待つ。幸い天災は長くは続かない。一過性である。台風一過、津波一過、翌朝また槌音《つちおと》高く、同じ場所に、同じ木と草と土の家を再建する。また豊かな自然の恵みに包まれて生きるために。それが、この列島の住人が天災に対処する基本姿勢ではなかったか。

民衆レベルでは、そうした自然と天災に対する姿勢が基本であるにせよ、国と社会の対処はそれではすまないだろう。津波に親兄弟を奪われて生き残った少女が、「海坊主のバカ、海のバカ」と嘘のように平らになった海に向かって叫ぶ文章を読んだことがある。このような痛切な民の声は、その時直ちに応えることができないにせよ、国と政治がいつまでも放置しておけない問題である。なぜなら、大自然の暴虐は遅かれ早かれ繰り返され、悲惨が重なるほど当局の責任は重くなるからである。

民と政府の間には、実際の調印式はなくても契約関係があると思う。民は政府に大きな特権を与える。排他独占的に徴税権と軍事力を許す。政府が国民の安全を守り、福利を増進するかぎりにおいて。もし政府が民の安全と福利を裏切り続けるなら、統治の正統性は失われる。

忍耐の程度は国と時代によって異なるが、この原理は洋の東西にまたがる普遍性を有する。

J・ロックらの社会契約論だけではない。東洋の易姓革命論もそうである。権力が、外敵や天災から民を守れず、農民が田畑を捨てて流民化するなら、それは天命が革《あらた》まったことを示す。

農耕社会は、天災から農地と農民を守らねばならず、治水と灌漑を必要とする。日本の場合、農耕が本格化した弥生時代は、各地に小国の分立を見るに至った。当初は溜池灌漑により田畑に水を引き、農村共同体の収穫の増大と安定を求めた。青銅器や鉄器の導入により技術能力が高まり、農耕規模が拡大するとともに、川に堰《せき》を設けての水利や治水が有用となり、そのことはより大きな権力の成立を促《うなが》すに至る。

治山治水の能力が、民の経済的生存の保証であり、権力の正統性の重要な要素ともなった。僧・行基が各地に堤や橋を築いて、民衆の福利増進を図っていた八世紀前半、政治は天竜川のような大河の堤防を修築するようになる。その時期の賢帝であった聖武天皇は、さまざまな天災や疫病について、儒教と仏教思想に従い、天が統治者に下す警告や罰であると受け止め、応急救援、減税、恩赦などの善政をもって応えようと痛ましいほどの努力を重ねた(2)。

戦国時代の有力大名には治水技術に飛躍をもたらす者もいた。例えば、このたびの東日本大震災であらためて注目された仙台藩の伊達政宗にちなむ貞山《ていざん》堀である。

一六一一年の慶長三陸地震津波は、地震が大きくなかったわりに津波が巨大であり、仙台伊達藩だけで死者一七八三名、三陸海岸を中心に南部藩と津軽藩が三〇〇〇名以上の犠牲者を出した。東日本大震災以後、研究者の間で、慶長三陸地震津波のインパクトの大きさを再評価する動きがある。

これを受けて、構想力に恵まれた有力大名である伊達政宗は、北上川改修や運河の開削に力を入れた。彼の名を冠した貞山堀は、彼自身が構想し、後代に北上川と阿武隈川を結ぶ海岸砂丘の内陸側の水路として完成した。それは米などの輸送を担う経済動脈であるとともに、津波減災を図る国土保全事業でもあった。事実、一六一一年の慶長三陸地震津波後、その教訓として貞山堀がつくられてから、二〇一一年の東日本大震災までの四〇〇年間、砂丘と貞山堀を越えた津波は存在しなかった。

西国では、加藤清正が肥後で治水力を発揮した。阿蘇山から流れ出る白川は昔から暴れ川であり、増水期には南熊本の低地を氾濫湖として城下町を守る他はなかった。清正は熊本城にも示した石垣技術をもって白川堤防を強化するとともに、坪井川を城の堀に流す分水工事によって白川の治水を確かにした。これにより、船が海から熊本城の堀まで入るようになり、また南熊本の低地は穀倉地帯に転じ、その他の新田開発と相まって、肥後五四万石の実収は七三万石に達したとされる。安全と収穫と水運を高める国家改造に近い治水事業であった。

だが巨大治水事業による国土改造といえば、やはり徳川家康に始まる江戸幕府の関東大改造である。江戸湾に流入し氾濫をつねとしていた利根川を、はるか下総《しもうさ》方面へ遠ざけ、銚子に流す大工事を行って、江戸湾周辺の低湿地を水田と居住の地に変えたのである。

有力な戦国大名たちは、単に戦闘の達人であっただけではない。戦争の勝利を支える外交はもとより、領国の経済社会づくりができなければ、長期にわたる戦国の時代を勝ち抜くことはできない。戦国日本の再統一は、これら国家改造と国家経営の天才であった織田信長・豊臣秀吉が近畿を基軸として進めた。その過程で近畿において城と都市をつくり支えるための木材を中心とする自然資源は使い尽くされ、山林は疲弊した。家康とその後継者たちは千年の長きにわたって都のあった地ではなく、江戸湾を取り巻く手つかずの関東の原野を大土木工事によって利用可能な資源と化し、日本の新しい中心を築いたのである。

農耕社会が必要とする治山治水は、政治権力の拡大と強化を促し、権力は農耕社会から米穀の安定供給を得て、これを経済社会の基本とし、徳川二五〇年の長期平和を実現した。徳川幕藩体制は疑いもなく農耕社会の政治的完成形態であったが、他方、多くの治山治水と新田開発をもってしても、日本列島全体で養いうる人口が三〇〇〇万人を多く出なかったことも事実である。それは米本位制をとる農耕社会そのものの限界であったと言えよう。

このように見れば、農耕社会の維持発展のために、国と社会は治水や灌漑に古くから勤しんできたのであり、それにともなって、災害への脆弱性も改善されてはきた。

とはいえ、権力者はともかく、食べていくのがやっとの多くの民衆にとって、台風や地震、津波によって家を壊されたからといって、安全な地に転居したり、盛り土をした堅牢《けんろう》な屋敷に建て替えることなどできない。同じ地に、同じ家を再建する他なかった。加えて、発展を続けたとはいっても、治山治水の技術能力は限られており、公権力も「忘れた頃」にしか来ない天災への対処に、乏しい財源の多くを投入することは難しかった。
その意味で、より本格的な治水は近代の技術革命を待たねばならなかったのである。

3　日本列島の地震活性期

アジア大陸から離れた島が現在の位置に日本列島を構成したのは、約一五〇〇万年前のことであり、その列島の住民が縄文土器を残すようになったのは紀元前一万三〇〇〇年頃からである。しかし、日本人が文字の記録を残すようになったのは六～七世紀の頃であり、現在の記録である『理科年表』(3)が頻度高く地震の発生を記すのは、八世紀から九世紀以後である。識字層が全国各地に住むようになるまで、地震が起こっても記録には残らない。記録されるようになって以来の約一三〇〇年における主な地震活性期を、ここに概観しておきたい。

［1］貞観・仁和期――八六三～八八七年［二四年間］
八六九年の三陸貞観地震津波と、八八七年の南海トラフによる仁和地震津波が中心。リードとして八六三年の越中越後地震と、八六八年の山崎断層によると思われる播磨地震や、八六四年の富士山の噴火があった。典型的な大災害の四半世紀であった。
八六九年の貞観地震は、このたびの東日本大震災と似たものであり、東北地方に大津波を起こした。それだけに、貞観地震シナリオが今日の専門家に注目されている。その後、日本各地の断層が動き、当時の都・京都も地震に見舞われた。一八年後の八八七年に南海・東南海が連動する南海トラフ地震である仁和大地震津波を引き起こして、ようやく活性期を終えたと見られる。同様に、今回の東日本大震災をもってヤマを越えたと見る専門家はほとんどいない。日本列島には、なお地震をもたらす歪みがたまっており、各地で内陸地震を起こしたうえで、二〇〜三〇年の内に南海トラフ地震津波の時を迎えるのではないかと懸念されている。

［2］天正・慶長期——一五八六〜一六一一年［二五年間］

戦国時代の天正・慶長年間は地震の一大活性期であった。わずか二五年の間に日本列島に四つの歴史的大地震が立て続けに襲来した。

(1) 一五八六年の飛驒地方を中心とする内陸の天正大地震。大きな山崩れにより、帰雲城と城下町全体がこの世から消えた。日本海に近い高岡城、太平洋側の長島城、そして琵琶湖畔の長浜城も倒壊するほどの巨大地震だった。

(2) 一〇年後の一五九六年に、巨大断層のある中央構造線の両側で相次ぐ大地震。まず最西部に慶長豊後地震が起こり、別府湾岸の高崎山の半分が崩落し、瓜生島が海中に没した。翌日には西側で有馬—高槻構造線が動き、秀吉の伏見城を倒壊させた慶長伏見地震が起こった。

(3) その九年後の一六〇五年に、東海から九州まで連動したと見える大きな南海トラフ慶長地震津波。

(4) そして六年後の一六一一年には、三陸から北海道にかけて大きな被害をもたらした慶長三陸地震津波が襲来した。それは二〇一一年の東日本大震災のちょうど四〇〇年前に起こった巨大津波であった。

これらが、相次いで襲来したのである。戦国時代、幕末期、二十世紀の両大戦期といった政治社会の動乱期に、どうしたものか大自然も平仄《ひょうそく》を合わせて、地震活性期が猛威を振るう歴史的符合が認められる。

［3］元禄・宝永期――一七〇〇〜一七一五年〔一五年間〕

一七〇三年の相模トラフによる元禄関東地震と、一七〇七年の南海トラフが一気に動いたと見られる宝永地震津波が中心。双方とも最大規模の相模トラフ・南海トラフの地震津波であり、前後の内陸各地の地震や、富士山噴火も激しかった。

ちなみに、沖縄列島の東側には琉球海溝が深く切れ込んでおり、日本海溝や南海トラフに次いで、定期的に地震津波を起こす。とりわけ一七七一年の明和の大津波は、八重山・宮古諸島を襲った。石垣島には四〇メートルと推定される津波が襲い、現在の石垣市にあたる集落と住民はすべて消えた。川を遡った津波は八五メートルの鞍部を越えて島の反対側の平野に流入した。それほどの大津波は例外的であろうが、沖縄本島など、沿岸の低地に多くの人が住む地は警戒すべきである。

［4］安政期——一八五四〜一八五九年［五年間］

一八五四年十二月二十三日、安政東海地震（M8・4）が関東から東海地方を揺らし、大津波が房総から伊勢湾周辺まで襲った。死者二〇〇〇〜三〇〇〇名とされ、下田湾にあったプチャーチン率いるロシアのディアナ号も難破した。一呼吸置いて、その三二時間後、南海地震（M8・4）が連動し、近畿を中心に中部や四国までを揺らした。津波は串本の一五メートルをはじめ、紀伊半島と四国沿岸に襲いかかり、数千名の犠牲を出した。

安政の南海トラフ地震は、東日本大震災のように広域の断面が一気に動くのではなく、さりとて一部だけでもなく、一日余りの間隔をもってほぼ全体が連動した。一方が本震、他が余震という関係ではなく、双方ともM8・4と推定される大地震である。東海の駿河トラフもこの時動いたが、以来、今日まで一六〇年間動いていない。第二次大戦終末期の一九四四年と四六年に、二年の間隔で南海トラフが動いた時も、駿河トラフは動いていない。そのため、すでに一九七〇年代から「いつ動いても不思議ではない」地域と目され、静岡県は例外的に事前対応を進めてきた。

安政地震津波の前後、日本各地で内陸地震が勃発した。翌一八五五年十一月十一日には、江戸湾北部荒川河口あたりを震源とする江戸安政地震（M6・9）が日本の中枢を襲い、火災もあって、深川、本所など東部を中心に約七〇〇〇名が犠牲となった。さらに翌一八五六年八月、大型台風が関東地方を襲い、暴風雨と高波で東部の沿岸が水に浸り、甚大な被害を出した。

地球温暖化により強い台風の本土上陸が増える近年、防災関係者は、安政期の南海トラフ地震津波、江戸直下断層地震と巨大台風の相次ぐ襲来という過去に不気味なメッセージを感じるのだ。「大震災の時代」と言うにとどまらず、「大災害の時代」と言わねばならない今日なのである。

以上の歴史的な地震活性期に、近代における大正から昭和期にかけての二五年間(一九二三年の関東大震災、一九三三年の昭和三陸津波、一九四四年と四六年に二年差をもって起こった東西の南海トラフ津波、一九四八年の福井地震まで)も列記するべきであるかもしれない。ただ、他の活性期ほどひとまとまりの地殻変動期であるとは見ない専門家もおられよう。

それに対し、今日の平成期が史上の諸前例に勝るとも劣らない大活性期であることに異を唱える人は少ないであろう。

［5］平成・令和期——一九九五年〜

一九九五年の阪神・淡路大震災に始まり、鳥取地震、中越地震、岩手・宮城内陸地震を経て、二〇一一年に史上空前の太平洋プレート地震津波による東日本大地震を起こした。その後、各地に地震や噴火を伴いつつ、二〇一六年に熊本地震を招いた。それは二〇年、三〇年をかけて南海トラフ地震に行き着くことが憂慮されている。

1　海洋プレート型と内陸直下型の連鎖

地震発生のメカニズム

読者の皆様は、ご自身で地震を体験されたことがあるだろうか。日本人であれば、大地の揺れを知らぬ人はいまい。ただ、多くの方は、震度5あたりまでの「普通の地震」しかご存じでないのではなかろうか。

多くの人々の知る「普通の地震」は、次のようなものである。

——ガタガタ、ゴトゴトとリードの揺れが始まる。もしかして地震じゃないか。人々は心の中で警戒とともに、どの程度の地震かな、と瀬踏みする。このリードの長さは震源地からの距離に比例する。小刻みだが速く伝わる、いわゆるP波(タテ波)による地震の通告である。突如、大きく本揺れになる。S波(ヨコ波)の到達である。震度[1]3から4までだと、なかなかしっかり揺れるじゃないか、と人々にはまだ余裕がある。震度5以上だと、人々の表情が変わる。危ない、棚の上のものが落ちる、机の下に隠れないと。膝を屈する気持ちになると、幸い地震は遠ざかっていく。大自然を甘く見るなよ、わかればいいんだ。まるで大地の魔神がそう言い残すかのように——。

大多数を占める普通の地震は、このように人々に警告を発するが、とどめを刺そうとはしない。それなりにエチケットを心得たものである。

二〇一一年の3・11(三月十一日)の大地震を関東で体験した人は、以上のような標準型とは大きく異なる展開を見たであろう。

私自身、市ヶ谷の防衛省での会議を終えて、一時間余り高速道路を走り、横須賀は小原台にある防衛大学校の校長室に帰り着いて間もなくのことであった。緩やかな長いリードの揺れが始まった。これは遠いが、大きい地震かもしれない、と注目した。そしてかなり大きな本揺れが来た。ここまでは「普通の地震」の範囲内である。ところが普通なら、そろそろ遠ざかっていくべき時点で、さらなる大きな揺れが覆いかぶさるように始まった。電気もテレビも消えた。何だ、これは。経験したことのない大地震だった。

日本列島が乗っている北米大陸プレートの下へ、太平洋プレートが年に八〜一〇センチの猛スピードで潜り込む。3・11は、宮城沖一三〇キロ、地下二四キロのプレート接触面で始まった断裂が、北に南にと連鎖し、岩手沖から福島沖までの南北五〇〇キロ、東西二〇〇キロにわたる各所で大断裂を起こした。マグニチュード(M)9・0という日本列島周辺で記録された史上最大の地震となった。

海洋プレート型の大地震は、一本の断層ではなく、面的な複数断裂を引き起こすのを通例とする。一九九五年に阪神・淡路を襲った1・17(一月十七日)地震と比べればよくわかる。それは淡路島北部から六甲山南麓に沿って約四〇キロの断層帯が動いた直線的な断裂であり、地震の威力はM7・3であった。しかし大都市である神戸と阪神間へ至近距離(一〇～二〇キロ)の直下型であったため、地震そのものによる社会破壊力は、3・11よりもはるかに強大であった。東日本大震災は、震源から一七四キロ離れた宮城県栗原市を震度7という最大レベルの、東北三県の広い範囲を震度6の揺れをもって襲った。にもかかわらず、東日本大震災による約二万人もの犠牲のほとんどが津波によるものであった。地震の揺れによる家屋倒壊と圧死のケースはわずかであった。阪神・淡路大震災では、数千人の犠牲の大多数が家屋倒壊にともなう圧死であった。同じく震度7であっても、揺れ方が直下型の場合はまったく違うのである。

直下型地震の場合、先に述べた標準型のようなリードの揺れがない。いきなりガーンと下から跳ね上げられる。その地にあった私にとって、その一撃は、わが家に飛行機が墜落したのか、山津波に襲われたのかわからない大衝撃であった。目を覚まし、何事だ、と思う間に、猛烈な揺れが始まった。地震だ。が、われわれが知るところの(エチケットを心得た)地震ではない。大地の魔神が、わが家を両腕でわしづかみにし、引き裂こうとしている。この家を破壊し、家族を皆殺しにするまで止めない気だ。なぜだ。なぜそこまでする。殺意を感じる猛攻である。家は菱形に歪んで悲鳴を上げ、室内は家具が飛び交うのを、暗闇の中でも感じた。もし家族四人が、それぞれ二階のベッドで寝ていなければ、はたして生きながらえることができたかどうか。

とりわけ、現場体験のない方に理解し難いと思われるのは、上下動の直下型地震が最初の一撃で、家であれ電車であれ、重いものを跳ね上げるパワーの凄まじさである。宙に浮いたところへ横揺れが入るので、わが家の応接間の南コーナーにあったピアノは北の壁へ飛んでいた。午前五時四十六分という未明ゆえ、幸いにも停車していた電車は、下から突き上げられて宙に浮き、横揺れゆえに車輪が線路に切り傷を残すことなく脱線した。二階建て伝統工法の家々は、主柱が地面から浮いたところへ横揺れが加わり、まるで吊り上げられて足を払われる「二枚蹴り」のように、二階が一階を斜めに押し潰すパターンの家屋倒壊をいたる所で示している。

双方の揺れを体験した震災

海洋プレート型の大地震の揺れと、直下型のそれとを比較してきた。では、一九二三年9・1(九月一日)の関東大震災の被災者たちは、どちらのタイプの揺れに見舞われただろうか。

もちろん東京市民と神奈川県民とでは、揺れ方は異なる。同じ東京内であっても、地盤の軟らかい低地と、台地状の地域では、揺れ方はかなり違った。しかし、プレート型の揺れか、直下型の揺れか、といえば、東京の被災者たちは、その両方を経験しなければならなかったのである。

なぜか。9・1大地震は、相模トラフと呼ばれる海溝の浅い部分に沿っての面的断裂によるものである。その意味で海洋プレート型の地震である。が、3・11のようにはるか沖合ではなく、相模湾から湘南海岸に上ったあたりが震源地であり、近いのである。

震源地は、近年の研究により小田原の北約一〇キロの内陸部、松田あたりであるとされている。東京まで一〇〇キロほどの距離であるが、海溝型は面的断裂であることにご留意いただきたい。最初の断裂は小田原に起こったが、約一〇秒後に三浦半島の下あたりでもう一つの断裂が続いた。熱海は一二メートル、房総半島先端に近い富崎村の相浜(現在の館山市)は九メートル近い津波に襲われた(2)ことを考えれば、相模湾の下でも断裂が起こったと考える他はないであろう。

これらが東京ではほぼ一つの大地震として、一〇〇キロの距離相当のリードの後、激しい本揺れとなった。その大きさのほどは、東京大学地震研究所をはじめ東京の全地震計の針が振り切れて、計測不能となったことにも示された。M7・9と推定され、近年の再計算によりM8・1相当と見られる大地震である。地面がうねり歪んで、立っていることも難しかった。

阪神・淡路の現場で、私は大地の魔神に二〜三分は痛め付けられたとの実感を覚えた。後に公式記録が二〇秒の揺れであったと発表された時、信じ難い思いであった。生死の間をさまよう悲惨にある被災者は、たとえ二〇秒でも二〜三分と感じるのである。関東大震災の被災者は、実際に長い長い悲惨に耐えねばならなかった。

ようやく長く激しい揺れが収まったかと思ったところ、またドンと突き上げるような揺れ

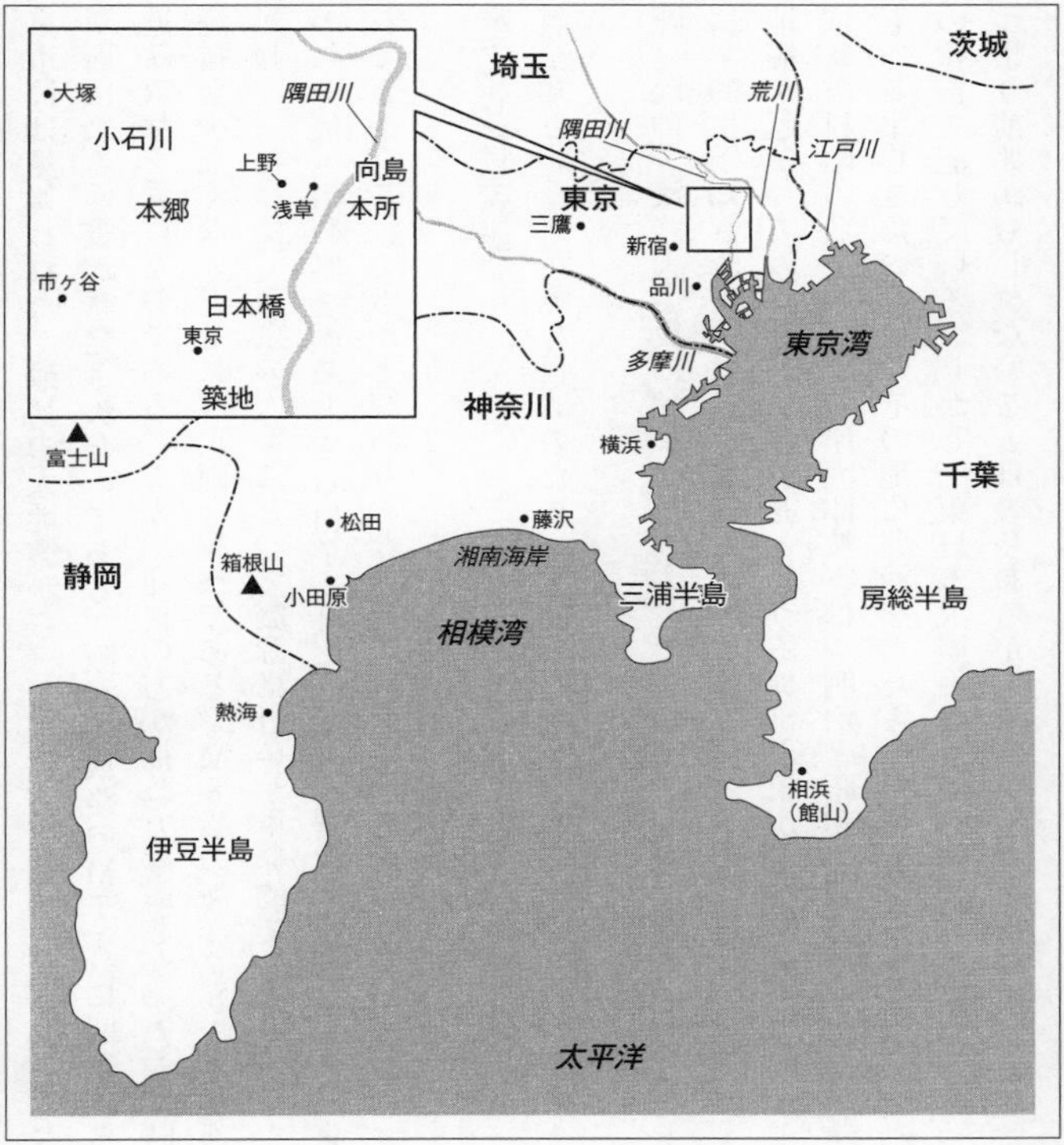

図 1-1　関東大震災の主要な被害地域

に東京市民は見舞われた。最初の大地震から三分後に、東京湾北部を震源とするM7・2の直下断層による地震が誘発されたのである。阪神・淡路のM7・3に匹敵するほどの直下地震の連続攻撃を受けたのである。この二発目の方が揺れ方は激しかったが、時間は短かったとの証言が少なくない。それは正確な観察である。M8級の海洋プレート型地震の面的広がりに対し、二発目は、東京の人々にとって震源は近いが単発的であった。

その二分後、山梨県を震源とするM7・3の三発目の地震が連鎖した。東京の被災者たちはこれでもか、これでもかと終わりのない波状攻撃に痛め付けられ続けたのである。

地震予知と科学研究

地震予知という不可能な目的のため、多額の国費が虚しく投ぜられた。そういった批判がある。

実際、阪神・淡路大震災にせよ東日本大震災にせよ、大きな被害を出した大地震があらかじめ科学的に予知された例はこれまでにない。

大地震が起こってみれば、その前兆と見うる異常現象があったとの説明がよくなされる。例えば、吉村昭の名著『三陸海岸大津波』[3]は、明治と昭和の双方の三陸地震津波の前に、いずれもあるまじき魚の大群がその地に豊漁をもたらしたことや、井戸水の変動が顕著であったとの報告を記している。しかし、東日本大震災の前にそのような異常があったとは聞かない。つまり前兆かもしれないことは幾多あるが、それが地震を前につねに起こるとはかぎらないし、起こったとして、それが前兆であると断ずることもできない。そのような現象は地震と関係なく起きることがあるし、実際の地震は期待される前兆なしに突如来襲することもあるからである。

地震予知には今のところ成功していないが、予知を動機として行われた科学研究自体が大きな発展を遂げることで、地震が起きるメカニズムの全体的解明が進んでいる。東日本大震災に際して、緊急地震速報により実際の揺れが来る前に新幹線にブレーキがかかり、安全に停止できたことは、科学研究の一副産物と言えよう。

また、科学研究の発展は過去をも解明する。関東大震災がどのように起こり展開したかが再解釈されたのは、この二〇年のことである。

関東大震災に際し、東京など近くの地震計は振り切れて計測不能となったが、日本全体では六つの地震計が生き残っており、その初期微動部分(P波)の分析から「双子地震」であると解明されるに至った。そう、中央防災会議の災害教訓の継承に関する専門調査会が二〇〇六〜〇九年にまとめた「災害教訓の継承に関する専門調査会報告書　1923関東大震災」(以下、「関東大震災報告書」と略す)の第一編(4)は、近年の研究成果を基に論じている。

すなわち、小田原の北一〇キロ、松田あたりの地下二五キロを震源として、小田原一帯の地下での大きな断裂を引き起こした。その約一〇秒後に三浦半島地下のもう一つの大きな断裂が連動した。双子地震は、フィリピン海プレートの東端部が東日本の乗っている北米大陸

写真 1-1　関東大震災で全町の 90% が壊滅した小田原(1923 年)

プレートの下に年に三～五センチ潜り込む相模トラフにおいて起こった。フィリピン海プレートは意外に浅く、北米大陸プレートと太平洋プレートの間に突っ込んでおり、東京湾あたりでも二〇キロ程度と近年の研究は言う。この接触面のあちこちが連鎖的に動く。さらに直下型断層が、三分後に東京湾北部を震源とするM7・2の地震を、さらにその二分後には山梨県を震源とするM7・3の地震を併発したことは、先に述べた。

こうした関東大震災の再分析の結論は、人々の体験的事実によって裏づけられる。

先の「関東大震災報告書」(5)は、小田原市民の地震体験を次のように伝えている。突然すごい音とともに上下に揺れ始め、室内のものが一尺二寸(三六センチ)も跳び上がり、家が傾き床が落ち、這って表へ出た、外へ出たもの激しい揺れに身体が転がされた、家屋は倒壊した、と。

小田原の地では、リードの揺れはなく、いきなり下から突き上げられる上下動であった。阪神・淡路大震災の被災者が体験したものと同じであり、この地で大地震が震度7の激震をもって始まったことを示している。

それに対し、三浦半島の付け根に位置する藤沢小学校の先生方は、次のように語る。

［1］揺れ始めたが、「さしたることもないと様子見」。

［2］ところが猛烈な上下動。「これは勝手が違うぞ」。戸棚は倒れ、ガラスが飛び、理科教室の剝製が躍り出る。あわてて窓から校庭へ転げ出る。

［3］もうもうと上がった土煙、目を開けると土煙の間から校舎の倒壊が見えた。助けての声。

［1］の記述は、四〇キロ離れた小田原で始まった地震のP波であり、余裕の「様子見」が可能であった。すぐにその本揺れが来る。［2］［3］の記述は、わずか四〇キロの至近距離の大地震の主要動（S波）の迫力とともに、一〇秒後には三浦半島自体が直下に大地震を起こし、校舎倒壊を招いたことを示している。

この地震は、災害の東京方面への大きな広がりゆえに関東大震災と呼ばれるが、地震メカニズムに即して言えば相模トラフ地震、震源地に即して言えば湘南地震であった。

2　被災地の惨状

震源に近かった横浜

東京よりも震源に近く、揺れの激しい横浜市の被災状況について、「関東大震災報告書」[6]は、もともと丘であった地域と、のちに海や谷を埋め立てた地域とで、家屋の倒壊率が大きく異なることを明らかにしている。前者が全壊率三〇パーセント以下にとどまるのに対し、後者は五〇パーセント以上、さらには八〇パーセント以上という全滅状態の地区もある。震源からの距離とともに、地盤の硬軟が、地表の建物と人々の運命に大きな差をもたらすのである。

横浜における地震体験については、吉村昭のもう一つの名著『関東大震災』[7]に、外国人脚本家スキータレツの手記が引かれている。彼は横浜山の手の中村町に家を借り、この日が引っ越しで、荷車を車夫に引かせて妻とともに坂を登り切った。そこで大自然の襲撃を受けた。

――突然、ゴーッという音響が押し寄せ、すさまじい突風が来た。大地が発狂したように前後に引っ張り合い、私たちは跳ね上げられ、妻と別方向に放り出された。見ると、周囲のあらゆるものがものすごい音を立てて揺れ、家々は崩れ、石垣も崩れた。大地が海のように揺れ、うねり、私の体は液体上を回っているかのようだった。ようやく地震が静まった。われに返ると、私は片手で垣根をつかみ、もう一方の手で妻を抱きしめていた。倒壊した家の下から、一人の婦人が人々に救い出された。婦人はまだ生きていた。私は死を考え、妻と離れずに死にたいと思った。その時、再び強い地震が起こった。大地は怒り狂ったように揺れた。日本人の群衆は驚くべき沈着さであった。女と子供が近くの広い庭に集まってきたが、だれ一人騒ぐ者はなく、ヒステリーの発作を起こす者もいなかった。親たちはあいさつを交わし、子供たちはおとなしく母親の傍らにあった。その間も大地は船に乗っているように揺れ続けた――。

横浜では山の手ですら、この凄まじさであった。一度静まったと思った地震が、再度猛り狂ったとの証言に注目されたい。また、阪神・淡路大震災でも東日本大震災でも、被災者の冷静で立派なふるまいが世界中で驚かれたが、それは関東大震災においても同じであったことが、この記述からわかる。

とんでもない。関東大震災では自警団による大虐殺が行われたではないか、そうおっしゃる方もおられよう。大災害の衝撃下で精神のバランスを失い、過度な被害意識から攻撃的防御に走る病理現象である。そのような人は、傷ついた社会に必ず現れるが、それは一部にすぎない。大部分の日本人は、今も昔も、悲惨のどん底にあってもその境遇を静かに受け止め、人々と助け合い、絆の輝きを示すことができるのである(関東大震災下の大虐殺については、後に論じる)。

ここで横浜の被災状況を当局の調査結果[8]に基づいて概括しておこう。お堅いはずの公文書らしからぬ臨場感と情感の溢れる記録である（「……」は中略。また一部、現代仮名遣いに改めた）。

「突然どこからか遠雷のやうな地響きがして来たかと思う間もなく、大地は大波のように揺れ始めて……表に逃げ出した時、総ての地上の物が破壊されてしまったのを見ると、人間生活の終りではないかとさえ思わずにはいられなかった。……逃げる間もなく下敷きになった者が非常に多かった。……市の中心である関内方面は開港以来の埋め立て地である。従って地盤は弱かったので、倒壊が非常に多く……横浜地方区裁判所などは所長以下……百名余が圧死……横浜郵便局では局員九〇名、税関では……約五十名が無残な圧死を遂げた。……オリエンタル・パレス・ホテルやグランド・ホテルの立派な建物が……無残にも崩壊して各々数十名の内外人も痛ましい圧死を遂げた。……南京街は……道路が狭かった上に建物が古い赤煉瓦造りだったので……総在留者の三分の一強……二千人の死者を出した（これは横浜市の町内最多の犠牲者であった）。……市の三面を繞《めぐ》る丘陵地の街々は、一帯に地盤が堅かったので、被害は甚だしくなかったが、欧米人の住宅地であった山手町の一帯は、被害甚だしかった。……理由は土を盛り上げた地面が多く、其の上に病院・学校・教会堂・邸宅・ホテル等、大建物が建てられているので、一溜まりもなく倒潰した。……欧米人の教育家や宗教家が少なからず圧死した」

「恐ろしい大地震に人々は生きた気持ちがしなくなっていた折柄、市内の数十数箇所から殆ど一斉に発火した。早いのは直後、遅いのは一時間位して発火。……県測候所の調査によると……(火元は)二百八十九箇所という多数、強い西南風が吹いて……火は猛威を振って……午後五時頃には……全市の大部分は火の海と化した。さらに大旋風が二十箇所で起きた。……あまりに火が早いために、親は下敷きになったわが子を眼の前に見ながらどうすることも出来なかった。夫婦も兄弟も、骨肉はみんな一生にない苦しみを互にし合ったのである」

横浜市人口四五万人中、五パーセントにあたる二万四〇〇〇人が死亡または行方不明となった。市内住居の二割が倒壊、六割が焼失、計八割が失われた。

複合災害に見舞われた東京

さて、東京はどうであったか。

「関東大震災報告書」(9)は、和辻哲郎、今村明恒《あきつね》、寺田寅彦ら錚々《そうそう》たる識者の体験記を豊富に引用している。

例えば、和辻は次のように振り返る。家族と昼食を終えかけた時、揺れ始めた。予想外に猛烈な震動、庭へ飛び降りる。二階が三尺(九〇センチ)ほども揺れている。揺れが収まってきた時に、家族と空き地へ避難。向こうの家が倒壊している。まもなく気味の悪い地鳴りがして、二度目の激しい揺れ、収まったところで家から下駄などを取り出して空き地に戻ると、三度目のひどい揺れ。

関係者の体験記はいずれも、三度の地震の襲来があったこと、最初の双子地震が大きく長く揺らしたが、「最初にも増して激しい波が来て、二度びっくりさせられた」(寺田)、「かなり強い余震が急激な震動を与えたため再び肝を冷やした。初震から三分ごろのものが特に著しい」(今村)という。東京湾北部を震源とする三分後の直下型地震である。ただ、この著名人たちは皆、東京の西半分、安定した地にいたようである。名士たちの証言に、自宅が倒壊したとの言葉はない。東半分の河川に挟まれた低地の惨状はそれとは違った。

前掲の吉村昭『関東大震災』(10)には、二人の少年の回想が記されている。

一つは、浅草の映画館で西部劇を友人と見ていた十四歳の時計工・政男の話である。「弁士のせりふに耳を傾けながら」カウボーイの見事な二丁拳銃に見入っていたところ、「不意に体が持ち上げられ」た。上層席の客が絶叫を上げながら、一階席に落下した。客は総立ちとなり、出口に殺到した。政男たちも、揉まれながら何とか館外に出た。大揺れが続き、鮨屋の軒先の柱にしがみついたが、その柱ごと建物が倒れそうであった。震動がやや衰えたので、路地から逃れ出たが、角の天ぷら屋が倒壊し、材木の下から眼球が飛び出た男の顔が見えた。初めて見る死人の顔であった。路面が粘液のように揺れる中、瓢箪池《ひょうたんいけ》の方へ逃れようとしたが、信じ難い情景が前方に見えた。(現在のスカイツリーのように)東京のシンボルであった一二階建ての凌雲閣《りょううんかく》が傾き、上方部分が割れ落ちた。その音響と地響きが大地の揺れに加わり、政男の全身が痙攣《けいれん》を起こした。

もう一つは、最も大きな被害を出した本所区(現在の墨田区)の小学生の話である。

九月一日は二学期の始業式で、下校が早かったので友人宅へ遊びに行った。昼近くなり、友人宅を出たところ、突然体が跳ね上げられ、道にしゃがみ込んだ。周囲の家の瓦が滑り落ち、壁が崩れ、大きく揺れていた眼前の家が、土煙をあげて倒れ落ちた。一〇軒先のわが家に帰る路地が倒壊家屋によって塞がれた。しかたなく被服廠《ひふくしょう》(旧陸軍の被服工場など)前の大通りへ這うように出て、樹木にしがみついた。この樹木を放したら死ぬと思った。肩をつかむ者がいた。父は金属加工業を営み、職人を一〇人ほど雇っていたが、その一人だった。彼からわが家もすでに潰れたと知らされた。

東京低地の揺れは凄まじく、先に紹介した横浜の状況に近いであろう。現在の基準で言う震度6強から7というところであろう。

関東大震災による犠牲者は、約一四万人とかつては言われた。しかし近年の研究によって重複カウントが除かれ、一〇万五三八五人と修正されている。そのうち一万一〇八六人が住居倒壊などによる圧死等である(表1-1参照)。この地震による直接犠牲だけで、阪神・淡路大震災(五五〇二人)のほぼ二倍である。(11)

家屋倒壊による犠牲者数は、東京府よりも神奈川県が多い。五七九五人で、東京府の三五四六人を上回る。さらに家屋倒壊に津波や山崩れ、職場の工場倒壊による犠牲を加えると、神奈川県が七六三七人、東京府が三八六六人となる。地震災害そのものは、神奈川県が東京のほぼ二倍を占めているのである。

表1-1　県別の関東大震災犠牲者数(人)

	火災以外				火災	
府県	圧死等	流失埋没	工場等の被害	小計	焼死等	合　計
神奈川県	5,795	836	1,006	7,637	25,201	32,838
東京府	3,546	6	314	3,866	66,521	70,387
千葉県	1,255	0	32	1,287	59	1,346
静岡県	150	171	123	444	0	444
埼玉県	315	0	28	343	0	343
全府県	11,086	1,013	1,505	13,604	91,781	105,385

［出典］　中央防災会議「関東大震災報告書」第1編(2006年). (注(4)参照)

震源を同心円的に取り巻くように大きな被害が生ずる。震源からの距離という原理にほぼ忠実な被災結果である。それを修正する第二原理が、被災地の地盤である。古い河川に近く地盤の軟らかい低地である東京の下町は、震源に近い横浜並みの揺れと家屋倒壊を強いられたのである。

一万一〇八六人という犠牲は、それだけで一八九一年の濃尾地震(死者七二七三人)、一九九五年の阪神・淡路大震災(災害関連死を含め六四三四人)を上回り、一八九六年の明治三陸津波(二万一九五九人)に次いで、近代日本史上三番目の大災害である(表1-2参照)。しかも、それは関東大震災の全被害の一部でしかない。圧死者や溺死など自然災害直接の犠牲者一万三六〇四人に対し、九万一七八一人の焼死者を出してしまった関東大震災であった。それは震災と火災の複合災害であり、しかも火災による犠牲が圧倒的な部分を占めたのである。

なぜか。よく知られているように、関東大震災は正

表 1-2　明治以降の地震被害ワースト 6

順位	年	地震名	マグニチュード	死者数(人)
1	1923	関東大震災	7.9	105,385
2	1896	明治三陸地震	8.5	21,959
3	2011	東日本大震災	9.0	19,418 ＋不明 2,592
4	1891	濃尾地震	8.0	7,273
5	1995	阪神・淡路大震災	7.3	6,434
6	1948	福井地震	7.1	3,728

［注］ 阪神・淡路大震災と東日本大震災の死者数には災害関連死を含む．
［出典］ 中央防災会議「関東大震災報告書」第 1 編，自然科学研究機構 国立天文台編『理科年表 2017 年版』など．

午の二分前に起きた。昼食準備時間であった。今なら電気にせよガスにせよワンタッチであるが、当時はかまどで火をおこしてご飯を炊く。その火の上に家屋が倒壊すれば、当然に火事となる。東京各地の百数十カ所から火が出た。七〇～八〇カ所で消し止めることができず、逆に燃え広がったとされる。

阪神・淡路の場合、もはやかまどの直火はなく、未明であったので炊事をしていた人もほとんどいなかった。それでも地震と家屋倒壊は火を発することを免れない。二五六件の火が出て、一七カ所が大きな火事となった。火事の原因はいろいろである。ストーブなど電気器具が発火したケースや、家屋の揺れや倒壊により電線が引っ張られてショートし、火を発したケースもある。意外に多かったのが、地震により地下でガス管が切れ、漏れ溜まったガスが電気の火花で爆発を起こしたケースだという。その他、停電した後、通電する際に火を発した例も少なくなかった。

関東大震災の時代とは違うから、地震にともなう火災などあまり心配することはない。そう考えるとすれば大きな誤りである。ただ、阪神・淡路大震災では、一七の火事が燃え広がったが、幸い風はなく、焼死者数は圧死者の一割以内であった。

圧死者数の八・三倍もの焼死者を、関東大震災が出した理由は何か。

強風である。その日、九月一日の午後、東京には一〇メートルから一五メートルの風が吹いた。午前中は外出もはばかられるほどの強風ではない。その日を語る人が、地震の起こる前から大風であったと注記した例を知らない。午前中少し雨もあったが、昼までにはやんだ。思いがけない突然の大揺れが来た。

前日、台風が有明海から九州に上陸し、日本海に抜けた。当日、金沢付近に再上陸する頃には、勢力を弱めて温帯低気圧に転じていた。この日の午後、低気圧は北関東を通過して太平洋へ抜けつつあった。秩父付近には副低気圧も生じた。結果として、東京に火が広がるのと符丁を合わせるように一〇メートルを超える風が吹き荒れ、しかも風向きがめまぐるしく変わった。南風から西風へ、そして北風にもなった。

恐るべきことは、大火が風に煽られると、火炎旋風が起こることである。火は上昇気流を起こし、風速を加乗する。それは都会の雑貨を上空に巻き上げる。黒く見えて火を含んでいる。旋風はしっぽを振りながら、突然の飛び火を助ける。被服廠跡の広い空き地に集まった四万を超える人々とその家財に火炎旋風が襲いかかり、広場は一瞬のうちに焦土と化し、黒焦げ死体の山となった。

大都会の地震に出火は避け難い。ただ、関東大震災をかくも大災害にした主犯は強風である。たとえ地震がなくても、強風の下で大火を招いてきたのが江戸の歴史である。明暦の大火(一六五七年)は、強風の下、三つの出火だけで、江戸を焼き尽くした。その後、江戸は、強風下でも大火を招かないハード・ソフトの防火体制を強化した。近代になって水道システムも整備したので江戸の大火は昔の話、そう思った人も少なくなかったであろう。あにはからんや、水道システムは大地震で寸断され、機能停止した。それでいて江戸の火消しの技は捨てられていたのである。

写真 1-2　火災被害を伝える徳永柳洲の油絵「旋風」(東京都復興記念館所蔵)

3　江戸時代・明暦の大火

市街の六割が焼ける

日本列島の住民にとって、最も恐ろしい災害は何だろうか。俗に「地震・雷・火事・親父」というが、今では親父はもはや怖い存在ではない。雷も迫力はあるものの、多数の犠牲者を出すわけではない。むしろ3・11後の日本人の多くは、ここにはない津波を真っ先に挙げるのではないだろうか。

では津波が日本列島最悪の災害なのか。

表1-2に掲げた犠牲者を多く出した地震災害のリスト[12]を見ればわかるように、地震のみによる犠牲者は一万人以下で、四位以下である。それに対し、二位、三位の二万人レベルの犠牲はいずれも津波によるものである。だが津波よりも、もっと犠牲を強いたのが火災であった。ワースト一位の関東大震災は、一〇万人を超える犠牲者の九割が焼死だったのである。近代史最大の被害を出した関東大震災の火災は、先述のように、大地震が起こった日にたまたま、台風(温帯低気圧となった)による強風が吹き荒れた不幸な偶然ゆえである。だが地震はなくとも、強風下の大火をこの列島は繰り返し経験してきた。

この列島の町は火に弱い。それには三つの要因がある。第一に、かまどに火をおこして食事をし、日常生活に火の元を伴う状況が、一九六〇年代に電気・ガスが完備するまで続いた。第二に、京・大阪・江戸など大都市への人口密集である。第三に、日本の家が多く木と草でできており、延焼しやすいことである。この三条件を備える都市が強風に煽られれば、大火は何ら不思議ではない。

京・大阪にも多くの大火があったが、さらに盛んに燃えたのが江戸である。家康が江戸に入り本城としたのは、一五九〇年のことであり、関ヶ原の勝利の三年後、一六〇三年に江戸に幕府を開いた。以後、幕府が大名たちに命じ、江戸城と江戸の町づくりのため、五次にわたる天下普請が行われた。それがほぼ完成したのが、寛永年間(一六二四〜一六四四年)であり、その頃の江戸の人口は約三〇万人であった。

その間にも、一六〇一年に日本橋駿河町から火が出て大火となった。茅ぶき・藁ぶきの屋根に次々と飛び火したので、幕府は屋根を板ぶきに転換するよう命じた。草ほどではないにせよ、板も燃えやすい。瓦ぶきが正解であろうが、当時瓦は高価であり、一六四九年の慶安江戸地震では、屋根の重さが家屋倒壊を招いたとして、瓦ぶきが禁止されたりもした(13)。

そして一六五七年の明暦大火の日、一月十八日を迎える。

八〇日以上も雨が降らず、江戸は乾き切っていた。前日から北西の風が吹き、その日は烈風となった。午後二時、本郷の本妙寺から火が出た。北から南へ、またたく間に燃え広がり、南へ逃げる人々を飛び火した前方の火が遮り、大量の焼死者が出た(出火をめぐる伝説から、振袖火事とも呼ばれる)。火は二方に分かれ、一方は西風に乗って隅田川を渡り、南下した本流は日本橋を焼き、海辺の霊巌寺に逃げ込んだ一万人近い生命を奪った。午前二時頃、鎮火。

しかし翌朝、小石川で別の火が出た。北からの強風が、火を市ヶ谷、番町へと運び、昼過ぎには江戸城天守閣が炎上した。城周辺の大名や旗本の屋敷も火に包まれたが、午後四時頃、西風に転じたため、西の丸は焼失を免れた。夜、麹町の町家から三つ目の火が出た。西の丸周辺の大名屋敷などをなめ尽くし桜田に至り、南下して芝浦の海でやんだ(14)。

たった三つの出火が江戸市街の約六〇パーセントを焼き、死者は約一〇万人とされる。当時の江戸の人口は五〇万人以下であろう。全人口の二割が焼死するとは信じ難い数字である。

幕府の対処

注目すべきは、大火後の幕府の対処である。四代将軍家綱の後見人・保科正之の下、粥の炊き出し、米蔵で被災した焼米の放出、米や材木価格の高騰阻止などの応急対処を行い、大名・旗本・御家人から江戸町民にも行き渡るよう資金の貸し付けや支給を行った。

さらに幕府は都市計画を断行した。立て込み、曲がりくねった戦国の防御都市を、平時の首都にして大量消費の都会へと改造することになった。諸大名には江戸城の再建を命ずるとともに、江戸城内や堀端にあった諸大名の藩邸に代替地を与えて、郊外へ転出させた。今日の天皇の吹上御所は、それまで大名屋敷であった。旗本や御家人も連なり、郭内の寺社も浅草、築地、本所などへ移転させた。多摩の吉祥寺や三鷹はこの時の移転によって生まれた町である。

江戸全体のおよそ六割が武家地、二割が寺社地、二割が町人地であったが、大火後の大移転により、江戸市中が過密を脱するとともに、大きく拡張することになった。その後、人口も激増する。

また延焼を食い止めるラインとして、川や掘割に沿った火よけ土手や広小路が、住民を転出させて設けられた。当時の消火は、風下の建物を燃え移る前に引き倒す破壊消火が主であったが、これらはその効果を高めるものであった。漆喰《しっくい》を塗り込んだ耐火建築も推奨された。

より重要な改革は社会制度であった。

幕府はすで明暦大火の翌一六五八年に旗本による定火消《じょうびけし》という消防隊四組を設け、一七〇四年には一〇組に増強した。また大名火消の強化を命じ、加賀藩の火消隊などが大いに活躍した。さらに享保年間の一七一八年には町人たちに町火消を「自発的に」つくらせ、二年後には「いろは組」の四七町火消体制が成立した。

こうして幕府・大名・町民を貫く消防体制が形成された。「火の用心」的な夜間の見回りなどの予防措置、速やかな消火のための水桶・天水桶などの各家での設置、火の見櫓《やぐら》の半鐘や太鼓とともに出動する屈強な鳶《とび》を携えた火消たちが揃った。彼らはけんかもするが、頼もしい江戸の華となった。

一〇〇回の大火があったと言われるように、以後も江戸に強風とともに大火は絶えなかった。が、明暦大火のような犠牲を出すことはなかった。江戸の人口は享保年間(一七一六〜一七三六)に一〇〇万を超え、世界最大の都市となったと見られるが、万単位の犠牲者は一七七二年の目黒行人坂の大火のみであり、一〇〇〇人もの犠牲を出すことは稀となった。江戸はそれなりに防火体制のある大都会となったのである。

幕府は財政難をしのぐためにも、大名火消・町火消に防火の多くを委ねた。しかし、大名や町人会も財政難にあえぎ、火消の定員維持は難しかった。せっかくの火よけ土手や広小路も次第に商業活動などに呑み込まれた。江戸後期には消防体制の揺らぎは否めなかったが、何とか大火との格闘を屈することなく続けた。

明治以降も東京に大火は止まなかった。一八九二年の神田大火には近代的な蒸気ポンプ車八台が出動したが、まだ加圧上水道が完備せず、火勢に負けてポンプ車が後退を強いられもした。死者は二五人にとどまったが、不燃建築物も水利も消火手段もまだまだ中途半端であった。

関東大震災を前に、東大の今村明恒助教授が大震災の到来を予言したのに対し、上司の大森房吉教授は科学的根拠は何もないとたしなめた。有名な論争である。しかし両人は一致して震災に際し起こる火災の危険と、近代的水道システムの未整備を指摘した。はたして、関東大震災の瞬間、水道システムは寸断され、強風に狂う火災旋風に大都市東京は屈した。一〇万を超える明暦大火以来の犠牲者を出したのである。

その後の大きな火災は、一九三四年、強風に煽られた函館大火であり、二万戸を超える家を焼き、二〇五四名が犠牲となった。戦後の混乱期を経て、一九六〇年代以降、強風による大火は一九七六年の酒田大火を例外に激減し、一九八〇年代以降は見られなくなっている。(15)

日本の都市づくりと消防体制は、安全な水準に達したのであろうか。

そう断ずるのは早計であろう。地震により水道インフラが破壊されるとともに同時多発的に火が出て、それが強風に煽られた場合、鉄筋コンクリートの燃えないビルが増えているとはいえ、どこまで延焼を抑えうるだろうか。もし阪神・淡路大震災の日、六甲おろしが吹き荒れていたとすれば、関東大震災にも似た悲劇を招く可能性は十分にあった。

大東京への人口集中は常軌を逸しており、一〇〇万都市であった江戸の比ではない。強風がその時にないことを頼みにしている度合いは、依然高いのではないだろうか。そして、それは東京だけの問題ではない。大阪であれ京都であれ、地震による多発出火と強風に襲われる時、大火にならない都会が日本にあるだろうか。

4　震災への行政対応

首相の不在

大自然には政治の弱点を突く悪趣味な性癖があるのだろうか。東日本大震災は、政権交代を遂げた民主党政権が不安定な試行錯誤を続ける中で勃発した。阪神・淡路大震災も、社会党委員長・村山富市を首相にいただく自社さ連立政権という変則的事態を襲った。それ以上にひどかったのが関東大震災であった。何と首相不在の瞬間に突発したのである。

全権代表としてワシントン会議をまとめあげ、帰国して首相となった加藤友三郎は、陸海軍の軍縮を実現し、シベリア撤兵を遂げるなど実績を上げた。彼の弱点は胃腸にあった。一九二三年八月二十四日、加藤首相は現職のまま腸がんで病没した。翌日、内田康哉《やすや》外相が臨時に首相を兼任し、二十六日に内閣の辞表をとりまとめて摂政宮に提出した。二十八日、組閣の大命は山本権兵衛《ごんのひょうえ》に下った。が、諸勢力混合型の「挙国一致」の組閣方針に二大政党が反発し、組閣は難航した。権力の空白が八日目を迎えた九月一日の正午前、大地の襲撃を受けたのである。

内田は単なるつなぎの臨時首相以上の、重い初動対応を迫られた。その日の午後、閣僚全員の集合が不可能な中、官邸の庭(揺れが続く中で、より安全である)にとりあえず集まれる者だけで臨時閣議を開いた。閣議は内務省側から提案された「非常徴発令」と「臨時震災救護事務局」の設立を検討した。しかし双方とも枢密院の承認が必要な重要事項であり、老顧問官たちの召集は無理であった。手続き上の理由から、緊急事態への対応措置は見送られた。平時の法手続きに縛られて、国民的重大事態に直面しながらも的確で大胆な対処が遅れるのは、日本政治によく見られる傾向である。

波状的に襲来した地震は、家屋倒壊や津波などにより、後に明らかになった数字だが一万三六〇〇名余りの人命を奪った。当初はそれが大震災だと思われていた。午後一時頃には、あちこちで火の手が上がったが、圧死者の八・三倍もの犠牲者を出す大火になろうとは、だれも想像しなかった。すべては強風のなせる業である。あちこちの火は拡大しつつ合流して、手のつけられない巨大な火炎となり、東京市の四四パーセントを焼き尽くした。午後四時には警視庁の本庁舎が燃え上がった。夜にかけて内務省、大蔵省、文部省、逓信《ていしん》省、鉄道省、それぞれの本庁舎が次々と火に包まれた。

政府自身が被災者であった。帝都の夜を焦がした火勢は、焼くところを焼き終えて、二日の朝には下火となった。

枢密院の承認手続きが得られないからといって、日本政府はこの惨状を放置するのであろうか。そうではない。実はトップの首相官邸がなくても、日本の行政機構はそれぞれ自律的に動く仕組みになっている。とりわけ、このような国難にあって中心的に対処するのは、警察と消防を手足として持つ内務省であった。

戦前の内務省は、それ自体で政府ではないかと思われるほど、巨大な権限を持っていた。水野錬太郎内相を災害対応面で支える事務方のトップは後藤文夫警保局長であった。その下で、東京の警察・消防・衛生を統括する赤池濃《あつし》警視総監が現場指揮にあたった。

発災後、直ちに課員は被災状況の調査に赴き、それに基づいて対策を練り、午後の臨時閣議に前記の提案を行った。赤池総監は戒厳令の施行をも内相と局長に進言した。前述のように枢密院開催の困難から、これらすべての実施は見送られたが、猛火に包まれた夜の明けた二日午前の臨時閣議において、「非常徴発令」と「臨時震災救護事務局」の設置が決定された。

背中を押したのは、言語に絶する事態の重大さであろう。加えて、一日の官邸の庭での閣議に招かれた枢密顧問官の伊東巳代治《みよじ》が、この非常事態にあっては内閣の責任において決定すべきだと内田臨時首相に助言したことも効いたのであろう。

警視庁本庁舎だけでなく、一五の警察署、二五四の派出所・駐在所が全焼した。赤池総監は、軍隊の出動なしには治安維持と応急対処に困難をきたすと洞察し、戒厳令を強く求めた。これも、二日に「朝鮮人攻め来る」の流言飛語が広がる事態を受けて、施行された。

火災との闘い

通常の震災であれば、まず倒壊家屋に埋もれた者の救出活動、次いで道路啓開と炊き出しなどライフラインの確保、そして避難所などの施設や医療活動が展開される。関東大震災の場合は、倒壊した家屋に埋もれた者を救出する間もなく火災が迫る場合が多かった。家族や隣近所ですぐに救出できた場合はよいが、警察や軍隊など公的機関による救出活動を、火炎の急速な広がりは待ってはくれなかった。

その意味で、地震後の一日は火との戦いがすべてであった。警視庁の下には消防部があり、八二四人の消防員がポンプ消防車三八台を擁し、平常時の火災には有効な近代的消防組織であった。しかし、「消防ノ神トモ頼メル水道ハ全ク枯渇断水」し、加えて台風並みの、「烈風ハ刻々強烈ノ度ヲ加へ」て、燃え広がる火の手が消防を圧倒した。[16] つまり東京の防火体制には、「震災後における断水や同時多発火災は想定されておらず、それに見合う装備と人員からは程遠いものであった」。[17]

東京市の「東京震災録」[18]によれば、一三四カ所から火が出て、五七カ所で初期消火に成功し、七七カ所の火が燃え広がったという。初期消火に成功した五七件中、三四件が住民によって、二七件が消防隊によると推定されている。

燃え広がった火勢を、消防隊は二二人の死亡、一二四人の負傷という犠牲を払っても食い止めることはできず、午後二時頃からは住民がいかに火から生きて逃れるかが中心テーマとなった。前述のように、午後四時には本所区の陸軍被服廠跡の広場を火炎旋風が襲い、瞬時に四万人もの焼死者を出す悲劇を招いた。浅草区の田中町小学校では一〇〇〇人余りが焼死した。火に追われ、本所区横川橋に追い詰められた七七三人が焼死した。火から逃れようと向島で隅田川に入った三七〇人は溺死した。吉原公園での焼死者も四九〇人に上った。

これらの記録は、逃げる集団の殺戮に狂う猛火の凄まじさを示しているが、他方、多くの人々を守った広場の方がもちろん多い。

上野公園は五〇万人、皇居前広場には三〇万人が避難した。双方とも近くまで火が迫ったが、延焼地域の外縁に位置する安全避難地となった。奇跡のような不幸中の幸運もあった。浅草公園には七万人が避難したが、周辺四方が焼失したにもかかわらず、池の水を利用した消火活動をイチョウなどの樹木が助け、風向きが際どく変わったことにも助けられ、人々は無事であった。また、横浜公園は六万人の避難者で埋まったが、樹木の緑と破裂した水道管からの水溜まりが人々を救った。

東京本所の陸軍被服廠に避難した人々が家財道具を持ち込み、それに引火したのに対し、家屋倒壊の激しかった横浜の人々は家財を持ち出す余裕がなかったことも幸いしたという。

日本には天災が多いが、多くの災害は短時間で終わる。ところが、関東大震災は、相模トラフの面的断裂に始まり、連鎖的に断層地震を誘発したため、地震そのものの波状的持続時間が長かった。のみならず、火災がそれに続き、午後と夜にわたって災害が拡大した。地震を生き延びても火炎に追い詰められる被災者にとって、何の咎《とが》があってここまで責められねばならないのかとの思いを禁じえなかったであろう。

火炎が消火活動を圧倒し終えた二日から、全政府と社会の救援と復旧の活動が始まる。首相不在の変態が続いていたが、非常事態が政治家たちの目を覚まし、山本内閣の組閣を助けた。

最も鮮やかな転身を国難の中で演じたのが後藤新平であった。入閣を拒否していた後藤は、この重大事態にあって政治は力を合わせて対応せねばならないと入閣に応じ、内相という要職を得た。それは政治指導者としての正統性を帯びた決断であり、その鮮明な声は悲惨の中で希望を体現することになる。

5　自警団による虐殺

情報暗黒下の異常心理

戦争も大量殺戮も、第二次世界大戦後の日本史からは遠くなった。しかし世界的に見れば、大戦争は起こっていないものの、内戦や民族紛争は少なくない。とりわけ冷戦後は民族紛争、宗教紛争が頻発した。

その一つ、旧ユーゴスラヴィアの地を二〇一一年十一月に訪ねた。大ユーゴ連邦を主宰したチトーの記念館がベオグラードの丘にある。そこには聖火を次々に諸民族代表でバトンタッチして殿堂に集う行事が展示されている。その時代、多民族間の共存だけでなく通婚も行われた。それだけにチトー没後一〇年余にして勃発した民族戦争は、地域と家庭をも引き裂く痛ましいものであった。

なぜ一緒に暮らしていた者たちが殺戮を始めたのか。「過去という扉を開けた瞬間から、悲劇は避け難いものとなった」(オイディプス王)と表現されるような歴史の傷が深いことは言うまでもない。

直接の契機は、「あの連中が攻めて来る」との恐怖心から攻撃を思う集団心理の相互作用だという。そこでは断固として強硬論を吐くリーダー(煽動家)の役割も大きい。情報が不確かな中で防御的先制攻撃論が集団的に膨らむのは、その地だけの話ではない。ルワンダのツチ族、フツ族にも、本編の主題である関東大震災下の自警団による虐殺にも、同種のメカニズムが認められる。

大災害の被災地の混乱の中で窃盗、略奪、暴行などが横行するのは、世界にかなり普遍的な現象である。阪神・淡路大震災や東日本大震災の被災地に略奪がなく、人々が立派に振る舞うのが国際的なニュースになったのは、それが例外的だからである。

例えば世界帝国の首都が地震―津波―火災の複合災害により壊滅した一七五五年のリスボン地震は、王の委任を受けたポンバル卿が軍隊を出動させ、略奪暴行を働いた犯人三〇名余りを処刑し、広場の台上に吊るすことによって治安を回復した(19)。

一九〇六年のサンフランシスコ大地震では三日間にわたり火災が続き、三〇〇〇人の犠牲者を出す惨状を呈したが、発災直後から略奪が始まった。ユージン・シュミッツ市長は不法行為に対しては断固たる対処を行うとのビラ五〇〇〇枚を配布し、次いで警官隊に加えて、一五〇〇人の軍隊を率いて前進。警告の上、実弾による一斉射撃を行って、二人の犠牲者を出しつつも治安を回復した(20)。


このような先例を見れば、関東大震災下の不祥事がまったくの例外事態とは思われないかもしれない。しかし「不逞《ふてい》鮮人来襲」との風評が飛び交い、自警団が朝鮮人を探し求めて殺戮に狂奔する事態をどう理解すればいいのか。

「流言は、通常些細な事実が不当にふくれ上がって口から口に伝わるものだが、関東大震災での朝鮮人来襲説は全くなんの事実もなかったという特異な性格をもつ」「大災害によって人々の大半が精神異常をきたしていた結果としか考えられない(21)」。

吉村の『関東大震災』は、風評流言の拡散経路を語っている。

起源は激震地・横浜である。立憲労働党総理を名乗る山口正憲が避難民を煽動し、決死隊を組織して集団略奪を、地震発生四時間後の九月一日午後四時頃に開始した。赤い布を腕に巻き、日本刀などをかざして商店を襲い、食糧や金銭を強奪した。その襲撃は一七回に及んだという。それへの恐怖が折から囁かれ始めた流言と結び付いた。朝鮮人による集団攻撃と誤認されたのである。そのリアリティを帯びた流言が、横浜から東京へ北上したとする。

警察が記録した流言リストが警視庁編『大正大震火災誌』(22)に掲載されており、それを分析した「関東大震災報告書」(23)は、横浜からの北上ルートとは別に、東京の東北部千住・江北方面にも強奪集団があり、それに「鮮人来襲」の流言がかぶせられたとして二つの発信源説を採っている。

ただ上記の流言リストを見れば、九月一日のうちに、すでに王子、愛宕、小松川での「鮮人放火」「鮮人襲撃」「鮮人暴行」などが記されており、二日午後には、東京の各地で多くの流言が記録されている。品川では「火災は概ね鮮人と社会主義者とが共謀して爆弾を投じたる結果なり」とされた。大火は人為の所産とされた。根拠は何もない。朝鮮人は国を奪った日本人を恨み、報復するに違いない、との日本人の潜在意識の暴走であろうか。

異常事態への警察対応

警察は当初、流言の報告があると、真偽を確かめるため現地を調べた。結果はことごとく事実無根であった。警察はその旨を言って聞かせたが、人々は納得せず怒り出す始末であった。

二日午後には「不逞鮮人」が「放火略奪を為《な》せり」とか「婦女を殺害せり」とか、切迫した事実の目撃情報が頻繁に持ち込まれた。いちいち確認する余裕もなくなった各警察署は、情報として警視庁に報告した。数多くの重複情報を受けた警視庁も、これを事実として受け止めるに至った。

二日夕五時頃、警視庁は各署に対し、「鮮人中不逞の挙に次で放火その他強暴なる行為に出づるものありて、現に淀橋、大塚等に於《おい》て検挙したる向あり」と指摘し、「之等《これら》鮮人に対する取締を厳重にして警戒上遺算なきを期せるべし」と命じた。(24) 被災地の電信、電話がすべて途絶した中で、海軍の船橋送信所のみが健在であったが、それを用いて後藤文夫警保局長名の電報が発信された。「震災を利用し、朝鮮人は各地に放火し」と断定し、全国各地においても「鮮人の行動に対して厳密なる取締を加えられたし」と指示した。内務省警察当局も流言を信じて対処を命じたのである。

もっともこの判断を警察自身がすぐに疑った。

翌三日朝六時の警視庁「急告」は、「不逞鮮人の妄動の噂盛《さかん》なるも、右は多くは事実相違し訛伝《かでん》に過ぎず、鮮人の大部分は順良なるものに付き濫《みだ》りに之を迫害し、暴行を加ふる等これなきよう注意せられたし」と、一部は留保しつつも「大部分」を誤った流言とする観点を回復した。その日さらに「極めて多く」が虚伝であるとして、朝鮮人の保護と自警団の暴行取り締まりを指示するに至った。四日には、臨時閣議が「朝鮮人の保護」と「青年団、自警団の武装携帯禁止」を決定するまでに、政府内務省の立場は明確となった。

とはいえ、最も重大な瞬間に、警察が興奮した自警団なる暴徒の認識に同調したことは、汚点であると言わねばならない。

武装した自警団は路上で検問所を設け通行人を尋問し、日本語を滑らかに話さなかっただけで、朝鮮人のみならず、中国人・日本人にも暴行を加え殺害した。無実の朝鮮人を警官が車両で護送している時、あるいは警察署内に保護している時に、武装し凶暴化した自警団が取り囲み、警官にも暴行を加えて朝鮮人を虐殺する事件すら起こった。平時の犯罪を取り締まる警察の体制は、異常事態においては実力に限界があった。

警察は殺害された朝鮮人を二四八人、日本人五八人に限定して、犯人を確定し起訴した。朝鮮総督府が内査し、朝鮮人の死者・行方不明者を八三二人として、一人二〇〇円の弔慰金を遺族に支給した(ちなみに日本人犠牲者に対しては一人一六円だった)。

当局とは別に、在日朝鮮人学生を中心とする「在日朝鮮同胞慰問会」の調査[25]は吉野作造教授の支持するところとなったが、その第一次調査によれば朝鮮人の犠牲者は二六一三人とされている。

未曽有の被災の中で狂乱状況に陥った武装群衆を鎮圧するには軍隊の出動しかなかった。戒厳令によって大きな権限を与えられた軍隊が本格的に出動することにより、九月五日頃から秩序は回復に向かった。

当時、日本陸軍の総兵力は二一個師団であったが、ほぼ六個師団に相当する大軍が投入され、治安回復をもたらすとともに、災害復旧に決定的な役割を果たした。民間の活動の困難な被災地にあって、陸軍の工兵隊は、道路啓開三〇キロ、九〇の橋、水路二一キロ、七二カ所の瓦礫《がれき》処理、電話線架設八八〇キロなど、めざましい働きによりライフライン復旧に貢献した。(26)

その意味では、関東大震災における軍隊は、東日本大震災の自衛隊に比肩しうる活躍ぶりであった。それだけに残念な汚点は、甘粕正彦大尉らが憲兵隊本部において無政府主義者大杉栄ら三人を虐殺したこと、そして亀戸警察署内で騎兵第一三連隊の兵士が労働組合員らを殺害したことである。

今日とは異なる未成熟な日本の官憲と社会だったとも言えよう。しかし想像もできない悲惨の極みで情報暗黒に投げ込まれれば、人間はどんな妄想にも陥りうる。さらに、揺れる集団心理を強硬論が包む時、精神の健全さを堅持できる人がどれだけいるだろうか。被災地にも速やかに電気が戻り、テレビにより世界の報道に接することのできる今日の境遇に感謝すべきなのかもしれない。

6　政争の中の創造的復興

写真 1-3　関東大震災後，首相官邸の芝生で閣議を開く山本権兵衛（左端）ら

後藤新平の大構想

近代日本史において最大の犠牲者を出した関東大震災の復興プロセスは、例外的なまでの大揺れであった。

後藤新平内相によって空前絶後の大復興構想が打ち出された。しかしそれは政府内の実務過程と政治抗争の中で、あえなく切り刻まれ、葬り去られたかに見えた。それでいて、帝都東京は都市計画の実施を得て、近代都市らしい合理的体系性をまとうことができた。結果的には、立派な創造的復興であったと言わねばなるまい。

一九二三年八月二十八日に大命降下を受けながら行き詰まっていた山本権兵衛内閣の組閣工作は、九月一日の関東大震災の突発によって息を吹き返した。首都東京が壊滅的打撃を受ける国難の中であれこれ揉めている場合ではない、全力を挙げて結束し立ち向かわねばならない。志の高い烈士である山本自身が、まずその決意を新たにした。そこへ後藤が飛び込んできた。山本の組閣構想に不満を抱いていた後藤が、一転して全面協力を宣言した。たとえ二人、三人だけでも一日も空費せずに組閣をしようと燃え立った。後藤自ら井上準之助宅へ押し掛け、「この惨状を眼の前に見て躊躇《ちゅうちょ》している場合ではない」と蔵相就任を受諾させた(27)。

結局、わずか八人の閣僚で、足りないところは兼任で間に合わせ、二日午後に急遽、組閣した。政友会、憲政会の二大政党からの入閣は得られない超然内閣ながら、上記三人のほか、田健治郎、犬養毅、田中義一ら大物を揃えた重量内閣となった。

人類史上、最も大規模な創造的復興が震災後になされたのは、一七五五年のリスボン大地震の際であろう。全く新しい首都を創出できたのは、当時のポルトガル王が後にポンバル卿と呼ばれることになる一閣僚を宰相に任命して、厚く信頼し、二〇年にわたり全権を与えたからである(28)。政治的多元性が制度化された近現代に同じことは望みえないが、後藤内相が山本首相をはじめ、主要政治アクターの支持と信頼を集めて、帝都東京の大復興事業を敢行できるだろうか。

[1] 遷都せず

二日午後七時、赤坂離宮内の萩の茶屋に摂政宮(のちの昭和天皇)殿下の出御《しゅつぎょ》を得て親任式が行われた後、後藤内相は四項目の復興構想を起草した。

［2］復興費三〇億円
［3］欧米最新都市計画を採用
［4］地主への断固たる対処

当時の国家予算は一五億円以下であり、この復興費はその二年分を上回る。二〇二三年度の約一一四兆円の年間予算に機械的に置き換えれば、二二八兆円もの超大型復興予算となる。阪神・淡路大震災の一〇兆円、東日本大震災の二六兆円(当初五年間)に比しても桁外れな額である。

この後、後藤はバルセロナの都市計画をモデルとする東京復興案づくりを本多静六東京帝国大学教授に依頼し、それを基に内務省都市計画局で計算したところ、四一億円の復興費となった(29)。

人はどんなに暗い時にも、トンネルの出口のような希望が見えれば歩き続けることができる。その意味で、後藤の意気軒高たる復興構想は被災地にとって救いであろう。問題は大構想を政治的に実現する器量が後藤にあるかどうかであろう。その点で気になるのは、地主層を初めから抵抗勢力と名指しし、断固たる対決姿勢を示したことである。決意と覚悟はよいが、いたずらに敵を増やし味方を減らしてよいのか。

九月六日、後藤内相は閣議に「帝都復興の議」を提案した。復興のため独立した新機関を設けること、復興財源は国債によることは了承された。しかし全罹災地《りさいち》(一一〇〇万坪の焦土)

を国が買い上げる案は人々を驚かせ、井上蔵相が疑念を呈して決定は留保された。

新機関について、後藤は復興に関する全権限を集中する「復興省」を提案した。しかし自らの権限を削がれる各省が反対し、主要閣僚の協議の結果、「帝都復興院」が新設されることとなった。その権限は、東京・横浜の都市計画とその執行に限定された。裏からいえば、既存各省は自らの管轄下の復旧をそれぞれに行うこととなり、その予算約八億円が復興院から切り離された。

重ねて被災した帝都を視察した若き摂政宮は、秋に予定されていた自らの婚儀を延期することを決定した。

九月十二日、摂政宮による帝都復興の詔書が発せられる。それは伊東巳代治枢密顧問官の起草になる名文であるが、内容的には、後藤構想の神聖化と言えるものである。遷都の否定や新機関の樹立に加え、積極的復興論を鮮やかに打ち出した。「独リ旧態ヲ回復スルニ止《とど》マラス進ンテ将来ノ発展ヲ図リ以テ巷衢《こうく》(街の意味)ノ面目ヲ新ニセサルヘカラス」(30)。

関東大震災勃発直後から晩年に至るまで、裕仁天皇は後藤構想の支持者であり、それが十全に実施されなかったことを惜しむ言葉は、六〇年後にもあった。

伊東巳代治の反対演説

復興の最高機関として、九月十九日に「帝都復興審議会」が開設された。首相・内相はじめ各大臣、二大政党党首に民間代表を加えた大仰な会議であった。復興院などで検討された復興原案が、この政治社会のオールスター的機関で決定される仕組みとなっていた。各省の復興費が切り離された後、復興院の扱う予算は十一月初めに一〇億円とされ、大蔵省では七億円余りと算定した。

十一月二十四日の第二回帝都復興審議会に七億三〇〇〇万円の予算案が提出されたが、後藤は思いもかけない集中砲火を浴びる。後藤と復興院の復興構想はこの日から大転落の軌道に入ることになる。それも後藤自身が構想実現のための大仕掛けとして設立した帝都復興審議会(以下、審議会と略す)という舞台で起こるのだから皮肉である。

復興調査協会発行の『帝都復興史』全三巻(31)は、関東大震災の復興プロセスについての三〇〇〇頁を超える最も詳細な記録であり、この審議会でのやりとりについてもかなり具体的に記されている。それによって一瞥しておこう。

審議会は最高機関の如きメンバー構成と位置づけであったが、実質の内容は復興院と政府が決定し、それを追認し、権威づける役割のみが求められた。これに対し、審議会の委員たちの中には不満を持つ者もいた。その気分を代表して、この日、真っ先に一時間の批判演説を行ったのが、江木千之《かずゆき》貴族院議員であった。

曰く、「政府は一方で財政緊縮を掲げつつ、震災復興については三〇間(五五メートル)の都市計画幹線道路の如き贅沢」に陥り、東京築港や京阪運河のような多年の懸案を「震災のドサクサ紛れに行はんとする」。

保守的な財政健全主義に立つ七十歳の長老政治家による大復興構想に対する憤怒の表明である。

最大の衝撃が、続いて起こった。

伊東巳代治枢密顧問官の三時間に及ぶ大演説であった。後藤の古い友人であり、その復興構想を神聖化する九月十二日の詔書を起草した伊東である。その伊東が、ここでは政府・復興院の復興案に対し、「根本的に反対である」と宣言した。わが国の内外負債が四三億円の多額に達する中、七億円の復興予算は財政破綻を引き寄せかねないと弾劾したのだ。

これは江木議員と同趣旨であるが、理屈づけが壮大である。ワシントン軍縮条約後の国防充実が急務となる中、それを政府が放棄して帝都復興にのみ意を注ぐことに警鐘を鳴らす。さらに復興都市計画において、「用地の買収費を驚くべき低廉に見積もれるのみならず、百萬坪以上の土地を買収する方針」は、「憲法上の所有権不可侵」に触れる怖れありとまで強弁する。

大日本帝国憲法の起草にあたって伊藤博文を補佐し、その後、「憲法の番人」と自他ともに認める伊東枢密顧問官である。その伊東が憲法違反の疑いを口にしたのが、土地収用の低価格問題であったことは、土地所有者の利害に深く関わる反対であったことをうかがわせる。

自らの辞意をちらつかせながら、根本的に案を改めることを要求する伊東の大演説は、政治家たちに火をつけた。大石正巳も「根本的に反対」を表明し、高橋是清政友会総裁、加藤高明憲政会総裁も続いた。

とめどない転落の流れを食い止めたのは、民間から審議会に加わっていた渋沢栄一であった。「今や罹災市民は復興計画が如何になるかを非常に待ちあぐんでいる際、審議会において決定を見ざれば罹災民の落胆は一方《ひとかた》ならず。……此の際何とかして纏《まと》めてはどうか」。経済界重鎮の被災者の想いを引いての正論に、お歴々も従わざるをえなかった。「小委員会を設けて」まとめるべしとの渋沢提案に多数が賛成し、山本首相が一〇名から成る特別委員会を任命した。

こうした場合、だれを委員長にするかが肝要である。相次ぎ弾劾を受けた当の後藤ではまとめきれないと首相は判断したのであろう。的確な提案で急場を救った民間人、渋沢に委ねることは、官優位の日本の政治社会では落ち着きが悪いのであろうか。首相は政府案弾劾の急先鋒である伊東その人を委員長に任命した。

首相は後藤とその構想に見切りをつけ、その埋葬プロセスに入ることを受け入れたと言わねばなるまい。

復興院と政界再編

伊東委員長の下での特別委員会が、十一月二十五日に首相官邸で開かれた。渋沢が積極的に議論をリードしようとした。復興案の決定が「今日まで遅延せるは誠に遺憾」とし、これ以上の遅延は許されないから、「政府原案に修正を加へて、之を認むべき」

と説いた。江木が反発し、二大政党の党首、高橋と加藤が共に東京築港と京阪運河、そして都市計画道路の新設に反対し、従来の道路に改良を加えればよい、と論じた。両者は共に大復興計画に反対しつつ、高橋は市民生活安定の急務に対応すること、加藤は審議会での甲論乙駁を打ち切って、政府・議会に決定を委ねるべきだと主張した。すると、後藤内相がこれまでのすべての批判に反論し、「詔勅の聖旨」を持ち出し、「復旧にあらずしてあくまで復興」により「面目の一新」する新帝都を訴えた。渋沢は伊東委員長にとりまとめ案の提示を求めたが、委員長はなお機熟さずとして、翌日に委員会を続行することを決めた。

二十六日午後の二度目の特別委員会は逆説的なプロセスを経て、合意に達する。

相変わらずの対立意見の表明に対し、伊東委員長が「意見を纏める良法はないものか」と問うた。直ちに渋沢が「小異を捨てて大同に就くの一途あるのみ」と応じ、委員会がこの方途の採択を宣言する。いつしか伊東—渋沢枢軸成立の感があった。

この直後にさらに意外な議事運営がなされた。伊東委員長が政府原案に対し、閣外より反対意見が頻発したことを重視し、円滑な議事運営のため、閣内委員は一時席を外してもらいたいと言って、後藤内相をはじめ閣僚たちを退出させた。政府案への批判派多数の野党的集まりにしてどうなるのか。いい雰囲気で「腹蔵なく」意見の交換をしばらく行った後、渋沢が委員長に仲裁案の提示を求めた。伊東委員長は、これまで自分の意見を控えてきたのはまず諸君の意見を承りたかったからだと語り、荘重に「(政府)原案修正の外なしと認めた」と宣言して、一〇項目の修正案を提示した。

二日前に後藤構想を全面的に葬る大演説を審議会で行った伊東が、特別委員会になると、部分修正の路線に豹変し、見事にとりまとめてしまった。それを促したのは、疑いなく渋沢であり、二人の掛け合いで強硬反対派を封じ込めた感があった。

審議会から特別委員会に移行する間に、渋沢と伊東の内話があったかどうかは明らかではない。[32]渋沢が説得に成功した実際的な観点に立てば伊東の豹変の背景として、次に示す地主への国の補償措置に納得したことが考えられる。

ともあれ、伊東裁定をもとに特別委員会および審議会としての修正案がまとまった。

幹線道路は、二四間（四四メートル）が二二間（四〇メートル）に、二一間（三八メートル）が一八（三三メートル）に縮小された。他方、土地区画整理は全焼失地域の大部分、約七〇〇万坪に広げて、地主から一割の土地を提供させ、それを超える部分については国が補償することとなった。渋沢が熱心に説いた東京築港と京阪運河については、震災復興と切り離して、別途検討するものとされた。

復興予算の総額は、約一億五〇〇〇万円を削減して、およそ五億九七〇〇万円とすること、財源はすべて公債であり、六カ年分割で支出すること、となった。

一九二三年十二月十三日に開かれた第四七回臨時帝国議会に、関東大震災の復興予算案が提出された。井上準之助大蔵大臣が示した予算案は、約五億九七〇〇万円、先の復興審議会の修正を閣僚が了承し、したがって復興院も受諾せざるをえなかった内容そのものであった。それは復興院のプランを大蔵省が冷静に査定したものであり、妥当性の高いものであった。

しかし帝国議会における審議は、復興案の妥当性を問うというよりも、後藤構想を揶揄し、罵倒して価値剝奪し、信用を地に貶めるための議論でもあった。言い換えれば、言葉をもってする政争であった。なぜか後藤とその構想は、帝国議会において明白に敵と措定されていた。渋沢のように罹災者のために正気を取り戻そうと叫ぶ者もいなかった。

例えば、次のような演説が飛び交った。――後藤氏は三〇億、四〇億の復興費を初めに叫んだ。今それは切り刻まれ、六億円を下回った。それでも後藤氏はやれるという。われわれがさらに削減しても、もちろん後藤氏はやれると言うだろう。「復興は大きくすれば大きくなる。小さくすれば小さくなる。伸縮自在のゴム人形のようなもの」という。ふざけるな。何が確かな予算の土台なのか。将来の国家・国民を支える経済・産業・社会をつくる内容は何もない。たかが街路と公園事業にすぎない。そのための土地買収費に二億五〇〇〇万円もかけようとしている。そのために大仰な復興院なるものを設け、二二〇〇万円の事務費という。そんなものはいらない。内務省の一局をもって足りる――。そういった演説が衆議院で行われたのだ(33)。

衆議院に絶対多数を擁する政友会は、復興院を廃止するとともに復興予算を約一億三〇〇〇万円削減し、四億六七〇〇万円とする提案を行って、それを成立させた。これにより復興院は廃止され、その事業は内務省の外局として復興局がつくられ、引き継ぐことになった。

予算削減は、例えば一二間未満の道路は東京市・横浜市に工事させることによる節約であった。しかし次の清浦奎吾《けいご》内閣時の第四八通常議会において、両市にも財源がなく、国から補助するほかないことが明らかになり、結局、一億五〇〇〇万円の追加予算をもって措置することとなった。それは第一次加藤高明内閣時の第四九特別議会において可決成立した。約六億円の予算は都市計画実施のために必要な額だったのである。

後藤が指導力を失う過程で、決定的に重要なファクターが、普通選挙法の実施をからめた新党構想の挫折であると、筒井清忠『帝都復興の時代　関東大震災以後』(34)は指摘する。後藤は帝都復興に情熱を傾けただけでなく、普通選挙法の到来を視野に政界再編の野心も抱いていた。後藤は既存の二大政党の未熟と堕落を指摘し(当時の世論も同じように見ていた)、普選に反対する保守的にして圧倒的多数党の政友会を退け、第二党・憲政会の一部を巻き込んで、入閣した犬養毅らと共に、革新的な中軸勢力を形成することを策したようである。当然に政友会は猛反発する。加藤高明憲政会総裁も自党の分断工作に反撃する。二大政党の党首が伊東の後藤弾劾演説に列したのには、そうした政界再編をめぐる争いがあった。二大政党側からすれば、後藤の方が戦を仕掛けてきたのだ。

とはいえ、予算を切り刻まれ、復興院廃止を議会が決めるに至っては、後藤と内閣は断固戦って当然であろう。閣僚のうち、犬養らは解散総選挙して戦うことを主張した。しかし後藤は切り刻まれた復興案を甘受し生き延びることを望み、山本首相もそれに従った。政党工作に行き詰まっていた後藤としては、総選挙をしても勝てる展望を持てなかったのであろうか。ビジョン豊かな個性的政治家だった後藤であるが、復興事業に加えて政界再編を同時にこなすのは、手に余る大仕事に過ぎ、一敗地にまみれることになった。

他方で、復興費が刈り込まれたとはいえ、元来の「大風呂敷」が大き過ぎたのであり、各省庁に割り振られた八億円を別にして、都市計画中心の創造的復興予算に限定してもなお国家予算の約三分の一の規模である(今日の予算規模に移し替えれば、約三〇兆円)。想定内であり、それなりにやれるという判断であろうか。

十二月二十七日の虎ノ門事件(摂政裕仁暗殺未遂事件)の責をとって、山本内閣は総辞職し、後藤も政治の舞台を降りた。

五億円を切った復興予算は前記のように、加藤高明内閣において一億五〇〇〇万円の予算復活を得て、五億七二〇〇万円となった。六年計画を七年にして、一九三〇年、帝都復興事業は完成した。その前年に後藤は七十一歳で没したが、彼が都市計画を共に研究した人材群が新東京をつくる事業を支えていた。

積極的復興の中身

大きく揺れた関東大震災の復興プロセスであった。

ここでは、復旧か復興かの二者択一的対立を超えて、実際はどんな復興がなされたのか、何を成し遂げ、何を成しえなかったのかを見ておきたい。

山本権兵衛内閣がわずか四カ月で年末に総辞職した後、山県有朋系の官僚政治家である清浦奎吾が大命降下を受け、一九二四年一月七日、貴族院の研究会を主たる基盤とする内閣をつくった。これで、加藤友三郎、山本、清浦と三代にわたって非政党・超然主義的政権が続き、初めから不人気であった。二大政党のふがいなさに対する失望は広く存在したが、官僚支配への憂鬱はさらに根深いものがあった。「反憲政」内閣への批判の高まりに対し、清浦首相は一月末に衆議院解散をもって応じた。

五月十日の総選挙は政権支持派の惨敗、護憲三派の圧勝であった。わずか五カ月で清浦内閣は総辞職し、護憲三派連立政権たる加藤高明内閣の誕生を見ることになる。廃止された帝都復興院に代わって、前記のように内務省の外局として復興局が設立されており、国の復興実施機関となった。

小さくはなったが、誕生した復興局の幹部人事は注目される。ほとんどが帝都復興院からの横すべりである。復興院の技監であった直木倫太郎が復興局長官となった。土地整理局長であった稲葉健之助が整地部長に、土木局長であった太田円三《えんぞう》が土木部長に、経理局長であった十河《そごう》信二が経理部長に収まった。復興院経験者でない復興局幹部といえば、内務省の都市計画行政を担ってきた笠原敏郎が建築部長となった程度であろう。彼らのほとんどは、新しい都市づくりに情熱を持つ後藤を中心とする都市研究会や東京市政調査会に参加した革新的官僚たちである。

「後藤には友人はいるが、子分はいない」と評されるように、後藤は各人の人格と理論の独立を尊ぶところがあり、規制力は乏しい。しかし感化力には広がりがあり、東京市政にもその人脈が生きていた。震災時の永田秀次郎《ひでじろう》市長や、東大教授の建築家であり、復興院の建築局長を務めたのち、東京市の復興事業に加わった佐野利器《としかた》らである。

その一方、国が大きな予算をつけて事業をなす時、砂糖に蟻が群がるように集まる人々や事業者がおり、接待や贈収賄など疑獄事件の温床となりがちである。後藤案から大幅にスリム化された復興局も、それから自由ではなかった。少なくない幹部が、失脚、自殺、有罪判決の悲運を招くことになった(35)。そうした悲劇を伴いながら成し遂げられた関東大震災からの創造的復興とは何であったかを見ておきたい。

各省の管轄する復旧事業は、八億円余りの予算とともに各省に委ねられ、復興局の仕事は、東京と横浜の都市計画がらみの積極的復興となった。具体的に何を行ったのか。

［1］土地区画
［2］街路
［3］橋
［4］公園

の四つが中心的な事業であった。それぞれを概観しておこう(36)。

明暦の大火以降、大きく改まったとはいえ、依然として狭い路地に町家や長屋が密集した

写真 1-4　帝都復興祭にて，皇居前広場を埋める大群衆（1930 年 3 月）

建築の少なくない江戸の街並みを、大小の街路が整然と整備された近代的街並みに造り替えるのが、土地区画整理事業である。一九一九年の都市計画法がその法的根拠であったが、大震災下で実効的に遂行するため、強制力を強化した特別都市計画法が帝都復興院の立案に基づいて制定された。

土地所有者は、一割の土地を無償で提供せねばならず、一割を超える部分については補償を得た。双方を合わせた平均減歩率は一五・三パーセントとなった。区画整理により土地の価値は大きく上がるので穏当な措置と思われるが、大規模な区画整理は日本で初めてのことであり、三月に施工地区が告示されると、地主層を中心に減歩や換地への反対運動が沸き起こった。おもしろいのは、「反対連合会」の演説会が開かれる一方、東京市政調査会を中心に後藤、直木、佐野らを講師とする推進派の演説会も十数回にわたり開かれ、夏頃に反対運動は下火となったことである。

震災時の大火による焼失面積一一〇〇万坪のうち九二〇万坪において区画整理が実施された。そのうち約二割の一八〇万坪は復興局が行い、八割は東京市が担った。

街路事業が中心的位置を占めるが、幅一二間(二二メートル)以上の幹線道路五二線が復興局の仕事であった。南北に貫く昭和通り、東西を貫く大正通り(現在名・靖国通り)がその時につくられた東京の大動脈である。二二メートル以下の補助道路一二二線を東京市が建設した。

特色豊かだったのが橋梁事業であった。木造の橋は震災時の大火で焼け落ち、多くの人々が河岸で亡くなった。太田土木部長は隅田川の六大橋を中心に強靭な鉄橋に変えた。のみならず、美しい景観の橋とするよう芸術家を含む「意匠審査会」を設けて、工学と美学の調和を追求した。国(復興局)が一一二橋、東京市が四二八四橋を分担した。

後世の住民への資産となったのが公園事業である。大震災以前の東京には、約六三万坪、三〇の公園があった。復興事業により、隅田、浜町、錦糸の三大公園が、復興局により造園された。さらに注目すべきは、東京市が五二の小公園を設けたことである。その多くが小学校に隣接し、校庭の延長としての教育目的とともに、災害時の児童と住民の安全を考慮したものであった。公園には火災に強い常緑広葉樹と噴水など水が配された。美観と安全の融合が都市に潤いを与える。

一一七校の学校校舎が鉄筋三階建てで再建された。これも東京市の手になる。上下水道の整備も同様である。

国の復興事業は後藤の後退にともなって縮小したが、一定部分が内務省復興局や東京市によってリカバーされた。後藤は失脚したが、後藤構想は意外にあちこちに生き残り、首都東京の再建と創造的復興を支えたのである。

とはいえ、例えば焼失地を越えての区画整理や、大環状線の建設などは予算削減によって不可能となった。道路の幅も当初のプランから狭められ、野心的な構想で日の目を見なかったものもある。もし後藤の理想案が実施されていたら、戦時の空襲で死なずに済んだ命がどれほどあったかはわからないが、裕仁天皇が晩年になってなお、後藤プランの縮小を惜しまれたのには理由があると思われる。

それでも、関東大震災の復興は、全体的に見れば「復旧」レベルを大きく超えて、近代都市東京を建設する立派な創造的復興となった。そしてそれは戦後に至るまで全国の都市のモデルとしての意義を持ったのである。

1　戦後平和を引き裂く直下地震

大地の魔神

二〇一三年四月十三日の早朝、淡路島を震源とするM6・3の地震が関西を揺らした。人々は一八年前の大震災も未明の五時台だったと想起し、また大震災の時に動いた野島断層の南端が今回の震源であるとの報道に、両地震が関連しているのかどうかを気にかけた。気象庁は直接の関連性を否定したが、地震学者には、来るべき南海トラフの大地震津波への序章のような意味を両地震とも持つのではないか、とコメントする者もあった。

因果の糸車は紡がれ続けているのであり、阪神・淡路大震災を完了した過去の災害として放置することはできないのである。

一九九五(平成七)年一月十七日、まだ夜の明けない午前五時四十六分に兵庫県南部地震が勃発した。

論じている筆者自身が被災したので、論じられるべき対象でもある。私の家族は無事だったものの、西宮市甲陽園の家の下を亀裂が走り、わが家は最大二五センチ水平移動し、そして傾いた。ピンポン玉が廊下を勢いよく走った。職場の神戸大学では、私のゼミ生を含む三九人の学生が犠牲となった。平和な戦後日本の日常性を一瞬のうちに切り裂き、破壊する自然災害の暴虐を、その内部で実体験することとなった。

体験しなければわからないことがある。例えば第1章の冒頭で述べた直下地震の突き上げの凄まじさである。

リードの揺れもなく、いきなりドカーンと跳ね上げられ、目を覚ました。何だ、飛行機でもわが家に墜落してきたのか。次の瞬間、猛烈な揺れ。地震だ。が、こんな地震があるのか。大地の魔神が両腕でわが家をわしづかみにし、引き裂こうとしている。潰すまでやめない気だ。家はメリメリと悲鳴を上げ、家具が室内を飛び交うのが暗闇でもわかる。やめてくれ、皆殺しにする気か。私にできたことは、妻との間に寝ている六歳の末娘が魔神に連れ去られぬよう押さえることだけだった。激震がそれでもやんだ時、自分がなぜ生きているのか不思議な気持ちだった。

私のゼミ生の森渉君は、激震地の中でも最も激しく揺れ、最も犠牲者の多かった東灘区本山に住んでいた。地震の三日後に父上が見守る中、自衛隊などにより瓦礫の下から遺体で救出された。父上に案内されて私も現場を訪ねたが、こぎれいな二階建てアパートの一階に森君は住んでいた。周囲はいたる所に倒壊家屋が連なっており、ビルさえも倒れていた。建物が悪いのではなく、地震が常軌を逸しているのだ。私の住む西宮の自宅周辺よりもさらに激烈な被災地だったのだ。

夕暮れの壊れた建物の中で花を手向けて座っている人に気づいた。森君が親しくしていた女子学生だと紹介された。彼女から森君の状況を聞くことができた。森君はすでに新聞社への就職が決まっていたが、立派な卒業ゼミ論文を仕上げて「オヤジ(筆者のこと)をうならせよう」と、堺の実家から休日を返上して下宿に戻り、被災したという。学生の本分への殉職のような話だった。私はゼミ生の指導に力を注いでいたが、教師の認識をはるかに上回るひたむきな情熱をもって森君が応じ、それが犠牲の構成要素を成していたことを知り、粛然たる思いであった。

兵庫県南部地震の震源は、淡路島の北端に近い明石海峡の地下一六キロである。震源から南西方向、淡路島の西岸に沿って約一五キロにわたり、野島断層などが動いた。その断裂部は地表に露出した。また震源から北東方向に六甲山南麓に沿って約二〇～三〇キロにわたり地下の岩盤が断裂を起こした。こちらは堆積層に覆われていて、断層線は地上には見えない。

四〇～五〇キロの活断層が動くというM7・3の地震にしては、著しく甚大な被害となった。それは、六甲山麓の南側に続く人口稠密《ちゅうみつ》の市街地を中心に、「震災の帯」と呼ばれる震度7の烈震地帯が生じたからであった。地域は限定されていたが、直下地震が大都市を至近距離から襲撃したのであり、災害は深かった。

この地震により約一〇万五〇〇〇棟の建物が全壊し、六四三四人(災害関連死を含む)の命が奪われた。この大災害を「阪神・淡路大震災」と呼ぶことが閣議で決定された(1)。

生死を分けた住居

まだほとんどの人が眠っていた未明の地震だったため、生死は建物の状況に多く左右された。震災関連死を除く五五〇二人の死因は、警察庁のまとめ(2)によれば、八七・八パーセントの四八三一人が家屋や家具の倒壊などによる圧死である。次いで一〇パーセントの五五〇人については焼死が疑われる(火傷が死亡後の場合もありうる)。以上で九七・八パーセントを占める。残り二・二パーセントにあたる一二一人は、戸外での車両転落や落下物などによる死亡などである。

どんな建物にいた人が犠牲になったのか。四八八五人の犠牲者の建築物別調査がある。

［1］平屋または二階建てまでの一軒家(低層独立住宅)
［2］二階建てまでの共同住宅(低層集合住宅)
［3］三階建て以上の一軒家(中高層独立住宅)
［4］三階建て以上の共同住宅(中高層集合住宅)

に分類した場合、どのタイプに住む人が犠牲になったかの調査である。

それによれば、犠牲者の半数近く(四八・七パーセント、二三七七人)を占めるのが、［1］の二階建てまでの低層独立住宅である。とりわけ木造住宅のうち、一九八一年に耐震基準が厳しくなる以前の旧建築基準法の下で建てられたものが高い比率で倒壊した。低層住宅でも、プレハブ、ツーバイフォーなど新建築工法を含む新基準建築物の倒壊はほとんどなかった。

二番目に多かったのは、[2]の低層集合住宅の三六・六パーセント(一七八八人)である。二階建てまでの文化アパートや長屋など、やはり戦後早くに建てられたものがかなり残っており、その倒壊による犠牲が顕著であった。

それに対し、[3][4]の三階建て以上の中高層住宅は、独立と集合を合わせても、犠牲者の九・六パーセント(四七〇人)にとどまった。鉄筋コンクリートのビルであっても、ある階の潰れる座屈を生じたり、丸ごと倒れたりしたものもある。損傷のため総員退去を命ぜられたマンションも存在した。が、相対的に中高層建築物の安全度はやはり高かった(3)。社会の一般的認識を裏づける調査結果と言える。

地震四カ月後の調査によると、建物の全壊率と死亡率(全人口中の死者の比率)は高い相関性を示している。神戸市を区単位に分解して、他の市町村と並べれば、全壊率・死亡率とも、第一位が神戸市東灘区(ゼミ生森君もその一人)、次いで第二位が灘区、第三位が長田区、第四位が芦屋市の順で相応する。第五位に至ってようやく全壊率では須磨区、死亡率では兵庫区と違いが生ずる。

地域別犠牲者の絶対数では、多い方から、東灘区、西宮市、灘区、長田区、兵庫区、芦屋市――の順である。西宮市の犠牲者は東灘区に次いで二番目に多かった。ただ、比率で言えば、西宮市は市域が被害の及ばなかった北六甲にまで広がって、四三万人の人口を擁しており、六甲山南麓の震度7の市街地に特化した市区に比して低くなる(4)。

死因については、先の通り九割近くを占める圧死に次いで、一割弱が焼死であった。関東大震災では、圧死が一万一〇〇〇余りであったのに対し、九万余りの焼死を強風の下で招いたことを想起したい。台風並みの強風が吹き荒れた関東大震災に対して、阪神・淡路の震災時に風は静かであった。神戸市の長田地区などが炎上する写真やテレビ画像をご記憶だろうか。炎と煙はほぼ真上にのぼっていたことに留意されたい。複合災害化を免れたのである。当時、神戸の風速は秒速一〜三メートルであり、風下延焼時速は二〇〜四〇メートル程度であった。それが風速三〜四メートルになると延焼時速はほぼ二倍となることが知られている。一九七六年の酒田火災は一〇〜一二メートルの強風下で、延焼時速は一〇〇〜一五〇メートルに達した。

とはいえ、阪神・淡路大震災の火災発生が少なかっ

写真 2-1　寸断された阪神高速神戸線(1995 年 1 月 17 日)

たわけではない。被災地全体で当初三日間に二五六件の出火があった。地震当日が二〇四件で八〇パーセント、二日目と三日目が、それぞれ二六件で一〇パーセントである。地域別では、その日の早朝、神戸市が一三八件(中央区二六、兵庫区二四、東灘区二三、長田区二二、灘区一九、須磨区一六などと、出火件数では分散している)、西宮市が三五件、芦屋市一三件である。

出火原因は、早朝暖をとっていた電気器具や石油ストーブ、あるいはガス器具など人の関与によるものもある。が、劣らず家と電線が大揺れする中でのショートや漏電、あるいは停電回復の通電とともに発火するなど、人の関与なしに震災そのものがもたらすものも少なくない。

地震による家屋倒壊があれば、出火はあると考えた方がよい。その時、強風であれば悲惨である。たとえ風がなくても、同時多発出火が地域の消防能力を超え、地震により消火栓も破壊されるのである。

被災地体験を伝える記録

体験した者にしかわからないことがある。それを体験していない国内外の人々、そして後代の人々に正確に伝える任務が被災地にはある。そう考えて、筆者らは阪神・淡路大震災の関係者に対するオーラル・ヒストリーを三分野で開始した。

私自身のグループは、被災地自治体の首長たちや、警察・消防・自衛隊など第一線部隊の責任者に対して、その瞬間の対応や危機管理について尋ねた。林春男・京都大学防災研究所教授のグループは、より広範に復旧・復興プロセスの諸相についてインタビューを重ねた。室崎益輝《よしてる》・神戸大学都市安全研究センター教授(当時)のグループは、犠牲者一人一人の死の状況について遺族三六〇人余りにインタビューを行った。

三〇年後に公開するとの約束で開始した阪神・淡路大震災記念協会(現ひょうご震災記念21世紀研究機構)のプロジェクト(5)であるが、二五年を経た今、本人の同意をほとんどの方から得て、順次公開している。それを含めて、本書ではできるだけ関係者の生の体験を見ていきたいと思う。

もちろんわれわれのオーラル・ヒストリー以外にも、あの大震災については無数の手記や談話が存在する。その中で、日本消防協会が編纂した大著『阪神・淡路大震災誌(6)』に収められた四六人の談話・手記はとりわけ興味深い。市町村の消防署の下で住民が協力する自治組織である消防団の活動は、普通の人々の被災体験に深く絡み合うからであろう。

遠い地震と違って、直下型地震は、いきなり地下からドーンと跳ね上げる。飛行機が墜落したのかと思った旨を先に書いたが、同じように思った人が多いことは、同書の体験記を読むとよくわかる。近所でテロ爆発が起こったかと思った人もいたようだ。

いずれにせよ、室内の家具だけでなく、家そのものや電車の車両すら空中に跳ね上げる最初の一発の凄まじさが、一〇万棟以上の家を全壊させ、それに埋もれた数千人の命を奪ったのである。

伝統的共同体の救い

「天は悪人の上にも善人の上にも雨を降らせる」という言葉があるが、災いもまたそうであり、天災は無差別に人々を襲う。ただ受け手の異なる境遇が、災害の形をつくる。例えば被災自治体の首長で犠牲になった者は一人もいない。地盤のよいところに住む首長が多かったからであろう。

自邸が全壊したのは、北淡町《ほくだんちょう》(現淡路市)の小久保正雄町長のみである。町長は自宅の二階で早朝ドーンと大衝撃を受け、浅間山荘事件で鉄の塊が家を砕く情景を想起したという。続く揺れは、子供の頃に岸和田のだんじりに乗せられた時以来の凄まじい振り回しであった。

壊れた家の一階出口が塞がれてしまったので、町長は風呂場の窓から外へ飛び降りて逃れた。無事であった近所の人と話していたら、崩れた家から続いて出てきた奥様に、町長さんは役場に行かなくていいのかと指摘された。ところが、倒壊家屋が一・五メートルほどの路地を塞いで進めない。別の路地に転進しても、そこも倒壊家屋で家族三人が生き埋めになっている。町は壊滅状態だ。小さな町で皆、知人である。地下に呼び掛けると応答がある。近所の人たちが、「われわれが助け出すから、町長さんは早く役場に行け」と言う。(7)

震源地に最も近かった古い木造家屋のひしめく北淡町は、一万余りの人口で三九人の犠牲者を出した。市町別人口当たりの死亡率では、芦屋市に次いで二番目の高さであり、三二八七世帯の全半壊家屋の比率六七パーセントは最も高い。「この町は滅んだ」と町長が思ったのも無理はない。

しかし、北淡町が注目されたのは、だれもが知り合いである伝統的共同体の災害に対する強靭さであった。瓦礫に埋もれた住民が、生死を問わず、その日のうちに全員救出・収容された。町長は発災後三時間の町民の救出活動に驚嘆した、と回想する。住民同士が助け合って力を発揮するコミュニティであることを、悲惨の中であらためて知った。「日頃から親しくしている家のことですから、間取りを知っており、無駄な時間を費やすことなく救出できました(8)」。

北淡町とは対照的な近代的都市である西宮市の幹部も、生存救出される地区とそうでない地区がはっきり分かれると、私に語った。どこで差が生まれるのかと問うと、「簡単です。その地区に祭りがあるかどうかです(9)」。血の通ったコミュニティであるか否かが、生死を分かつ要因なのである。

なお、この災害名が「阪神・淡路大震災」と、「淡路」の名が付加されたのは、小久保町長の熱心な努力の結果である。

悲惨の中、人の輝き

救護者も絶句する悲惨が、被災地には無造作に存在する。

婦人防火クラブのママさんたちが神戸に出前をして、温かい豚汁をふるまうと、大人気で長蛇の列となった。だぶだぶのジャンパーを着た小さな男の子の順番となった。もう一杯、お母さんの分も持っておゆきと言ってやると、「お母ちゃん、地震で死んだんや」。思わず「だったらお父ちゃんに」と言うと、後ろに並んでいた婦人がこの子は二親とも失ったと告げた。いたたまれない気持ちになり、お父さん、お母さんの分も食べて元気になって、と鍋の肉をたくさん入れた。列をなして並んでいる人たちに、この差別扱いを咎める者はいなかった。(10)

体験しなければわからないことの一つに、瓦礫のにおいがある。文明社会が生きていた間は、それぞれに個性的な香りがあったのに、壊滅した廃墟は皆、あの泥に浸されたような土臭い同じにおいに堕してしまう。形相《けいそう》なき質料とはこんなであろうか。家も家具も大事にしていたものも、震災がすべてをなきものとした。

でも、家族が無事で仕事もある。物はなくなっても人の思いやりがある。「価値観まで変わったと思います(11)」。私の家内も激震がやんだ後、「ママははるかさえいたら、何もいらない」と同じベッドの隣で寝ていた末娘を抱きしめた。それまで入れ込んでいた器コレクションにも、さほどこだわらなくなった。

神戸市長田区で倒壊家屋に家族が埋もれた。そこに火事が近づく。隣りの米穀倉庫の持ち主が、その倉庫を倒す決断をした。江戸時代と同じ破壊消火である。屋根にロープをかけ五〇人ほどで引き倒した。「おかげで生き埋めになっていた人は、亡くなってはいましたが焼かれずに救出されました」[12]。

生きたまま焼かれた例もある。芦屋市で二階建てアパートが倒壊し、若い娘さんが柱の下敷きになった。救出活動に火が迫る。娘は「お母さん、さようなら」と手を振った。消防団が「今いくぞ、がんばれ」と何度も水をかぶって突進したが、柱は動かず、火勢は増す。母親が「行けば共倒れになります」と勇士たちを止めた[13]。

長田区の焼け跡に、「助けてやれずにすまん」と合掌する父親の姿がテレビに映し出された。あの日、家族四人が埋まった。父親は何とか自力で脱出し、傷ついたものの母親も救出された。地下へ向けて子供たちの名を呼んだが娘の声はない。が、息子が瓦礫の下から返事をした。懸命に掘り出した。ついに息子の指が見えた。さらに掘り、腕を引っぱったが、重いものが体を押さえている。火が迫る。重機かジャッキがあれば。火の足は早く、熱い。息子が言った。「お父さん、逃げて」。だが息子は生きており、手を握れるのだ。どうして放せるか。息子が最後の言葉を発した。「お父さん、ありがとう。ボクはここで死んでいい。お母さんが助かってよかった」。父親は焼け跡で手を合わせた。「親には過ぎた子で……」。

針の先ほどの偶然で、生と死が分かたれる。去りゆく「過ぎたわが子」の面影を抱いて黄昏の道を歩む運命はだれにでもありえた。価値観が変わるという言葉ではすまない運命の鉄槌が、そこにはある。それが大災害なのである。

それは呵責ない破壊であるが、しかし破壊されない人の心がある。悲惨の極みにあって、かえって輝きを増す人の営みも浮かび上がらせる。

2 安全のための第一線部隊

自助・共助・公助による減災

「当局は何をしている！」

想定外の大災害に打ちのめされた社会に、この怒号が必ず起こる。無理もない。死屍累々《ししるいるい》の悲惨な被災地の事態はだれの責任なのか。天災なんだからだれのせいでもないとは、簡単に納得できない。社会の対処次第では、これほどの大悲劇を招かずに済んだはずではないか。国民の安全と福利のために政府があるはずではないか。そのために政府は徴税権を持ち、実力組織を養っているのではないのか。その通りである。既述のように、政治権力は、歴史的に農耕社会の規模拡大とともに成長した。治山治水により住民の安全を守り、生活を支える作物を実らせるのが、政府の基本任務である。

ただ、それは主として毎年のように来る雨期や台風に対する備えのことである。一〇年、二〇年に一度の集中豪雨などへの治山治水も、おそらく政府の任務と言えるだろう。しかし、一〇〇年、一〇〇〇年に一度の豪雨や台風、大地震や大津波に対する備えまで、政府の務めなのだろうか。そのための税負担を社会は受け入れるだろうか。

大自然を甘く見てはいけない。完全な防災は不可能である。

人間社会にできることは、減災のみである。減災手段の組み合わせにより被害を小さくすることである。とりわけ人命被害を極小化することがポイントとなる。大自然が一〇〇年、一〇〇〇年に一回の暴虐を振るう時には、それを畏れ敬って、遠ざかる。逃げて生きながらえる。そして復旧・復興を、全国民的な支援の下で果敢に行う。人類は災害を統御するさらなる努力を怠ってはならないが、大自然の完全制御ができるなどと思い上がってはならない。

人間と社会がいかに災害に備えても、大自然は過酷な奇襲攻撃を決めて、多くの人々が瓦礫に埋もれる事態が起こる。その時にまず問われるのは、社会の自助と共助の力である。

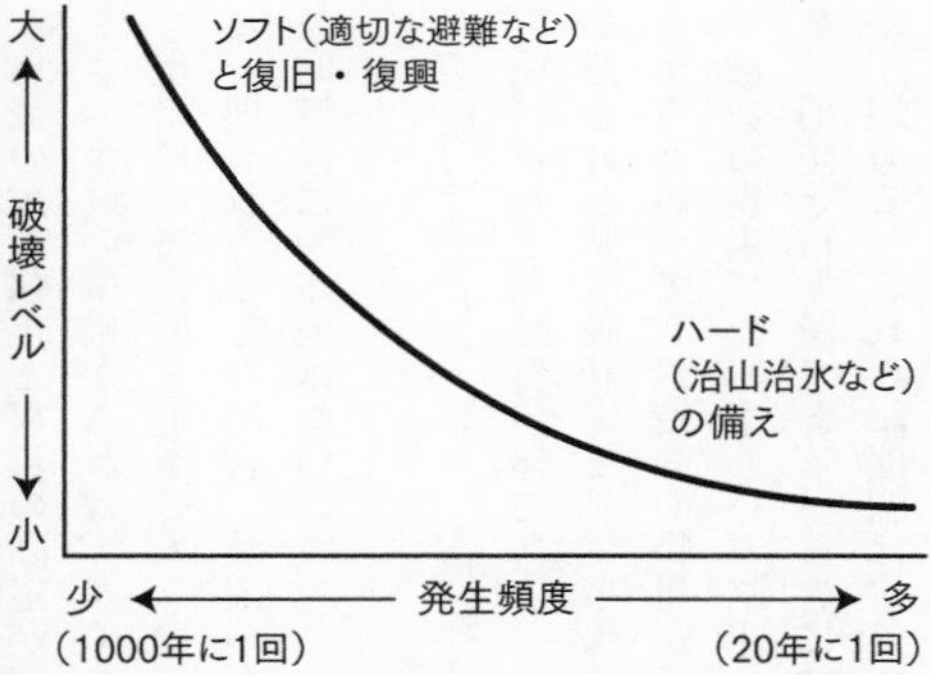

図 2-1　災害の強度と頻度の相関イメージ（対処のあり方）

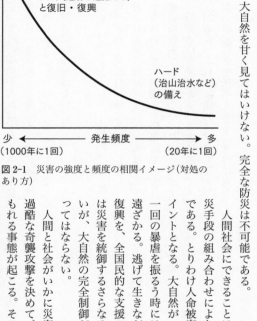

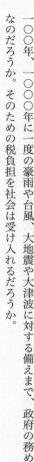

自宅の耐震強化と家具の固定が、自助減災の中心である。埋もれた人々を救出する地域コミュニティの準備があれば、多くの生存救出が可能となる。共助減災であり、被災の瞬間から現場にいる家族と近所の人々は、浅く埋もれた人々を速やかに救出できる。しかし簡単でない埋もれ方をした場合、装備のない素人の手にあまる。国や自治体の公的機関による救出、公的減災に頼る他はない。

「当局は何をしている」と指弾される時、対象となるのは、首相と中央政府であり、知事と県、首長と基礎自治体である。しかし、中央・地方の政府は、大小の政治課題についての対処方針と制度設計、そして事務執行のデスクワークを主務としている。重大事態が勃発したからといって、お役人や職員が走っていって、地下から被災者を救出できるわけではない。

被災の現場でたくましいパワーを発揮すべきなのは、安全保障の第一線部隊、すなわち警察、消防と自衛隊である。三者に加えて、沿岸海域における警察と消防の機能を担う海上保安庁がある。これら諸機関はすべて安全保障の担い手であるが、警察と消防は平時の事件・事故への対処を主任務とする。それに対し、自衛隊は国防事態をはじめ非常事態への対処を本務とする。普段は存在が見えにくいが、他の組織では対処困難な重大事態に備えて存置されているのが自衛隊であり、激甚な災害にも対処する。阪神・淡路大震災は、そうした国民的認識を大きく進める機会となった。

逆に、普段の市民生活に緊密に関与するのが警察である。かつて権威主義政府の現場代理人のような怖さをまとった派出所の警官は、今では親切に道順を教えてくれる交番（KOBAN）のお巡りさんとして市民に親しまれる度合いが高まった。そうした警察にとっても、阪神・淡路大震災は大きな試練であった。

警察の試練

鉄筋四階建ての兵庫署の一階が潰れ、署内に二八人いたうち、一〇人の当直員が生き埋めになった。直撃を受けての即死は一人のみ。残りの九人が助かったのは、スチール机などが天井を受け止め、床との間に四〇センチほどの空間を残したからであった。

電話室にいた巡査の一人は傷を負ってもう終わりかと思い、妻、長女、長男の名を順に呼んだ。別の生き埋めになった巡査も、生きて出られたら子供を風呂に入れてやりたいと思い、身震いした。死の淵で家族のことしか思わなかった彼らであるが、救出されると負傷をおして二昼夜にわたり救出活動に邁進した。職務の遂行を、子供たちに対しても誇りに思えるだろう。

署が座屈し、署員に犠牲者を出したからといって、住民からの救出要請がやむわけではない。「助けてください。生きてるんです」。市民の救出要請が相次ぎ、長いウェイティングリストができる。兵庫署で埋もれて頭から出血した当直責任者の刑事課長は、同僚の上から呼ぶ声に、「大丈夫だ。皆を先に助けろ」と叫んだ。駆け付けた署長が「ここは後でいい」と周辺への出動を命ずるのを聞き、課長は瓦礫の下から同意の声を上げた。数時間後、到着した機動隊が壁に穴を開け、ようやく救出された。

全署員が住民救出に出払っても、「助けて」の要請はやまない。署にとどまった通信担当の係長は、自衛隊や機動隊が来るまで辛抱をと、増え続ける市民の求めをかわさねばならないのが本当に辛かった。そこへ小学生の少女が来た。「お母ちゃんが埋まってんねん。助けて」。人はいない。自分は鳴り続ける無線から離れられない。その子を抱きしめ「堪忍な、堪忍な」と謝るしかなかった。溢れる涙がやまなかった(14)。

言うまでもなく、警察は県単位の全国組織である。滝藤《たきとう》浩二兵庫県警本部長は、大震災突発に際し、関東大震災の教訓を想起したという。被災地が流言飛語に毒され、秩序喪失による朝鮮人虐殺などの「二次災害」を招いたことを繰り返してはならない。国松孝次《たかじ》警察庁長官も、当初「略奪行為の発生」を危惧したという。

関東大震災時の教訓は、内務省が解体されても、警察組織のメモリーとして生き続けていた。警備畑出身の県警本部長は、被災地の街角のそこここに怪しい男がいると感じた。幹部にそのことを言うと、彼もやはりそれを気にかけていた。本部長は、部下に対し制服で街に出よ、市民の目に警察の存在が目立つようにせよと指示した。秩序の厳存を可視化する必要があった。

関東大震災とは逆に略奪暴行がなく、世界から立派な市民と称賛された阪神・淡路の地である。だがそれは結果であって、大災害の初期には際どい瞬間もあったという。警察は正確な情報が伝わるよう、ラジオ一万個を避難所に配ったりした。早期に停電が終わり、テレビなどマスメディアが雄弁に現実を報道するに至って、関東大震災の悪夢は去った。

制服によりプレゼンスを示すことの思わぬ伏兵は、警察と見れば「私の家族を助けて」と袖を引かれることであった。別の任務があっても救出活動を優先する他なかった。

大局的に見れば、警察は平時の安全機構であり、死屍累々の非常時に対する人員と装備を与えられていない。自衛隊や消防に比べても、装備は貧弱であった。それを補ったのが、自らも被災しながら地震後二時間余の午前八時に、全県警の四分の三が出動した士気の高さであった。加えて、県外から当日すでに二五〇〇人、二日後には五五〇〇人が来援した警察全国組織のチームワークのよさであろう(15)。

消防一三八七人、自衛隊一六五人に対し、警察は三四九五人。生存救出の数である。十分に助けられずにすまぬと涙した警察官だが、圧倒的な実績である（各組織単独ではなく他との共同救出もある）。警察の市民との近さを如実に示すものと言えよう。

他方、震災後当分の間、国道二号の交通規制ができず、救援車も動けない事態を招いたこと、警察発表の犠牲者数が遺体確認手続きを終えたもののみであるため、初動期に被災の重大さを見失わせるミスリードを犯したことなどが、警察にとり、阪神・淡路大震災の反省点となった。

消防力を超える火災

震災には火災が寄り添う。それは変わらないが、時代によって、その火元は移り変わる。関東大震災(一九二三年)や福井地震(一九四八年)の主たる火元は、炊事用のかまどであった。六〇年代の高度成長が日本人の生活形態を変えた。一九六四年の新潟地震では、石油タンクの火災、ガス器具や石油ストーブからの出火が注目された。

一九九三年の釧路沖地震以降、電気関係の出火が目立つようになった。一九九五年の阪神・淡路大震災もそうであり、原因不明の約四割を除いて特定されたもののうち、電気機器や停電後の再通電にともなう火災、そしてガス管破損によるガス漏れに起因する火災が多数を占めた(16)。

生活の近代化は、火をおこす台所を過去のものとし、電気・ガスのスイッチ点火という利便性を確立した。今では揺れを感知すれば止まる機器も増えている。それでも地震にともなう火災はやまない。たとえ人々が電気やガス器具を使っていなくても、激震は電線のショートを起こし、ガス管を破損する。大都市を地震が大きく揺さぶれば、火元は特定できないが、必ず火が出るのである。

阪神・淡路大震災の一九九五年一月十七日のその日、前述のように二〇四件の火災が発生した。十八日と十九日にも、それぞれ二六件の発火があった。最多発地は、言うまでもなく神戸市であり一三八件、次いで西宮市の三五件、芦屋市一三件であった。

対する消防力はどうか。人口九万弱の小さな市・芦屋から見ていこう。

［芦屋市］

地震直後の芦屋では九件の火災が発生した。対して、消防署の体制はポンプ車五台を中心に一六台の車両を擁し、八五人の消防職員である。これを民間から支援する一〇〇人余りの消防団がポンプ車四台を持つ。初動は当直職員の二二人で対応する他ないが、やがて一時間以内に一二人が駆け付け、参集する消防団の士気も高い。火災九件に対し、消防車両二〇台であるから、すべての火災現場を複数の消防車を投入して攻めることができる状況である。ただ七七八基もある消火栓は、地震により水道管が壊れ、水が出ない。そこで六〇基の防火水槽にとりつく。足りないところは、プールや芦屋川、宮川の水を汲み上げた。全焼七棟、半焼一棟で、その日のうちに鎮火することができた(17)。

消防も平時の火災や事故に備える組織であり、異常な同時多発火災に対処するリソースは与えられていない。芦屋の場合、何とかこなせる同時多発火災だったと言えよう。消防力に関するシミュレーションによれば、九台の消防ポンプ車がある署内で、同時火災が四件までであれば何とか全部を制圧できたが、五件以上になると三件までの鎮火が限度となり、九件の火災に対しては二件がやっととなる。もちろん風の強さや建物の性格等で千変万化であるが、各火災現場を複数の消防車で包囲できるかどうかが分かれ目となるようである(18)。

[西宮市]

その点、西宮市は厳しい事態にあった。早朝、二二件の火災が発生したと西宮市消防局は認識したが、実はこの日三五件の火災に見舞われた。対する消防力は、ポンプ車一五台。三四一人の職員のうち、この朝の当直職員九〇人、そのうち二八人は救急要員などで、火災対応の当直職員は六二人だった。ただ二時間以内に八九人が駆け付けた。西宮市の場合、消防団(七二九人)が三八台ものポンプ車を持つのが特徴である(ちなみに神戸市消防団ですら七台しか持っていなかった)。〝民〟が大きな役割を期待されている市と言えよう。

約三八〇〇基の消火栓は水が出ず、防火水槽やプール、井戸などにとりついた。しかし西宮市消防は地震の前年九月に、たまたま異常渇水に備える特別訓練を行って、自然水利の活用を署内や消防団に徹底していた。そのため、この朝、消火栓の無用を知った消防車は、二九台が防火水槽にとりついたのに対し、一九台が河川を堰き止めて水源とするほどに、高い比率で自然水利を積極利用したのである。その他、プール二台、井戸四台、溝水四台などである[19]。そのうち、汲めども尽きないのは川の水だけである。

芦屋市と違って、各現場に複数の消防車であたる境遇にない西宮市は、「一火災現場、一ポンプ」を基本戦術とせざるをえなかった。それでも、一〇〇〇平方メートル以上の大規模な延焼拡大は一つのみだった。

写真 2-2　水が来るまで消防活動が行えず，立ちつくす消防署員(1995 年 1 月 17 日)

その日のうちに鎮火できたのは、消防局本部が消防団との合同部隊編成を行い、団の力を積極活用するとともに、先述のように水源を柔軟に確保したこと、さらには外部とのアクセスのよい被災都市として、当日、近隣の八市町から一七台、六七人の支援を得たことなどが大きな要因であったろう。

［神戸市］

神戸市の困難はそれどころではなかった。発災一四分後の午前六時までに、六〇件の火災が群発した。対する被災地の消防力は、ポンプ車四九台が限度であり、当直職員二九二人(救急要員を含む)であった。消防車一台に複数の火災現場という絶望的な事態である。しかも消防に携わる人も組織も被災者なのだ。二時間後に五〇パーセント、五時間後に九〇パーセントの消防署員が出て来たが、それは責任感の強さを示すものであろう。

あまり知られていないが、実は三つの消防本署と一出張所が地震によって壊された。そうした自らもダメージのもとで神戸市消防は苦闘せねばならなかった(日本社会には、公務の拠点に清貧を求め、立派な建物を批判する傾向が一部にある。しかし、自ら安全な者だけが人を助けうるのであり、人々を守る機関の拠点は危機管理のために頑強にする社会常識を確立すべきである)。

消防能力を凌駕する火災の同時多発になすすべもない。ようやく消防車が燃えさかる現場に到着しても、消火栓から水は出ない。防火水槽や小学校のプールが貴重な水源となった。六甲南麓の河川は風水害対策のため、一気に海に流すよう設計されており、水溜まりがなく消火に使いにくい。それでも水のない悲痛の中で新湊川、妙法寺川、都賀川などに土嚢《どのう》を積んで溜まりをつくり、臨時の消火用水とした。

火元の建物で消し止めたのは三二パーセントにすぎず、五一パーセントが一〇〇〇平方メートル以上の火事に広がった。とりわけ九件が三万三〇〇〇平方メートル以上の大規模火災に燃え広がった。そのうち四件が長田区に集中した(20)。

午前九時五十分、神戸市は消防広域応援を要請した。十一時十分に三田市から到着したのをはじめ、午後には続々と関西各地の消防車が参集した。それが信じ難い情景をつくり出した。長田の大火に対し、長田港に接岸した消防艇「たちばな」から六系列のポンプ車に海水を送り、また独自に海水を汲み上げた三系列のポンプ車が連なって、火災現場の消火にあたった。JR線北側の御屋敷、水笠、松野地区の大火までの二キロを、九台ものポンプ車が連なって海水をリレーした系列もあった。各地から参集した一〇〇台近い消防車がいつしか長田の大火を取り囲んでいた。(21)

こうして翌十八日午前三時頃には、大火をほぼ鎮圧できた。

強風下の関東大震災では時速三〇〇メートルの延焼速度であったのに対し、無風ないし微風下の阪神・淡路はその一〇分の一の速度でしかなかった。この僥倖の下でも、これほどの大火を招いたことを軽く考えてはならない。次なる大災害、とりわけ首都直下をはじめ大都市直下地震が強風下で起こる場合から目を背けてはいけない。疑いもなく、それはどこの消防署の手にもあまる事態である。

神戸市消防局長として容易ならぬ指揮をとった上川庄二郎氏が、消防団の活躍や企業・事業所の自衛消防隊の役割が大きかったことを指摘しつつ、防災福祉コミュニティづくりや市民防災リーダーの養成など、要するに民間の自助・共助の強化なしに今後の大災害に対することができないとしているのは傾聴に値する。(22)

前章で論じたように、大火に見舞われ続けた江戸が被害を抑えうるようになったのは、定火消、大名火消に加えて、町火消の制度が確立してからのことであった。そのことを重く受け止め、コミュニティによる防災システムの構築なしに、二十一世紀の安全と安心はありえないことを認識すべきである。

3　自衛隊出動

姫路連隊の動き

被災地に自衛隊の姿が見えないのはどういうわけか。一月十七日のその日、昼から午後にかけて、手のつけられない大災害であることが明らかになるとともに、こうした疑問の声が次々に上がった。行政を束ねるキーパーソンであった石原信雄内閣官房副長官も電話で防衛庁を叱った。

危機の突発とともに、自衛隊をめぐる社会の論調は急旋回した。軍隊が勝手に跋扈《ばっこ》することは許されないとの戦後平和主義の言説は吹き飛び、こんな時に働けずに何の自衛隊かと問われる事態となった。

しかし、それは違う。自衛隊の初動が遅かったのは、県知事の要請が遅かったからだ。反軍反自衛隊の戦後思想に影響され、知事は出動要請を嫌ったのではないか。否、そもそも自衛隊を違憲としてきた社会党委員長を首相とする内閣であったことが問題の根因だ……等々、あらゆる臆測が飛び交い、今日に至っても社会認識は一定していない。一二年後の二〇〇七年に至っても、「神戸の地震の時なんか、首長の判断が遅かったから、二〇〇〇人余計な人が亡くなった」との数字まで示す、大胆な東京都知事の言葉が飛び出す有り様である。

筆者は被災地の神戸大学教授として震災検証のためオーラル・ヒストリーを行い、今も阪神・淡路大震災から生まれた研究機構で働いている。また二〇〇六年から二〇一二年まで、防衛大学校長となって自衛隊を内側から知る機会を得た。自衛隊をめぐる風評を超えて、正確に事実経緯を示すのは筆者の任務と感じている。

陸上自衛隊にあって近畿地方の二府四県を受け持つのが、中部方面総監部(伊丹)下の第三師団(伊丹)である。被災地のうち西宮市、芦屋市は第三六普通科連隊(伊丹)が担当しているが、それ以外の神戸市を含む兵庫県全域を、姫路の第三特科連隊が警備区域としていた。「特科」とは普通語でいえば「砲兵」のことである。兵庫県、神戸市と連絡をとりながら災害出動する現場責任は、この姫路連隊にあった。

その連隊長、林政夫氏の動きに即して、自衛隊の初動を見てみよう(23)。

姫路郊外の官舎で林連隊長は地震に起こされた。家具は倒れず、停電もなかった。震度4か5くらいか。この地震は、淡路島北端に発して、東北方向への指向性をもって動いた。逆に神戸の西方五〇キロに位置する姫路の揺れは、控え目であった。電話も健在であり、部隊運用を担当する幕僚から、阪急伊丹駅と兵庫署が倒壊した、全員を集める三種呼集をかけた、との連絡が午前七時頃にあり、連隊長は了承した。

よくできた組織というのは、長があらためて指示を出すまでもなく、あらかじめ定められた作業手続きに沿って担当者が情報を集め、機敏に動く。その全体を隊長が代表するのであり、部下が果敢に対応したのか、隊長が直々に指示決定したのかは最重要の問題ではない。

午前七時半に林連隊長は災害派遣準備命令を発し、「午前九時半をメドに」各部隊は準備完了するよう命じた。同時に、連絡幹部(LO)三人による先遣隊三隊を、三ルートから無線を乗せた車で神戸に向かわせた。南から、海辺の市街地を抜ける道、市街地の北寄りの道、そして北郊外の山陽道、どのルートが部隊派遣に有効か、実地調査によって確かめようとしたのである。早く到着して、神戸のどこへ行けば仕事ができるのか、県と市から聞き出す必要がある。周到な手配ぶりと言えよう。

連隊長は、早々に先遣隊から交通渋滞の報を受けて、パトカー先導を姫路警察に求め、応諾を得た。さらにヘリでなければ迅速に動けないかもしれない。中部方面総監部に要請したところ、ヘリも回してくれるという。そして、警備幹部の中村博三尉に対して、兵庫県庁と電話連絡して被災状況を聞くよう命じた。

午前八時十分、県庁消防交通安全課の野口一行防災係長に、初めて防災無線が通じた。野口係長の返事は「状況はつかめていない。県庁五階会議室に災害対策本部を設置した」であった。この時、いずれ自衛隊派遣をお願いすることになると示唆したと係長は証言するが、自衛隊はそれを聞いていないという。県の係長は言外に示唆したが、自衛隊は明確に言ったことしか聞いたと認識はしないということであろうか。連絡を取り合う合意で会話は終わったが、その後、防災無線は通じなかった。

午前九時頃であったか、連隊長は、次に県庁と連絡がついたら、「この電話をもって、自衛隊派遣要請としてもらいたい」と言うよう中村三尉に指示した。次に電話（県側の記録ではNTT回線）が通じたのは午前十時十分であった。「この連絡をもって、派遣要請があったと認識してよいか」との自衛隊側の問いに、「お願いします」と野口係長は即答した。派遣地域については「神戸、北淡」と答えた。加えて、時間は十時十分を過ぎているが、「十時の要請」とすることで両者は合意した。(24)

さて、姫路の連隊では、指示通り午前九時半にはほぼ派遣準備が完了した。

林連隊長は、午前九時五十分発のヘリで県庁に向かう副長にも、県知事に派遣を要請するよう指示した。こうやって自衛隊は二つの回路で努力しながらも、知事の要請を得ない場合でも、やはり準備のできた二つの大隊二一五人を派遣する心づもりでいたように私には思える。ところが三六両の長い車列となり、行き先は約一〇〇人ずつ、第一大隊が長田署、第二大隊が兵庫署の二方向となった。すでに来ていたパトカー一台では足りない。もう一台を要請した。それやこれやで、全部隊が出発できるようになったのは午前十時十五分を回っていた。それはちょうど、電話で「県知事の要請」を得た直後であったのだ。

つまり、姫路の連隊として早朝から周到に精いっぱい準備を重ねて、ようやくすべてが整った時点で、結果的に「要請」が得られたのである。

写真 2-3　王子グラウンドに集結する自衛隊の車両やヘリ（1995 年 1 月 18 日）

朝七時半に三つの地上ルートで神戸へ出発した先遣隊は、たちまち猛烈な渋滞につかまり、一番早く神戸市中心部に着いたのが午後二時過ぎ、最も遅かったのは夜の九時であった。その報告を朝から受けていたからこそ、林連隊長はパトカー先導を求め、それが大きな効果をもたらした。地震後に閉鎖されていた阪神高速道路の姫路入り口をパトカーが開け、使える部分を高速で走った。高速を降りると神戸の町は火煙で暗く道路は渋滞であったが、午後一時半までに長田署、兵庫署に到着できたのは、高速利用があったればこそであった。

姫路の連隊には、あと二〇〇人ほど被災地に投入する兵力があった。林連隊長が要請した大型ヘリは、これを乗せて、午後二時五十五分、王子グラウンド（現王子スタジアム)に向け離陸した。

自宅を失った被災者たちは、そこここの公園や学校その他の公的施設に入り込んだが、王子グラウンドには鍵がかかっていたため入れなかった。そのことにより十分な広さを持つほとんど唯一の空間となり、ヘリ基地としての利用を可能にした。

姫路より合計約四〇〇人の自衛隊員が、午後三時から四時にかけて神戸の地に展開し、救出活動を開始した。長田では警察、消防と合同チームを組み、東灘では地域割りを決めた。そうした打ち合わせは、混乱の中ではスムースにはいかず、短い冬の昼間はすぐに暮れようとしていた。

伊丹連隊の場合

古い木造平屋の官舎でひとり寝ていた黒川雄三・陸上自衛隊第三六普通科(旧軍の歩兵)連隊長は、一九九五年一月十七日午前五時四十六分、いきなりドーンと大衝撃を受け、目を覚ました。伊丹空港から二キロの地だけに、一瞬、飛行機墜落かと思った。縦揺れ一発の後は横揺れ、官舎は団扇のように大きく揺れ、家具は転倒、食器は散乱、連隊長自身ベッドから出ることもできない(震度6であろう)。

災害派遣の要請が必ずある。そう直感した連隊長は午前五時五十五分、連隊当直に電話し、七人の幕僚に集合を命ずる第二種非常呼集を発令した。午前六時十分にそれを完了したとの復命の電話があったので、直ちに全隊員を招集する第三種非常呼集を命じた。(25)

当時、連隊の名目上の定員は一一〇〇人だったが、実員は八五〇人。研修や出向など不在の者を引くと六五〇人ほどとなる。そのうち一五〇人は管理業務や兵站《へいたん》補給など連隊全体のための仕事があり、出動可能兵力は約五〇〇人という。隊員の半分強が今では隊外に住んでおり、参集には時間がかかる。

ところが思いがけない僥倖があった。この朝、連隊には琵琶湖西での射撃訓練の予定があり、前夜から兵舎に泊まった者が少なくなかった。それでいて現地の大雪のため未明の出発は中止となった。そこへ大地震が来た。連隊の対応は速かった。

午前六時三十五分、伊丹警察から自衛隊に救援要請が来た。阪急伊丹駅はビルの三階の屋上がホームとなっていたが、ビルが崩壊し、一階の交番にいた警察官二人が埋もれた。黒川連隊長は、午前六時五十分に偵察隊を現場に派遣した。埋もれた警察官から生存応答を得た。四二人の救助隊が午前七時五十八分伊丹駅に到着し、午前九時までに一人を生存救出、もう一人は遺体救出となった。

この活動は自衛隊法第八十三条三項の近傍災害派遣であり、現場部隊長の判断で出動できるものである。

その間、微妙な事態が生じた。午前七時二十分頃、病院倒壊などと救助を求める西宮市民から複数の電話があった。西宮市は武庫川をまたいで一〇キロ離れた別の市である。近傍派遣には無理がある。といって兵庫県知事の要請はまだない。

知事の要請が来るまで座して待つべきか。もう一つ、自衛隊側の自主派遣という規定もあった。特に緊急を要し、知事の要請を待てない事態にあっては、防衛庁長官などが自主派遣できる(自衛隊法第八十三条二項但書)。政令により師団長までが派遣決定できることになっていた。

師団長とコンタクトできなかった黒川連隊長は、副師団長に「人が死んでいるんです」と訴え、「いいじゃないか」と賛同を得た。国民の生命を救うことこそ、自衛隊が最優先すべき任務との判断である。

しかしそれは戦後の社会通念に反し、出動手続きに厳密を欠く責を問われうるのではとの私の質問に対し、戦史に通じた戦略家でもある黒川氏は答えた。独断で対外戦争を仕掛けた関東軍の幕僚とはわけが違う。「悪いことをするんじゃない。人を助けに行くんだから」。でも万一責任を問われたら、との重ねての問いに対し、「仕方がない。処罰されるんなら」と静かな応答であった。

午前八時、連隊長は中隊長の一人を呼び、西宮市への出動を命じ、二〇分後とりあえず用意のあった四〇人で出発させた。「知事の要請」の一時間四〇分前である。武庫川を越えると様相が一変し、地獄の被災地となった。

黒川連隊長は、自らの主要な警備区域である大阪市にさしたる被害のないことを確認したうえ、午前十一時二十五分、二つの中隊を西宮に派遣した。

この日、西宮へ二〇六人が出動し、六人を生存救出、二九遺体を収容した。芦屋市へも二個中隊一一八人を派遣し、四人を生存救出、一人の遺体を収容した。姫路も伊丹も、連隊レベルの初動は機敏であり、できることはすべてやったと言ってよいであろう。ただ二連隊のみでは戦力が貧しすぎた。

戦略レベルの決定失敗

伊丹市は陸上自衛隊の中枢拠点である。第三六普通科連隊はもとより、近畿の二府四県を管轄する第三師団司令部、さらに東は中部地方、西は中国・四国までを統括する中部方面総監部の本拠でもある。

この大震災に対する自衛隊の派遣規模としては、

［1］二つの連隊の警備区域が被災地なので、その二連隊のみ出動

［2］近畿各地にある第三師団諸隊を動員

［3］中部総監隷下の諸隊を動員

［4］全国の自衛隊を動員

の四つの選択がありうる。このような大きな決断は、松島悠佐《ゆうすけ》総監の現場判断を冨澤暉《とみざわひかる》陸上幕僚長が尊重する形でなされねばならないであろう。

表 2-1　阪神・淡路大震災における陸上自衛隊中部方面隊各部隊の動き

主要部隊	所在地	派遣場所	投入時期(到着日時)
第 36 普通科連隊	兵庫・伊丹	伊丹市	1 月 17 日午前 7 時 58 分
		西宮市	1 月 17 日午前 10 時頃
		芦屋市	1 月 17 日午後 1 時 5 分
		尼崎市	1 月 18 日午前 6 時 27 分
第 3 特科連隊	兵庫・姫路	神戸市	1 月 17 日午後 1 時 15 分
第 3 高射特科大隊	兵庫・姫路	淡路島	1 月 17 日午後 4 時 40 分
第 3 後方支援連隊	兵庫・千僧	伊丹・西宮・芦屋・神戸市	1 月 17 日午後 0 時 30 分
第 7 普通科連隊	京都・福知山	神戸市長田区	1 月 18 日午前 6 時
第 37 普通科連隊	大阪・信太山	神戸市	1 月 18 日午前 8 時 30 分
第 3 戦車大隊	滋賀・今津	芦屋市	1 月 18 日午前 5 時 50 分
第 15 普通科連隊	香川・善通寺	淡路島	1 月 17 日午後 5 時 40 分
第 8 高射特科群	兵庫・青野原	神戸市須磨区	1 月 18 日午前 8 時 30 分
第 8 普通科連隊	鳥取・米子	神戸市灘区	1 月 19 日午前 4 時 30 分
第 33 普通科連隊	三重・久居	神戸市東灘区	1 月 19 日午前 7 時

［出典］　防衛庁陸上幕僚監部『阪神・淡路大震災災害派遣行動史』(平成 7 年 6 月)などをもとに作成.

松島総監は、兵庫県や神戸市と連絡がとれないため被害状況の全容がつかめないことに苛立ちつつ、自らの下にある八尾航空隊のヘリに空から偵察させた。

早朝七時十四分と九時半の再度の飛行により、阪神高速の倒壊、広域火災の発生、ビルの倒壊、道路の亀裂などを確認し、かなり大規模な災害と判断された。ただ上空からは屋根が見えて、その下の一階が倒壊していることまではわからない。総監は被災地域が、神戸・阪神間と淡路北部に限定されていることから、第三師団を主力とし、他から一定の増強をすれば足りると見た。地域限定の認識はもっともであったが、被災の深さがまだ読めなかったのである。

この点を補正するのは、早くに被災地に到達した先遣隊を含む部隊からの現場情報であったろう。ところが師団司令部も総監部も派遣部隊に現場報告を求めなかった。戦争ではないのだから、現地からの情報まで求めず、一人でも多く救出するように、との指導であった。戦争ほど重い事態と考えなかったことが、大局判断の修正を遅らせたのではなかろうか。

さらに事態を深刻にしたのが猛烈な交通渋滞であった。

姫路と伊丹以外の第三師団諸隊は、香川・善通寺の部隊が淡路島へ夕刻暗くなって着いた以外は、その日に被災地に着かなかった。表2-1に示すように、翌十八日朝にようやく到着した。交通渋滞が緩むのは、深夜を過ぎて、夜明け前のみであった。生存救出される人の八割は初日だというのに、一日遅れの自衛隊到着が繰り返されたことになる。

この重大事態にあって交通規制を行えないこと、そして遺体確認数をもって死者数と発表するため当初軽微な災害と社会に誤認させたこと、この二つが警察の重い反省点であったが、十七日正午発表の死者数「二〇三人」が村山富市首相に非常事態を認識させ、夜七時の死者「一一三二一人」が、松島総監に第三師団基準を放棄させた。総監は十八日午前三時、名古屋の第一〇師団と広島の第一三師団に出動を命じた。三重・久居と鳥取・米子の連隊が神戸に到達したのは、三日目の十九日早朝であった。

一日ずつ遅れながらも、十九日夕には一万三〇〇〇人に上る隊員が被災地に集結した。三二人、六六人、四四人、一二人――十七日から二十日までに自衛隊が生存救出に成功した数の変移である。他方、一一一〇人、一五四人、九二人、一六人が、消防関係の生存救出数の動きである。最も多くの生存救出を果たした警察の数もこれと類似しており、三一八五人、二四五人、四八人、一二人と、初日に九一パーセントが集中している。自衛隊だけが、生存者の多い初日にわずかしか到達しなかったがゆえの変則的数値である。その自衛隊を含めても、やはり七二時間(三日間)内の救出が九九パーセントを占めており、四日目以降は奇跡に近いことが確認される。しかしそれよりも圧倒的な事実は、最初の一日の決定的重要性である。なんと生存救出の約八六パーセントが初めの一日なのである。

あの人口稠密地帯にM7クラスの地震が襲来する場合、平均数千人の犠牲が出るといった想定があれば、自衛隊が初動より大兵力を集中投下する決断が容易となったであろう。その点は日本社会全体の大きな反省点となった。

その後一〇〇日にわたる自衛隊の活動は力強いものであった。

道路啓開や瓦礫処理、全遺体を確保するローラー作戦、そしてライフラインを支える心のこもった活動は、国民の自衛隊認識を変えた。たくましく、かつ温かい、国と国民の安全にとっての最後のよるべであることを、自衛隊は事実をもって示した。

初動の鈍さについて自衛隊は反省した。その後、大きな改革を施し、東日本大震災では卓抜した役割を果たすことになる。

4　生存救出と「震災の帯」

ある学生寮の奇跡

神戸市東灘区の阪神電車・深江駅から南へ一〇分ばかり歩くと、国道四三号を越えた海側に神戸商船大学(現在は神戸大学海事科学部)の正門に行きあたる。深江駅から逆に北西に向かい国道二号の方に歩くと、同大学の学生寮・白鷗寮《はくおう》がある。

白鷗寮の寮生二五〇人が、一九九五年一月十七日の阪神・淡路大震災に際し、近隣二キロ四方の倒壊家屋に埋もれた約一〇〇人を救出した。なぜ警察・消防・自衛隊のようなプロではない学生たちが、かくも多くの救出をなしえたのだろうか。

有田俊晃白鷗寮自治会長(震災当時、商船システム学課程・機関学コース三学年)は、「われわれとしてはごく当たり前の行動をとったにすぎません。商船大生だから特別にできたとは思いません。普段お世話になっている近所の人たちが生き埋めになっている。みんなで力を合わせて何とかして助けよう。そんな思いに動かされての行動でした」と振り返る。謙虚な言葉は感銘深いが、普段お世話になっている近所の人たちを助けたいと思えば、本当にだれにでもできることなのであろうか。

被災地の深奥には、公的救援の手はなかなか届かない。それを待っていては、地下からの声が一つまた一つと消えてゆく。被災地コミュニティの自助・共助こそが埋もれた人たちの生死を分かつ。
共助を可能にするキーは何であろうか。それを考えるために、神戸商船大学白鷗寮の事例を取り上げたいと思う(26)。

白鷗寮が震度7の被災地の真ん中に位置していながら、寮棟自体が無事であったことが、まず重要である。

自ら安全な者のみが人を救いうる。神戸市内の警察署や消防署の多くが倒壊し、市民を救援する態勢を整えるのに手間取ったことはすでに見た。それは社会の安全を担う機関として大きな失態である。「ご自身も被災されて」などと市民から同情されるようでは任務は果たせない。

白鷗寮は築四〇年の古い建物だったが、鉄筋コンクリート造りであり、亀裂や段差が生じたものの倒壊を免れた。

有田は前夜、三宮の居酒屋で友人と飲み語らい、就寝したのは十七日午前三時を回っていた。午前五時四十六分の一撃の瞬間、二学年の田中康仁はトラックが寮に衝突したと思ったという。四三号と二号の国道の間にある寮の住人らしい実感のある直感である。

大揺れの中、有田の頭上にラジカセが落ちてきて、「もう終わりだ」と思ったが、直撃を免れ、寮自治会はリーダーを失わずに済んだ。建物は無事でも、家具による攻撃の恐ろしさを知るべきである。これは、家具固定や寝床の位置取りによって免れることのできる被災である。

揺れが収まり、中庭に出て、有田は暗闇の中ながら寮棟の無事を確認できた。自治会長として彼は周囲の役員に「寮生総員、中庭集合」と指示した。点呼の結果、二五〇人の寮生のうち、在寮していた者は全員無事であることが確認された。建物と寮生自身の無事なくして、その後の白鷗寮自治会の活躍はありえないであろう。

ここまで見てきて、やはり商船大学寮は一般の地域社会はもとより通常の大学寮とも異なることがわかる。むしろ二〇一二年まで私が学校長をしていた防衛大学校の学生舎と似ている。防大学生舎では、学生隊長の号令一下、大隊・中隊別に全員が速やかに隊列をつくって点検を受ける。商船大でも、戦闘集団的な秩序が海の男としての訓練を受ける中で培われており、寮自治会長の下に各種役員を設けて、何かの時には規律ある共同行動がとれる組織となっているようである。

白鷗寮の西隣に三和市場があった。寮生が親しく行き来し、用を足す台所であり、顔見知りのおじさん、おばさんが多かった。夜が白んできて外へ出た寮生たちは息を呑んだ。三和市場が倒壊している。家屋が通路に崩れ落ち、アーケードも落ちて、市場に入ることもできない。ガスのにおいが立ち込め、だれかがたばこの火をつければ爆発するかもしれない。

「下敷きになっている人がいる」と叫ぶ声があり、寝間着のまま中庭に集まっていた寮生には、そのまま救出活動に入ろうとする者もいた。有田はそれを止め、いったん寮に戻って作業服、防寒服、安全靴、軍手、トーチランプを装備したうえで救出に赴くよう指示した。その際には、安全のため単独行動だけは避けること、また随時に状況を報告するよう求めた。それ以外、「細かなことは航海実習で体験していますので、いちいち言わなくてもわかっている」[27]。一定の装備も訓練もあり、鍛えられて力ある若者たちの集まりであった。

だが手作業は難航した。

有田は倒壊していない家に道具を借りに行かせた。のこぎり、ハンマー、バールなどを借りることができた。救出活動を続ける中、有田が屋根に上って周囲を見ると、三和市場だけでなく、見渡すかぎり木造家屋の大半が倒壊していると見て取れた。これは大変なことだ。被害は広範にわたる。腰の入った組織的な対応を要すると覚悟した。

早朝から数時間の救出活動の後、有田は寮に戻り、学生当直室を対策本部に定め、役員会を開いて活動内容と分担を決めた。この日、避難所に指定されている白鷗寮には四六〇人の周辺住民が避難してきただけでなく、次々に救出を求める近所の人々が駆け込んできた。寮自治会はそのつど、数人のチームをつくり、救出に向かわせた。寮と学内、民家と消防署からチェーンソー、ジャッキなどの装備を集めた。また負傷者を寮生の車で病院に運んだりしたが、道路渋滞が激しく、裏路地も行けるリヤカーを重宝した。

日没とともに、自治会は寮生の安全を重視して全救出活動を中止させ、寮に戻らせた。その報告を総計すると、初日だけで一〇〇人余りを救出したことがわかった。ある現場で埋もれている老婦人に対し、「おかあちゃん、学生がもうすぐ救出してくれるからガマンしてな。苦しいやろ」との身内が発した言葉を、二学年の恵美裕《えみゆたか》は忘れることができない。この日、商船大の学生は、地域コミュニティにとって、そのような存在となったのである。

大震災は近代化を推し進めてきた日本社会へのメッセージでもあった。

近代化の中で、人々は桎梏《しっこく》が多く、機会の少ない村落共同体を脱出し、都会に移り住んだ。自由になったかもしれないが、それは隣の人にも知られることなく死に至る自由でもあることを大震災は告げた。都市において、自発性に基づくコミュニティをあらためて築かなければ、緊密だがうるさい共同体から、自由ではあるが共同体喪失の都市への極端な振幅であるにすぎない。

前述のように兵庫県西宮市の山田知《さとる》教育長(のち市長)は、祭りのある地域か否かで生存救出の水準がまったく異なると指摘した。地域住民が互いを知り、愛着を持つことが、まずコミュニティの条件である。

しかし白鷗寮のケースは、それだけでは不十分であることを告げている。熱い思いだけでなく、冷静な組織的対応なしには多くの人を救えない。素手で埋もれた人々を救出するのには限度がある。やはり道具が不可欠である。公民館や防災拠点に一定の装備がキープされていなくてはならない。

そして何よりもリーダーシップである。世話役と言ってもいい。遠くから来る部隊ではなく、各地域の中にリーダーが必要である。白鷗寮周辺の住民は思いがけない僥倖に恵まれた。西宮市甲東園でも、たまたまその地に住む配電工のおじさんが指揮を執り、近所の人々に家や車から道具を持ち寄らせて的確に倒壊家屋を切り開き、埋もれた人々を救出したという話を、その地の住人から聞いた。

たまたまではなく、各地域において内部からリーダーを用意しておく必要がある。それぞれの地域において祭りだけでなく、防災と救出の共同訓練を行っているか否かが、その時の事態を分かつであろう。江戸の火事が大きな犠牲を出さなくなったのは、町火消という自主防災組織がつくられてからであることを繰り返し想起したい。

生存救出の八割を占める共助

どれほどの人がこの震災につかまったのか。広く言えば、被災地のほぼ全員が人的・経済的・社会的な被害を受けている。その中で、どれほどの人の身体が、一時的にせよ倒壊した家屋などに埋もれたか。そのうち、どれほどの人が自力で脱出し、また救出されたか。救出はだれによってなされたか。

これらについては、河田恵昭《よしあき》教授の論文(28)が広く引用されている。そこでは次のような推定がなされている。

全壊家屋（多めに出る罹災証明の全壊数ではなく、構造的に全壊した家屋）の三〇パーセントに相当する三万棟（五万七〇〇〇世帯）が瞬間的に壊滅する事態となり、当時は一世帯平均二・八七人が住んでいたので、約一六万四〇〇〇人が瞬間的にせよ倒壊家屋につかまったと推定される。そのうち七九パーセントの一二万九〇〇〇人は自力で脱出したが、二一パーセントの三万五〇〇〇人が埋もれて救出を待たねばならなかった。

警察・消防・自衛隊は合わせて七九〇〇人を救出したとされ、それは三万五〇〇〇人の約二三パーセントにあたる。それ以外の約七七パーセント、二万七一〇〇人が、家族や近所の人たちに助け出されたことになる。

つまり、共助七七パーセント、公助二三パーセントという比率となる。

地域コミュニティが弱くなったとされる都市部にありながら、八割近くの人が地域の人たちに救出されたと見られる。これは考えさせられるところである。

警察・消防・自衛隊による救出内訳については、各機関の発表をまとめれば、表2-2の通りである。

三機関は別個独自に活動しているとはかぎらず、共同で救出したこともあり、その場合は双方にカウントされている。消防団や民間と協力した場合もあろう。また生存救出された後に亡くなる例は（クラッシュ症候群など）少なくない。消防と自衛隊は遺体救出数を示しているが、すべての遺体は警察が引き取って検視に付す。兵庫県下の災害関連死九一九人を除いた

直接の犠牲者は五四八三人であり、遺体の多くが公的機関によって救出されたと見られる。(29)

災害による直接死ではなく、被災後に死亡した者のうち、災害との因果関係が相当にあるとされる者を「災害関連死」と認定するようになった。阪神・淡路大震災において、初めて九一九名が認定され(全犠牲者の一四・二パーセント)、認定されると公的な弔慰金(最大五〇〇万円)を遺族は受領できる。ただ、因果関係の判断は厳しく、二〇〇四年の中越地震において長岡市は、一週間・一カ月・六カ月という、災害後の死亡時期を目安とする方針(長岡基準)を打ち出したが、国の一律基準はなく、各自治体が行う現場判断に委ねられがちである。東日本大震災では三七九二名(一九・三パーセント)が認定されたが、福島原発事故からの避難生活中の犠牲者も多く含まれている。熊本地震では、直接死五〇名を、関連死一七五名が大きく上回る。家にも避難所にもおれず、車中泊で体調を崩した者が少なくなかった。(30)

他方、生存救出の四分の三から八割近くが、家族や近所の人たちによることは、地域コミュニティによる共助の限りない重要性を告げるメッセージであると言えよう。

表2-2　阪神・淡路大震災における公的機関の救出者数(人)

	生存救出	遺体救出
警　察	3,495	—
消　防	1,387	1,600
自衛隊	165	1,238
計	5,047	2,838

断層と「震災の帯」の乖離

次に「震災の帯」の問題を見ておこう。

阪神・淡路大震災では、震度7の「震災の帯」と呼ばれる激震地が、六甲山南麓の神戸から西宮にかけて細長く伸び、そこに犠牲が集中した。

それはなぜか。その直下にこれまで知られていなかった活断層が走っていたのか。学者たちの研究は、そうではないと言う。では、何が起こっていたのか。

発震点は明石海峡の下、深さ一六キロであり、それは南西方向の淡路島に向かって浅く地表沿いに一五キロほど走った。ついで六甲山南麓に沿って地表に出ることなくほぼ一五キロの深さを東北東に走った。その主断層は、須磨断層、諏訪山断層に沿って神戸市灘区の神戸大学の下あたりを通り、そこから市街地を離れて五助橋断層に沿って山に入り、芦屋市奥池町に達し、どこまで動いたかは正確にはわからないが、山越えで宝塚方面に向かう線上にあったと見られる。


西宮市の夙川《しゅくがわ》あたりで生まれ育った筆者にとって、西側にはいつもゴロゴロ岳(五六五・六メートル)の山脈がそびえていた。主断層がその山脈の西方の奥池を走っていたとすれば、はるか南東の西宮中心部がなぜあれほど壊滅的打撃を受けねばならなかったのか。

神戸市内でも、震度7の激震地の帯は山際の断層線から一キロ〜二キロ南へ離れていた。芦屋からこの乖離はさらに大きくなり、西宮にかけて数キロから十数キロ近くに広がっていたのではないか。

通常、揺れのレベルは、第一に震源からの距離、第二には地盤の強弱によるとされる。第一に背反する現実を、第二の堆積層による地盤の軟弱さで説明できるのだろうか。地震学者

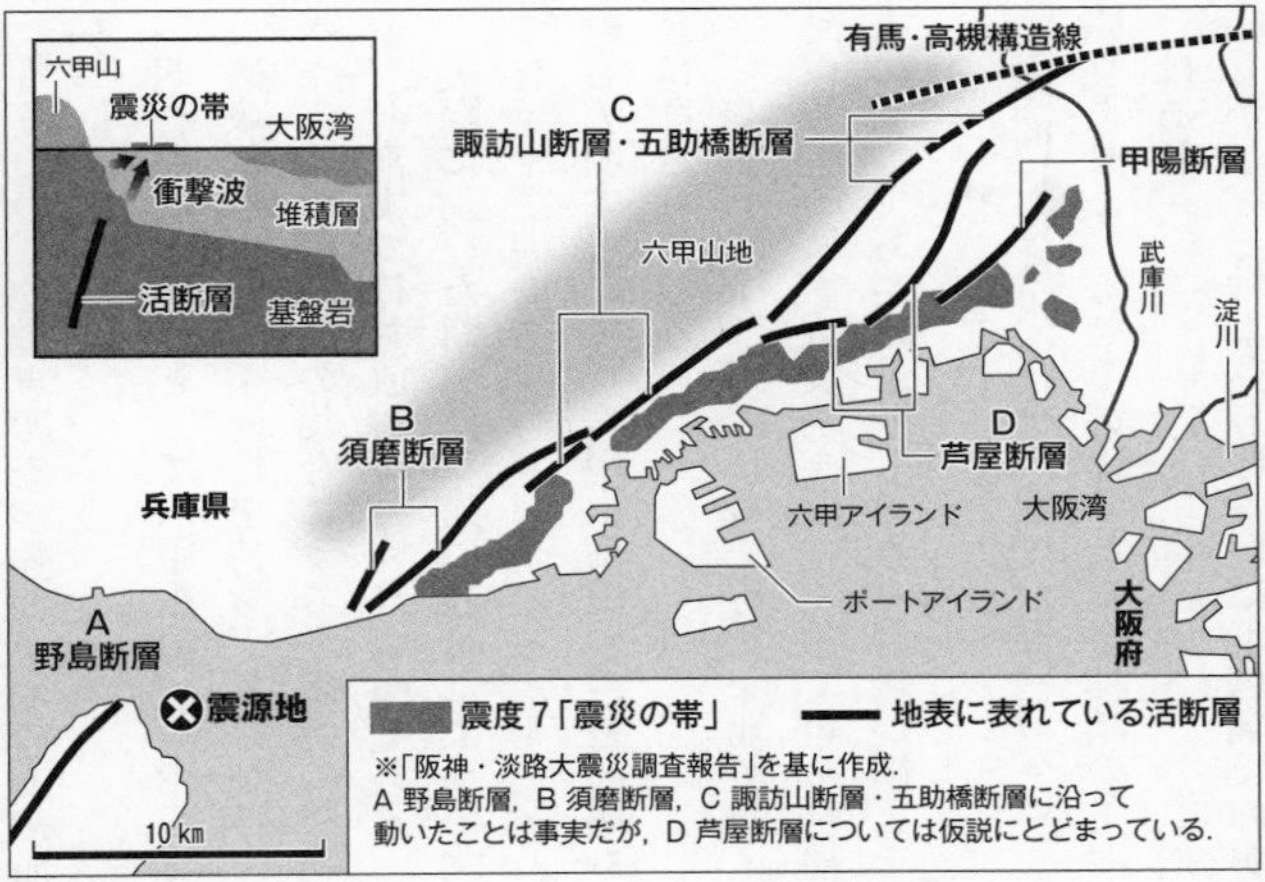

図 2-2　阪神・淡路大震災をもたらした断層破壊の形状（A・B・C）と震度７「震災の帯」との乖離

たちは第二の地盤要因を否定していないが、まったく別の説明を加える。

大きな断裂を起こしたのは、地下深くの基盤岩を引き裂いた断層である。

図2-2左上の断面図にあるように、その衝撃波は上に積もっている軟らかい地層を伝って地表に到達する。もう一つ、六甲山としてせり上がる基盤岩と堆積層との地表境界付近において二次的な衝撃波が生成され、それが地表に沿って堆積層内に伝播する（盆地生成表面波ともいう）。この二ルートの衝撃波が焦点を結ぶポジの相乗効果を招く地帯こそ、六甲山南麓から一キロ〜二キロ南の、JR線・国道二号・阪神電鉄の走る繁華街にぴったり重なる震度7の帯というわけである（「焦点効果」とか「なぎさ効果」とも呼ばれる）。

もう一つ、地震専門家が強調する要因が加わる。「破壊伝播の指向性効果」なるものである。明石海峡を震源として六甲山沿いに走るこの地震は、東北東に向かっての横ずれ断層ゆえの破壊伝播の強い指向性を持ち、それがパルス状の強い波となって作用した。それが先に述べた二つの衝撃波の集合による激震帯に共鳴し、加乗して、震度7の帯を神戸市東部から芦屋、西宮まで打ち放ったという説明である。

実際に動いた断層は、先に述べたように北に折れて五助橋断層に沿って奥池から山を越えて有馬—高槻構造線の方へ向かったとしても、「震災の帯」が六甲南麓の南を走り続ける乖離を説明するには、六甲山南麓の芦屋断層も動いたと考えるべきだとする学者もいるが、実証はなされていない。

多くの専門家は、きわめて特異な地形的・地盤的条件と地震の指向性が合成した現象として、阪神・淡路大震災を受け止めている。揺れの強度を、震源からの距離と地盤の強弱の二者によってもっぱら解してきた認識が修正を迫られるのである。(31)

「関西には風水害は多いが、地震はない」といった神話が流通し、それが大地震の悲惨を際立たせた。なぜそのような安全神話の集団幻想に関西に住む一般人が陥ったのか、不思議ではある。

しかし、それよりもはるかに不思議なのが、兵庫県や神戸市のトップと防災担当者がこぞってこの地には大地震はないと本気で信じていたことである。というのは、一九七四年に神戸市は地震学者のグループに、神戸直下地震の可能性について検討を依頼し、「六甲山南麓沿いの断層が動けば、震度7の烈震が来る」[32]との答申を得ていたからである。この予言的な答申は当時、神戸新聞の一面トップを飾った。にもかかわらず、兵庫県も神戸市も、震度5までの防災訓練を続けた。

山崎断層が動いた時、あるいは南海トラフ巨大地震の際、神戸は震度5と見込まれる。直下断層による震度7は無視して、家屋倒壊のない震度5までの地震のみ備えた。つまり本気で地震に備えたわけではない対応を重ねることで、いつしか安全神話に官民共にまどろむことができたのである。

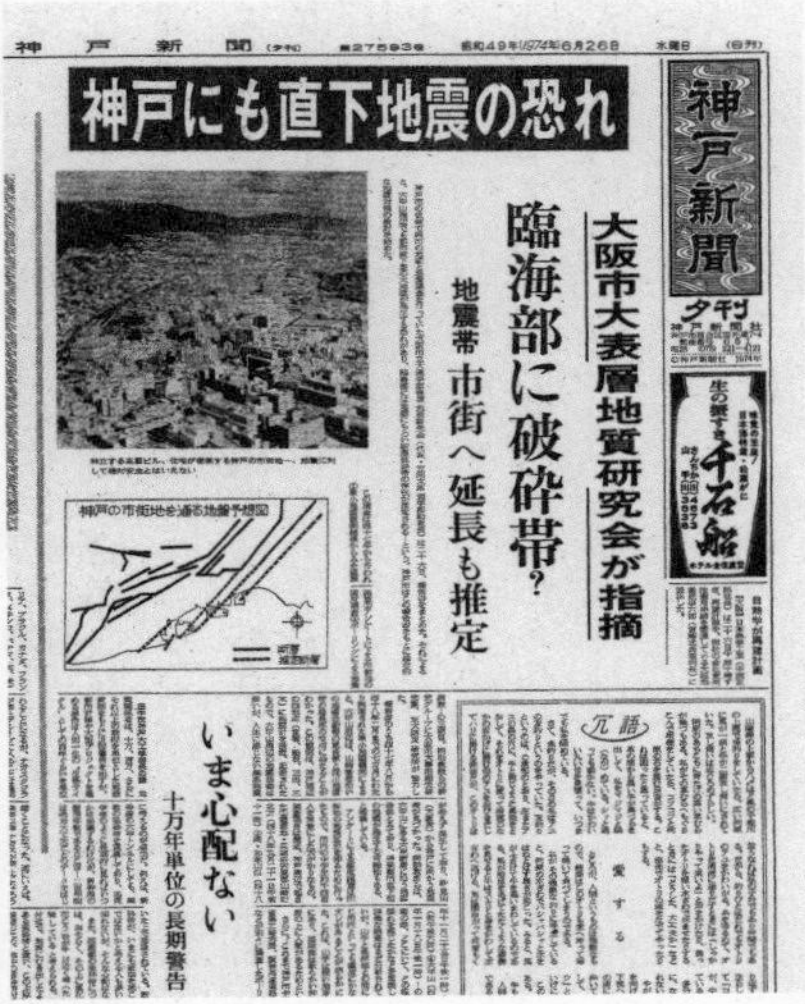
神戸新聞
神戸にも直下地震の恐れ
大阪市大表層地質研究会が指摘
臨海部に破砕帯?
地震帯 市街へ延長も推定
いま心配ない
十万年単位の長期警告
神戸新聞 夕刊
神戸市街地を通る地震予想図

写真 2-4　大地震の可能性は指摘されていた
(「神戸新聞」1974 年 6 月 26 日夕刊)

なぜこのような犯罪的ネグレクトが行われたのか、今となっては不明であるが、私には神戸新聞の紙面にある神戸大学工学部長の談話[33]がヒントと感じられる。この答申は一つの学問的可能性を示したものであり、明日にでも大地震が来るかのように慌てる必要はない、との冷静な対処を求める談話であった。それは、神戸市の近代化(「株式会社方式」とも呼ばれた)に全力を挙げる努力を変えるべきでない、限られた財源をいつ来るかわからない地震対応に注ぐべきでない、近代化の結果として神戸は防災方面でも強い都市になれるのだから——そうした意向から、「震度7」の答申を軽く受け流し、やがて地域全体で忘れることができたのではないだろうか。

今では存在するとされる活断層が日本地図を埋めているが、それも一部でしかない。地震が起こって初めて活断層の存在を知る例が、今も稀ではない。研究調査の進展はめざましいが、その成果を待ちながらわれわれが心すべきは、住居がいずこであれ、自分の家とコミュニティ安全水準を高めておくことなのである。

日本列島において地震災害から安全の地は存在しないと大悟すべきである。神戸の大きな誤りによる悲惨の後にもなお、「わが地には神戸と違って地震はない」との安全神話の虜囚になっている地方が、日本には少なくないのではないだろうか。

5　首長たちの初動

風水害で鍛えた危機管理

さて、一九九五年一月十七日午前五時四十六分に大地震が勃発した時、被災自治体のすべての首長が自宅または公邸にいた。出張の多い職務であることを考えれば意外であるが、予算づくりに多忙な時期だったのが幸いしたのであろうか。ただし、一様に在宅していたとはいえ、役所に到達するのに要した時間には大きな違いが生じた。

最も早く登庁したのは、地震で目を覚まし、「フライパンの中で炒られるようにベッドの中で回され続けた」後、前日の服をそのまま着込んで、マイカーを走らせ一〇分後に市役所に着いた松下勉伊丹市長であった。日本では偉くなると公用車に頼るのが一般的であり、被災地の首長たちのうち、自ら車を動かしえたのはこの市長一人だけであった。

より重要なことは、災害時には速やかに職場に出るのを当然の責務と市長が強く意識していたことである。松下氏は尼崎市の土木部長などを務め、風水害の多いこの地で危機管理を鍛えられた。

阪神・淡路大震災の周辺部に位置する尼崎市、伊丹市、川西市、猪名川町の四市町は、猪名川水系に位置し、豪雨に対し運命共同体的関係にある。全体の世話役の立場にあるのが人口五〇万弱の尼崎市である。

市の北部、武庫荘に住む宮田良雄市長は、近所に住む助役(副市長)の娘さんが運転する車に乗せてもらって、人気のない停電の暗い街を走り抜け、六時十分に市役所に着いた。すでに総務課長が対処を開始しており、六時半には第一回の災害対策本部を開いた。数名の幹部がすでに登庁していた。機敏な動きである。水害の多いこの地にあって、尼崎は市域の三分の一が水面下の低地であり、何かあれば水没は免れない。そこから災害に過敏という「悲しい習性」が植え付けられたと市長は言う。(34)

「地震はない」との神話に安住していた当時の関西であったが、風水害対処の経験者が、地震の突発に際して力を発揮した。

その典型が、芦屋市の後藤太郎助役である。風水害対処を行う総務畑のベテランとして市内の危険箇所を知悉《ちしつ》する助役は、地震に跳ね上げられた瞬間に重大事態を直感し、岩園の丘の自宅から坂を駆け下り、午前六時十分に市役所に飛び込んだ。まだ当直の職員二人しかいなかったが、一人を医師会会長宅へ、もう一人をお寺へ走らせて、医療と遺体安置所の協力を要請した。自らは、ようやくつながった電話で棺桶一〇〇基を注文した。市役所へ急ぐ途中の地獄絵を見て、芦屋市にそれぐらいの犠牲者を覚悟したのである。

芦屋の女性市長・北村春江は、朝日ヶ丘の二階建ての一階で寝ていたが、地震に跳ね起こされて、真っ暗な庭にパジャマのまま逃れ出た。そこへ倒れてきたタンスで腰を骨折した夫がうめきながら這い出してきた。地震で外れ落ちた雨戸に布団を敷いて、夫を寝かした。震えながら庭に立ち尽くす市長の前に、日高滋総務課長の車が現れた。課長は国道二号沿いの楠町に住んでいたが、周辺は倒壊家屋が多く、初めは近所で瓦礫に埋もれた人を救出する活動に加わった。やがて車に飛び乗り、東の西宮方面の親戚の安否を確かめようとした。が、ほどなく市役所の仕事場が気になり、Uターンした。

典型的な公僕のジレンマである。家族・身内か、瓦礫の下でうめく近所の人か、公共の仕事か。

芦屋の市街地はいたる所、倒壊家屋で道路が塞がっていた。ふと公用車が動いていないのではと気になり、北の市長宅へ向かったのである。課長の手を借りて、夫を病院に運び、その車で市役所に着いたのは七時過ぎであった。登庁した市長に対して、後藤助役が「死者は一〇〇人以上でます。棺桶を手配しました」と報告した。

人口九万弱のこぢんまりした芦屋市なればこそかもしれないが、一〇〇人の想定が甘いことは午前中に明らかとなり、昼頃には四〇〇人余りの犠牲者数の見当を付けることができた。正午といえば、警察が「全被災地の死者二〇三人」と発表して、村山富市首相を驚かせた頃であった。社会の迷妄には目もくれず、基礎自治体には現場からの正確な認識を築いたところもあったのである。[35]

公用車を待つ首長

自ら車を運転せず公用車の到着を待つ首長は、初動の敗者となる運命にあった。なぜなら大災害にあっては、運転手を含む職員の多くが被災者となるからである。

そんな中、芦屋市長のみならず、よき部下に恵まれた首長は救われることになる。笹山幸《かず》俊《とし》神戸市長は灘区楠丘町の公舎（市役所まで五・二キロ）でどこにも連絡がとれず、身支度はしたものの、歩いて行くか思案していた。そこへ山下彰啓局長が車で迎えに来た。建築と土木

表 2-3　阪神・淡路大震災発生時の主な被災首長(兵庫県)の登庁状況

被災首長	住居から役所までの距離	地震から登庁までの時間	状　況
松下　勉(伊丹市)	2.5 km	10 分	マイカーを自分で運転して
宮田良雄(尼崎市)	3.5 km	25 分	近所の助役の車に同乗して
小久保正雄(北淡町)	0.3 km	30 分	路地を迂回しつつ徒歩で
笹山幸俊(神戸市)	5.2 km	50 分	近所の局長が車で迎えに
北村春江(芦屋市)	2.0 km	1 時間 20 分	負傷した夫の入院後，総務課長の車で
貝原俊民(兵庫県)	3.0 km	2 時間 35 分	部長に車で迎えに来させて
正司泰一郎(宝塚市)	5.0 km	3 時間 35 分	被災した運転手が公用車で迎えに．渋滞
馬場順三(西宮市)	25.0 km	4 時間 45 分	局長が迎えに来たが，遠くかつ渋滞厳しく

が専門の市長は、次々と気になる建物の状況を語った。車で近づくとほとんど市長の推定通りなのに、山下局長は驚いた。午前六時三十五分に市役所に到着した。現場に強い市長はキビキビと即決し、指示を出す。危機に頼もしい人であった。

道路は傷み通行不能箇所もあったが、六時台はまだ空いており、迂回しても早く着いた。ところが、午前七時台から交通渋滞が深刻となる。七時半過ぎに部下の車の迎えを受けた貝原俊民兵庫県知事は、わずか三キロに三〇分を要し、県庁到着は午前八時二十分となった。(36)

悲惨だったのが、宝塚と西宮の市長であった。両者とも公用車の運転手が被災していた。

市長選挙を五日後に控えた正司泰一郎

宝塚市長であったが、その運転手は責任感が強く、自宅が倒壊したというのにバイクで役所に至り、公用車を駆って午前八時前に雲雀丘《ひばりがおか》の市長宅に到達した。しかし渋滞のため五キロの道のりに一時間半を要して、市長の市役所到着は午前九時二十分であった。すでに地震後一〇分以内にマイカーで市役所に到着した坂上元幸総務課長が、連絡のとれない市長に代わって、災害対策本部を立ち上げていた。その報告を受けて、市長は初めて重大事態を認識した。二七名の犠牲者を出した宝塚市である。

阪神・淡路大震災の時点で、携帯電話はまだ普及していなかった。後にも述べるように被災地の現場を歩き回りながら、携帯電話で五十嵐広三官房長官らに悲惨な状況を訴えた高見裕一議員は、例外的な存在であった。一般家庭や事務所の電話は、キャパシティを超える利用によってパンクし、きわめて稀にしか通じなかった。唯一通じたのが、公衆電話を、テレフォンカードではなくコイン(現金)でかける場合であった。当日、そのことに気づいた人は多くなかった。

馬場順三西宮市長は、自宅が遠すぎた。山を越えた北二五キロの塩瀬町の市長宅に局長の一人が迎えに行ったが、市役所到着は午前十時半となった。一一二六名という神戸市に次ぐ犠牲者を出した西宮市である。市民のために働くべき危機の瞬間に、トップが自らの配置に着くために四〜五時間を費やすこととなった。

今日では、トップをはじめ危機管理の任にある者が職場から遠隔に住むことは許されなくなっている。

ところで、トップの不在はどれほど実質的な問題であろうか。

たいした影響はないとの見方もある。初動時の最優先事項は人命救出と火災鎮火であるが、それは警察や消防など第一線部隊の仕事であり、彼らは首長の指示を受けるまでもなく自ら動き始める。自治体の防災担当者も、市長がいなくてももちろん動き始める。宝塚市のように総務課長を中心に対応するのが一般的である。西宮市の場合、山田知教育長が指揮をとったが、それは氏が災害に関わる土木部長を含む要職を経て教育長に就いたナンバー・ツー的な存在だったからであろう。彼らが不在の市長との連絡に努めつつ、市長不在のまま災害対策本部を発足させた(37)。

だが非常事態においては、平時と比較にならないほど必要な決断が増える。避難所の開設、死者・負傷者への手当て、食糧・水をはじめ物資の調達、外部への支援要請、住民への広報等々、ルールも前例もない重要問題の洪水となる。防御的な間に合わせの対処に傾くか、血の通った救援と復興に向かうかは、首長の決意と姿勢いかんによるところが大きい。

実質とともに、心理的・精神的要素も大きい。

トップが闘志に満ちて立ち向かっている姿こそが、職員を奮い立たせる。危機の瞬間に、被災者・住民と共にいて奮闘しない首長は、職責放棄者とみなされるのが今日の社会感覚である。

兵庫県庁の初動

各被災自治体とその長の個性的な危機対応は興味深いが、ここでは兵庫県の動きを見ておきたい。

平時の社会安全装置である警察と消防が、おびただしい被災者と同時多発火災に限界を呈する中、非常時用の国家安全装置・自衛隊の救援は、当時、知事の要請によるものとされていた。知事は被災地域を代表して国と折衝する役割を期待されているのである。

兵庫県庁に最も早く午前六時四十分頃に到着した防災責任者は、神戸市西区狩場台の自宅を六時前に出て、マイカーで走った野口一行防災係長であった。

野口係長は県庁に着くと、一号館の守衛室で鍵を受け取り、消防交通安全課のある二号館の一二階まで、停電でエレベーターが動かない中、東西の階段を併用しながら歩いて上った。ところがその部屋のドアが開かない。室内のロッカーなどが地震で飛び、ドアに激突して塞ぎ、押してもビクともしない。

廊下で茫然とする係長に、背後から「どうしたんや」と声をかけた者がいた。芦尾長司《ちょうじ》副知事であった。副知事は東灘区西岡本に住んでいたが、静岡県勤務時には東海地震への対処を担当したこともあり、直ちに登庁するのを当然のたしなみとしていた。同じマンションに住む娘婿の車に乗せてもらって、まだ暗い街を走った。守衛室で防災係長がすでに来ていると聞き、一二階まで追ってきたのである。ドアは開かないが、見ると壁の一角が、ロッカーか何かの激突によって破れている。その裂け目から係長は室内に入り、副知事も続いた。一時間後に別の職員が来るまで、野口係長は県にかかってくる電話の応対に忙殺された。
六階の副知事室に戻った芦尾が、何度も知事公邸への電話を試みると、運良く通じた。五階の庁議室に災害対策本部をつくったことを伝え、知事からすぐに迎えに来るよう指示を受けた。

貝原知事が登庁した一〇分後の午前八時半に、第一回災害対策本部の会議が開かれた。二一人のメンバーのうち、部長三人を加えて五人のみしかいない第一回であった。
県庁内の状況からすれば、十分な情報もなく、幹部も集まっていない早すぎる対策会議でもあった。電気・ガス・水道は止まり、通信手段もダウンした。破れた窓から冬の寒風が吹き込んだ。

その会議で報告を求められた野口係長は、八時十分に自衛隊(姫路)から防災無線による連絡があり、「いずれ知事による出動要請をする」旨を告げたと説明した。自衛隊はそれを聞いていないというが、重要なことは係長が県幹部に対してそう発言し、異論がなかったことである。それがなければ、二度目の電話(午前十時十分)に際し、自衛隊側が「この連絡をもって知事の派遣要請としてほしい」と言った時、係長が「よろしくお願いします」と即答できたかどうか。知事の派遣要請を独断で行った係長は、一二階から五階まで階段を駆け下り、知事に自衛隊との電話内容を報告した。「うーん、やむをえん。それで行け」と知事は応じたという。

県知事にとって不本意な点があったとすれば、それは自衛隊派遣要請それ自体ではない。早朝の情景が示すように、その必要は、知事から係長まで共有されていた。

ただ、派遣要請には、被災状況をふまえて地域・人員・装備などを特定する手続きが政令で定められている。実際にも双方の事務レベルで内容の合意をつくったうえで、最終儀式としての「知事の要請」がなされるのがお役所間の常道であった。大災害の奇襲攻撃により情報ブラックアウト状況に追い込まれた県庁には県内で起こっていることの全貌がわからず、要請の条件が整わなかった。電話も稀にしか通じない。その結果、白紙委任的な自衛隊派遣要請となった。行政のプロとしてその点に悔いが残ったのである。

とはいえ、早朝から着々と出動準備を進めた自衛隊側の積極姿勢と、県庁の現場担当者の即応によって、幸いにもその躊躇を超えることができたのである。「知事の要請というが、それをつくるのは私なんです」。そう、野口係長はオーラル・ヒストリーで私に言った。係長といっても、県庁の現場担当者の心意気はたいしたものだと印象深かった[38]。

貝原知事が県庁に到着したのは、発災からおよそ二時間半後であった。それが「遅すぎる」との批判があった。

私自身、知事への第一回のオーラル・ヒストリー[39]の中で、「その間、何をしていたのか」を執拗に追及した。そして行われなかったオプション、すなわち知事が(芦屋の後藤助役のように)単身、徒歩で県庁に向かい、被災の少なかった山手だけでなく、市民が瓦礫の下でうめく市街地の地獄絵を自ら目撃し、全貌はわからないにせよ、一般の想定をはるかに超える重大な被災状況にあることを確信し、速やかに力強い指導力を発揮することはできなかったのかを問うた。県庁の通信システムはほとんど全滅となったが、警察組織内の電話を用いて警察庁長官や東京の政府との連絡を試みることはできなかったのかも問うた。

知事の答えは、「トップが行方不明になることが最悪の事態である。公邸にいれば必ず連絡が来る」であった。それは冷静で合理的な判断と言えよう。ただ、あの危機の最中で、知事が並外れた人物であるだけに、超人的なカリスマ性をもって救ってくれることを、つい期待してしまうのである。

昼前には通信システムや電気もようやく再開した。知事は午後一時過ぎからパトカーで激甚被災地を視察し、翌日はヘリで被災状況を見て、事態の全般をつかむことができたと感じた。[40] それ以後、被災地主体の復興を追求する知事のリーダーシップには力強いものがあった。

6　官邸の初動

情報、官邸に上がらず

改めてまとめれば阪神・淡路大震災の全犠牲者六四三四人から災害関連死を除いた直接の死者五五〇二人のうち、約八八パーセントの四八三一人が圧死、約一〇パーセントの五五〇人が焼死とされている。(41) 圧死者の約九割は即死と見られており、焼死者には死後に焼かれた人も含まれる。即死でなく、瓦礫に埋もれて助けを待ちながら、生存救出されなかった人の数は確定し難い。

地震直後には家族の呼び掛けに地下から応答しながら、やがて声を失った人々の存在ほど、被災地の情景を悲痛にするものはない。そのことは、また国と社会に対し災害への備えと対処の重大さを痛感させる。

その時、わが国はどうしていたのであろうか。

官邸のあるじは村山富市首相であり、五十嵐広三官房長官と石原信雄副長官が首相を支えるキーパーソンであった。

村山首相は官邸に隣接する公邸で、五十嵐官房長官は東京・高輪の議員宿舎で、石原副長官は川崎市の自宅で、それぞれ一九九五年一月十七日の朝を迎えた。神戸での地震発生を、官邸への緊急連絡を通じて知った者はなく、三者とも午前六時頃のNHKニュースによって「京都で震度5」を聞いた。前二者は自宅のテレビで、石原副長官は日課のラジオを耳にしながらの早朝散歩中に。マスメディアの報道が政府の緊急連絡網より速いのは、CNN時代に異例とは言えないが、この場合の問題は、日本政府の緊急時の情報システムが機能していなかった点にある。

午前六時のニュースが京都を震央であるかのように誤報したのは、神戸の気象台の計器が壊れ、気象庁への電話回線も切れて情報がなかったためである。最も激烈な被災の中心地が、例えば原爆投下の日の広島のように、被害なしと扱われることがある。声を上げることすらできないほどの深手を負っているのが大災害の中心地であることを知らねばならない。

さて災害時の政府情報システムであるが、国土庁防災局が気象庁・警察庁・消防庁・防衛庁および各自治体等から情報を集め、それを官邸に上げることになっていた。

ところが、国土庁は二四時間勤務体制をとっていなかった。この早朝、当直員の連絡で最初の防災局員が現れたのは一時間後の午前六時四十五分であった。危機の瞬間に対処する体制は、そもそも政府になかったのである。

気象庁から「神戸は震度6」とのファクスが国土庁に午前六時を過ぎてから入ったが、被害の実情についてはどの機関も詳細不明としていた。とはいえ、国松孝次警察庁長官は滝藤浩二兵庫県警本部長から、冨澤暉陸幕長は松島悠佐中部方面総監から、それぞれ早くから電話連絡を受け、現地の状況と対処に理解を示していた。ただ彼らは国土庁にも官邸にも連絡をとらなかった。それが縦割官庁の実態であったが、危機の官邸がその囚人にとどまっていてよいのだろうか。

村山首相は、秘書官から「被害が大きくなりそう」との電話連絡を受け、予定を一時間近く早めて、午前八時二十六分に官邸執務室に入った。被害の公的情報はなかったが、午前七時台から明るくなるとともに、テレビが断片的ながら被災地の惨状を報道し始め、午前八時台にそれは本格化した。それに衝撃を受けた五十嵐官房長官は、「非常災害対策本部」の設置検討を国土庁に強く指示した。

午前九時前に登庁した石原副長官は、午前九時二十分に予定されていた月例経済報告の会議について官房長官と相談した。多くの委員が外部からも参集しつつあることから、予定通り開催することを決めた。午前九時のテレビは「死者一人」と報道していた(42)。

平時モードを吹き飛ばし、政府内と国民に重大事態の発生を告げる意図が官邸にあったのなら、月例経済報告の会議を中止すべきであった。そして、消防庁・警察庁・防衛庁などの責任者を緊急招集し、午前十時の閣議を前に、情報を総合し、対処方針を練るべきであったろう。しかしテレビを見る状況になかった首相と副長官(川崎市の自宅から官邸まで一時間半を要した)は、重大な公的報告がない以上、非日常的な対処をとる必要まで感じなかったであろう。首相と官房長官は、月例経済報告の会議に臨席し、副長官は席を外して情報を集め、閣議の準備にあたった。

一九六一年に制定された災害対策基本法は、災害対処の第一義的責任を基礎自治体(市町村)に課し、それが不十分な場合に都道府県や国が補うものとした。しかし、阪神・淡路大震災や東日本大震災のような巨大災害において、小さな自治体は非力であり、都道府県ですら小さすぎ、国と社会が全面的に対処する以外に、国民の安全はありえない。にもかかわらず、国は現場に多くを委ね、防災庁すら設立しようとしない。強大な権力を危険視する占領政策や戦後平和主義から、未だ脱却できず、危機への対応は不全のままである。

テレビ報道 vs 公的情報

同じ午前九時頃、防衛庁の村田直昭防衛局長室で激論が交わされていた。守屋武昌《たけまさ》防衛政策課長が「テレビ映像で見ると被害は大きい。要請を待たず、すぐに自衛隊は出動すべきだ」と主張した。山崎信之郎《しんしろう》運用課長は「確かな連絡は何もない。部隊を出しても混乱するだけだ」と反対した。局長は「準備を急がせよう」と収めた。ここでもテレビ映像派と公的情報派が闘っていた。だが全体をとらえた確かな公的情報は、初日の混乱の中で来ないのである。

午前十時の閣議で、災害対策基本法の定めに従って、国土庁長官を長とする「非常災害対策本部」の設立を決定した。しかし、それは省庁の防災担当者を国土庁長官の下に集めるものであり、実務レベルにとどまる。政治レベルの対応が必要となりそうであり、閣議は首相を長とする「地震対策関係閣僚会議」の設置を決めた。

村山首相は午前十一時からの二十一世紀地球環境懇話会に出席し、心のこもった挨拶をした。首相は午前中二つのルーティン会議に出席することにより、テレビ映像に釘付けになった一般国民の危機認識からさえも大きく遅れをとった。危機の瞬間に最も厳しい認識をもって対処すべきトップであるというのに。会議の合間に、官邸の廊下を歩きながら、首相が記者に応答する「ぶら下がり」が当時の習わしであった。危機認識のギャップが会話をとげとげしいものとした。首相は現地視察しないのかと記者が問い、首相は小沢潔国土庁長官の視察結果を聞いたうえでね、と答えるのが繰り返された（午前九時十八分、同十時一分、同十一時三分、同二十三分）。のんきな平時モードの首相の下で大丈夫か。この反復の中で、首相は危機における国民イメージの敗者に確定していった。

首相が事態の重大性に気づいたのは、既述のように正午頃、「死者二〇三人」のメモを渡されて首相は「えっ」と声を発した。被災地の現場にいる高見裕一議員からの悲壮な携帯電話を昼前に受けた官房長官のリードに従い、午後零時五分に記者ぶら下がりで山花貞夫議員の社会党離党問題を問われた首相は「それどころじゃない」と語気鋭く退けた。午後四時、首相の緊急記者会見では「できれば現地に急行し、万全の対策を講じたい」という姿勢を「関東大震災以来、最大の都市型災害」との認識とともに示した。

石原副長官も午後二時頃、防衛庁の村田防衛局長に電話し、「自衛隊の姿が見えない」と叱った。こんな重大な時に自衛隊は何をしているのか、との批判が副長官に次々と届いていた。釈明する局長に「まだそんな態勢か。自衛隊の方から、こうお手伝いすると言うべきだ。全力ではなく総力を挙げてやれ」と断じた。午前中の遅れを、官邸は急速に取り戻した。

緊急対策本部の創設

十七日の当日、小沢潔国土庁長官が、取るものもとりあえず被災地の現地視察に飛んだ。しかし混乱の極みにある被災地の状況は長官にもつかみきれなかったようであった。平時を

写真 2-5　首相官邸の緊急対策本部で対応を促す，(左から)小里貞利地震対策担当相，村山富市首相，五十嵐広三官房長官，野坂浩賢建設相(1995 年 1 月 21 日)

前提として選ばれた長官は、いい人だが、重大な危機を切りさばく情熱は強くなかった。大震災に対処する政府の体制づくりが必要であった。

石原副長官を中心として、十九日の村山首相の被災地視察を機に、矢継ぎ早に大震災対応の体制がつくられた。遅いと難じられた首相の視察であるが、二日後の視察実施は、政府の重大認識の行動による表明であった。首相の現場視察に基づく変革には異論を差し挟みにくい。

まず第一に、先の「地震対策関係閣僚会議」を格上げ、公式化し、「緊急対策本部」を新設した。災害対策基本法には「緊急災害対策本部」の規定があるが、それは総理を長として、関係省庁の担当局長を集めるものであり、官邸と主要閣僚中心の最高意思決定に適したものではなかった。そこで超法規的に「緊急対策本部」を創設して、大災害対処の最高機関としたのである。

第二に、小里貞利《おざとさだとし》大臣（沖縄・北海道開発担当）を、阪神大震災を担当する専任特命大臣に任命した。熱誠の塊のようなこの人をおいて他にはいないと、村山首相、五十嵐官房長官も、石原副長官の提案に同意した。

一月二十日に被災地・神戸に向かう小里大臣に対し、首相官邸は大臣の現地での必要な即決即断を認め、その決定を全政府を挙げて支援することを約束した(43)。

第三に、二十二日に久野統一郎国土庁次官を長とする現地対策本部を神戸に設置し、各省庁の力ある課長補佐級を送り込んで小里大臣を支えさせた。兵庫県・神戸市と摺り合わせる現場判断重視の体制である。

この被災地と東京を結ぶ地方―中央の政府体制がさっそくに成果を上げたのが、瓦礫処理の問題であった。この大災害では私有財産である民間の倒壊家屋を含めて、すべて国費により瓦礫を撤去する決定がなされた。早期の復興を可能にする英断であった。私は被災地にあって、この決定の後、道路を塞いでいた倒壊家屋が短期間に消えるのを、驚きをもって目撃した。

発災当日の正午、貝原知事は被災一〇市一〇町への災害救助法の適用を措置し、迅速な救援の財源を明確にした。政府は二十四日、激甚災害指定を行い、復旧のための財政支援レベルを高めた。中央と地方の政府は、この体制によって、仮設住宅を含む応急対処と復旧を効果的に実施した。

信じ難いことに、非常時において機能する情報システムを持たなかった官邸は、大震災の日の午前中に大きくつまずいた初動の敗者であった。そのイメージが社会的に定着してしまったが、五十嵐官房長官と石原副長官に支えられた村山官邸は、午後には体制を立て直し、関東大震災や東日本大震災よりもむしろ効果的なよき全政府的な対処と復興を成し遂げることになる。

現地の自治体に力があり、それを尊重する仕組みをつくったことが肝要であったろう。

7 復旧・復興の諸局面

復旧のプロセス

阪神・淡路大震災の復旧・復興のプロセスをいくつかの段階に分けて、全体的に見ておこう。

すべての災害は個性的な一回性を本質とする。それでいて、復旧・復興のプロセスには普遍的な展開が認められる。深い喪失感の中で、人々はそれぞれの局面における国と社会の対応を凝視する。

［人命救助］

まず第一局面は、緊急救援であり、人命救助と火災消火が中心課題である。大地震とりわけ直下地震は、大規模な家屋倒壊を引き起こし、おびただしい生き埋めと圧死を招く。多くの人が睡眠中の地震であり、住居の耐震強度が住民の運命を左右する基本要因となった。関西を覆った「安全神話」の下、事前の備え(自助)は極めて不十分であった。発災とともに最優先されるのが人命であり、生存救出が何よりも家族と社会の願いである。これについては家族と近所の人々による救出(共助)が待たれる。やはり「安全神話」の下、十分な事前対処はなかった。亡骸《なきがら》を大事にし、放置しないことも日本の根強い社会文化の要請である。

地震による家屋の倒壊は、不可避的に火災を引き起こす。火災は人命と家財の喪失を拡大するので、消火活動は第一局面におけるもう一つの最優先事項である。

［応急支援］

第二局面は、生き残った人々の生存を確保するための、昔は「お助け小屋」「炊き出し」などと呼ばれた応急支援である。避難所の開設、ライフライン支援、瓦礫撤去と道路啓開が中心的な仕事となる。

家屋を失った生存者は避難所を求める。雨露をしのぐとともに、水・電気・ガスが止まり、コンビニやスーパーなど商店も閉じた中、水・食糧・トイレの提供が求められる。ピーク時には一一五三カ所の避難所に三〇万人以上の被災者が殺到した。避難所は主に市町(基礎自治体)の仕事であり、阪神・淡路大震災における革命的事象として注目された一三八万人のボランティアの多くがそこで働いた。社会の成熟を反映する支援の広がりであった。

個人所有の家屋が倒壊した場合、所有者自身が撤去せねばならないのが従来の制度であった。が、大震災の中で個々人では対処できない。倒壊家屋は道路をも塞いで、公共性を損なう。地元被災地の強い要請を受けて、国は発災から二週間という早い時期に災害廃棄物を市町負担分の九五パーセントまで国費で賄う決定を下した。それは英断であり、その後は被災地の廃屋、廃材は更地に急速に移行した。それはまた、私財に国費を投じてはならないという旧来の行政の建前に対する最初の例外ともなった。

瓦礫の山は災害の象徴であるだけでなく、復旧・復興の停滞の象徴でもある。阪神・淡路大震災の場合、国と被災地の連携によって迅速な復旧・復興を可能にする措置がとられた(住宅等の瓦礫総量約一四五〇万トン、処理費二六五〇億円とされる)。

初動に遅れた自衛隊であったが、ライフライン、道路啓開、ローラー作戦(倒壊家屋の下からすべての遺体を救出する共同事業)、瓦礫撤去に自衛隊は大きな役割を果たした。その際の人に優しい心のこもった仕事ぶりが人々を驚かせ、新しい自衛隊イメージが形成されることになる。

［応急復旧］

第三局面は、応急復旧であり、仮設住宅の建設が焦点となる。同時並行的に、道路・鉄道・公共施設など倒壊した社会インフラの復旧が本格化する。

勇将の下に弱卒なしというが、それは復興に立ち向かった兵庫県の姿であった。貝原知事は一カ月自宅に帰らず、県庁に立て籠もって指揮を執り続けたが、その部下たちも熱く燃えた。

仮設住宅を三月末までに三万戸建てる方針を一月下旬に知事は表明した。プレハブ業界の生産能力が月一万戸であることを考えれば、それは無謀な目標と見えた。しかし三万戸をやや上回る応急仮設が三月末日にできあがった。八月までに四万八三〇〇戸がつくられ、最大時には約四万七〇〇〇世帯が仮設住宅に住んだ。

プライバシーのない避難所から仮設に移る時に人々は喜ぶ。しかし仮設暮らしは、とりわ

写真 2-6　神戸ポートアイランドに建設中の仮設住宅（1995 年 3 月）

け高齢者には寂しく不便なことが少なくなかった。仮設住宅の役目が終わったのは二〇〇〇年一月のことであった。当初予定の二年間ではなく最長五年間のつなぎ役であった。

ＪＲの在来線と新幹線、阪急、阪神の私鉄がことごとく不通となった。唯一生きていた幹線道路の国道二号にすべてが殺到したため、昼間はほとんど動かない大交通マヒとなった。ただ復旧は早かった。

大動脈である鉄道については、八日後の一月二十五日に、ＪＲが大阪から芦屋まで開通した。その直後に私はそれに乗り、運転席のすぐ後ろに立って前方を見ていたが、甲子園口から芦屋までの間、線路がそここで不自然にうねっていた。脱線しないか心配したが、復旧工事をする人々の間を徐行して大丈夫だった。一月三十日には須磨から神戸まで通った。二月八日には芦屋川の難工事を終え、四月一日には神戸と大阪がつながり、東海道全線が開通した。これに示されるように、復旧は速く、外国からの視察者を驚かせた。

［本格復興へ］

次の第四局面は、応急復旧に忙殺されつつも、本格復興に動く段階である。あらゆるレベルの復興計画が進むが、その中でも復興住宅の建設が象徴的な意味を持つ。

三月九日に兵庫県は、三年間で一二万五〇〇〇戸の復興住宅を建設する方針を発表した。内訳は、六割強の七万九〇〇〇戸が賃貸公営住宅と借家、四万六〇〇〇戸が持ち家であった。

兵庫県のおもしろいところは、調査・研究を重視し、それに基づく政策提言や中長期ビジョンの策定を好む点にある。地震の三日後、県は神戸大学の教授たちと共に「緊急被害調査団」を組織し、二カ月間の集中的調査を行った。復興住宅の必要数を算定する中では、都市住宅学会による被害建物の悉皆《しっかい》調査に相乗りした。また、柴田高博都市住宅部長の下で、倒壊家屋の公費解体に関する原資料をすべて点検して確かめた。被災地の一軒一軒を調査する徹底ぶりである。さらに民間の学者・専門家の参加を得て「ひょうご住宅復興会議」を設け、広く構想と議論を求めた。

貝原知事自身が二十一世紀の住宅のあり方について、持ち家中心から賃貸中心に動くべきこと、公的賃貸住宅の重要性が高まること、高齢者の孤立を避けるために共同住宅、コレクティブ・ハウジング的な試みが必要となることなどを想定し、具体的な検討を始めたところで大地震が勃発した。震災は想定されていた変化を加速する意味を持った。

先に述べたように、発災一週間後に被災自治体が一九六二年の激甚災害法に基づく指定を受けたことにより国庫補助率が高まった。三月一日に国は特別財政援助法を制定し、被災自治体に対するより手厚い財政支援を可能にした。

こうした流れは、前にもふれた国と現地を結ぶ二つの機関が促進した。各省庁の有能な中堅官僚を兵庫に派遣して組織した国の現地対策本部(久野統一郎本部長)、そして下河辺淳《しもこうべあつし》氏を委員長とする高いレベルの復興委員会である。双方共、現地のニーズと構想を国につなぐ役割を積極的に果たした。

基金設立と創造的復興

国が直接手を下しにくい復興事業をカバーすることになったのが、四月一日に兵庫県と神戸市が設立した「阪神・淡路大震災復興基金」であった。

復興基金は、初め六〇〇〇億円、のち九〇〇〇億円に拡大し、住宅、産業、生活復興、教育などの諸分野に財政支援を行った。住宅関係が大きな比重を占めたが、公営復興住宅から個人の住宅再建までを支援するものであった。また、復興基金は、生活復興やまちづくりを支える民間支援員、専門家、ボランティアの活動などに財政基盤を提供し、文化財や私立学校の復旧を支えるうえでも有益であった。個人の住宅に国費は投入できないとする行政の壁を、基金というクッションを挟むことによって潜り抜けたのである。

この小さな風穴から、三年後の一九九八年五月、「被災者生活再建支援法」により、災害で失われた個人の生活と住宅の再建を公費で支援する道(初めは一〇〇万円、のち三〇〇万円まで)が開かれた。二五〇〇万人を集めた署名運動、全国知事会、柿沢弘治、谷洋一ら自民党議員をも巻き込むドラマは感慨深いものである(44)。

「法体系の整合性」から言って、公費を私財再建に投入できないという「行政の壁」に対し、被災地はそれを人間性にもとる論理と反発した。一人一人の個の尊重あっての公ではないか。個人の生活再建をこそ最重視すべきであるとの兵庫の主張は、次なる災害では活かされることになった。

〔創造的復興〕

最後に注目したいのは、阪神・淡路大震災の復興におけるロマンである。実務的な復旧は後になって見れば当たり前のことでしかない。しかし創造的復興の旗をあげたこの地には、少なくとも震災復興が人々に残した資産が三つある。

一つは、東部新都心(HAT神戸)に「人と防災未来センター」や「心のケアセンター」を中軸とするシンクタンク「ひょうご震災記念21世紀研究機構」が設立され、それを取り巻くアジア防災センターや国連人道問題調整所(OCHA)など数個の国際防災機関、地球環境戦略機構(IGES)や瀬戸内海環境保全協会など数個の環境機関、世界保健機関(WHO)をはじめ健康医療に関するいくつかの組織や病院、国際協力機構(JICA)や美術館など約二〇の国際的研究拠点がそこに集積している。国連の防災活動が「兵庫行動枠組」と名づけられたほどに、ここに集積された知的拠点はグローバルな存在理由を持っている。

二つには、埋め立てのための醜悪な土取り跡を、人と自然の共生する美しい公園と、異文化の交わる国際会議場とに変えた淡路島の夢舞台(安藤忠雄氏設計)である。景観園芸学校を淡路島の丘の上に創設した。

三つには、地域の人々の圧倒的な支持を受け、心豊かな生活の拠点となっている西宮の芸術文化センターである。悲惨の極みにおいて偉大なものへのロマンを失わなかった者たちによる遺産である。

他にも、先端医療都市としての神戸の試みも、今や成果をもたらしつつある。

8　創造的復興の行方

地元主導の復興論

近代日本の三大震災、つまり関東大震災(一九二三年)、阪神・淡路大震災(一九九五年)、東日本大震災(二〇一一年)は、いずれも日本政治の充実期ではなく、政治が変則的事態に陥っているところへ、大自然が想定外の奇襲攻撃を仕掛けてきたものであった。

関東大震災については、すでに検討したように、加藤友三郎首相の病没による首相不在の瞬間を襲われた。他方、東日本大震災は、政権交代を遂げた民主党政権が早々に揺らぎ、菅直人内閣が参議院議員選挙に敗れて政局波乱含みとなる中で勃発した。

阪神・淡路大震災は、長く続いた五五年体制がついに崩壊し、野に下った自民党が政権奪回のために村山富市社会党委員長を首相にいただくという変則的事態の中で突発した。

これまで見てきたように、兵庫県庁は発災の日の午前中、通信システムがほぼ全壊したため、自らの地に何が起こっているか認識できなかった。東京の政府と連絡をとることもできなかった。中央政府もまた危機に際しての情報システムを構築できておらず、首相は午前中、重大事態が起こっていることすら認識できなかった。

現地も中央政府も緒戦の敗者であったが、午後には態勢を立て直し、精いっぱいの対処に動き始める。結局のところ、三大震災を比較すれば、阪神・淡路大震災の復旧・復興が、最も敏速かつスムースであった。

それはなぜか。

一つには、災害の規模と性格があろう。

やはり初期条件が大きい。他二者はプレート型地震による広域複合災害であった。それに対し、阪神・淡路は大都市が直下至近距離の活断層により壊滅的打撃を受けたが、風がなかったこと、新幹線や電車、自動車が動き始める夜明け前の地震であったことから、複合災害化を免れた。直下地震―家屋倒壊―圧死という単系列の災害にほぼとどまったのである。

二つには、阪神・淡路大震災の被災地域は兵庫県南部の一角のみであり、それ以外の日本全体は、バブル経済は弾けたとはいえ、豊かな先進社会であった。

発災の一週間後だったろうか、私は水や食糧や新聞にも事欠く被災地から、所用で夜の大阪へと出た。そこはまったくの別世界で、かつての何も変わらない喧噪と猥雑の大都会であった。神戸がこれほど苦しんでいるのに、と私は一瞬とまどい憤りを覚えた。しかし一呼吸して、「これでいいのだ」と自分に言ってきかせた。この日本全体のいつに変わらぬ豊かさの中に被災地は速やかに吸収され、復興が可能となるに違いない。そう考えた。

三つには、政治の安定性が重要である。

関東大震災に際しては、後藤新平内相が大復興計画を打ち上げたが、衆議院の第一党政友会と第二党の憲政会の支持を受けるどころか、双方と敵対することとなり、四カ月余りにして失脚する事態となった。また東日本大震災における菅政権は〝衆参ねじれ〟状況に陥っており、政局にもがきながらの復興努力であった。その点、阪神・淡路の際の自・社・さ連立政権は、衆参とも多数を占めていた。政権奪回を至上命令とする自民党は、震災復興について国民の前によき実績を上げることを重視しており、社会党委員長の首相を引きずり降ろすような政略を仕掛ける動きはなかった。

村山首相が社会主義者であるがゆえに自衛隊の出動に消極的であったとの風評はあったが、それは事実ではない。すでに見たように、発災の日の午前中における首相の認識の遅れは、イデオロギーではなく、政府官邸の情報システムの不備によるものであった。

首相自身は被災者への同情心も責任感も強い人であった。また小里貞利氏を災害担当相に任命する際に、思う存分やってもらいたい、責任は自分がとると首相は言ったが、実際にそう振る舞う誠実な人柄であった。

官邸内で行政各部を束ねつつ、対処の知恵を出し、政治の役割を方向づけたのは、石原信雄官房副長官であった。つまり、変則的な村山内閣ではあったが、三大震災の中では政府を挙げて震災対処にあたる体制が最もよく存在した政権であった。

阪神・淡路において大震災後の復旧・復興が相対的にスムースに進んだ最後の理由は、復興計画が中央政府指令型ではなく、現地主導を尊重したことにある。

復旧・復興プランの多くは兵庫から提案されたものであった。発災日の午前における情報と対処の不在は、現地事情から遠いことの危うさを政府に認識させた。なるべく被災地の責任で対処させ、それをバックアップした方が賢明である。そう村山首相、五十嵐官房長官、石原副長官らは認識していた。しかも時代は〝上からの近代化〟万能主義を後に、〝地方の時代〟を迎えていた。そして何よりも兵庫の被災地自身が地元主導を強く求めて動いた。

私の個人的関心は地方自治ではなく、日本外交であり国際関係である。大震災の何年か前、そう言明したところ、貝原俊民兵庫県知事が「先生は地方自治体には国際関係がないとお考えですか」と静かに反問した。この正論に屈して、私は兵庫県の国際戦略づくりのお手伝いをするようになった。そこへ大震災である。自宅は傾き、家族は広島に逃れて、私は漂泊しながら、新聞にコラムを書き、犠牲になったゼミ生・森渉君への追悼文をつづった。間もなく県庁から学識経験者らでつくる都市再生戦略策定懇話会への呼び出しを受けた。

発災からほぼ三週間の二月十一日、伊丹空港からヘリに乗り、上空から被災家屋を覆うブルーシートが目立つ震災地を視察した。

神戸の上空へ来た時、驚いた。ヘリの右の窓を見れば六甲山、左の窓は大阪湾だった。神戸の街はヘリの底ほどしかない狭さなのだ。この奥行きのなさは、災害の軽減要因たりうると思った。消防ポンプ車数台をつないで、長田の大火災を海水で消火するなど、この地形でなくてはありえないことだった。ヘリは神戸に着陸し、兵庫県公館での第一回会合が開かれた。それは印象深いものであった。

貝原知事が「ご自身被災者でありながら、復興に力を貸してくださる皆様」への謝辞から挨拶を始めた。東京から駆け付けた元国土庁事務次官の下河辺淳氏が「後藤新平は関東大震災が起こってから復興計画をつくったのではない。かねて帝都東京プランを持っており、震災を機にそれを実現しようとしたまでだ。自分の見るところ、兵庫ほど将来構想を持っている自治体は少ない。それを〝復興〟に置き換えて実施すればよい」と地元内在的プラン主導を煽り、励ました。

それはその場での被災地へのリップサービスではなかった。氏はすでに村山首相に対し「復興計画は被災地がつくり、知事が総理代行として復興を指揮する」あり方を助言していた。(45)

民間の堺屋太一氏や自民党の小渕恵三氏らが後藤新平の「復興院」のような新機関の設立を主張したのに対し、官邸の中枢部は、違和感を覚えていた。内務省を中心に中央官庁が絶大な権限をもって「上からの近代」を推進した時代とは今は異なる。

大分の地方政治の有力者であった村山氏も、旭川市長であった五十嵐氏も、下河辺元国土庁次官から何かと親切に教えてもらい、感謝と尊敬の念を抱いていた。それが下河辺氏を復興委員長に招聘した背景であった。氏の地元主導の復興論に村山官邸は共感したのだった。官邸は念のため、兵庫県に復興院方式について意見を求めたが、明瞭な不同意が返ってきた。(46)

閣議は、震災一カ月目を前にした二月十五日、下河辺氏を委員長とする「阪神・淡路復興委員会」の設立を決定した。メンバーは貝原知事と笹山幸俊神戸市長に地元を、川上哲郎関西経済連合会会長に地元経済界を代表させ、堺屋太一氏や伊藤滋氏ら論客からアイデアを汲み、一番ヶ瀬康子氏がリベラルな想いを語る構成であった。顧問として政官界のドン後藤田正晴氏と平岩外四経団連名誉会長をいただいた。

下河辺委員長が顧問のお墨つきを得ながら官邸の了解を取り付け、機動的に復興提言を打ち出す少人数の中枢機関であった(47)。

そこへ流し込む復興構想づくりを、県はさまざまなタスクフォースをつくって急いだ。悲惨の極みにある被災者に、せめて明日への希望を急ぎ示さねばならない。利便性をひたすら追求した近代化には何か大事な見落としがあったのではないか。理想的な都市として再生する機会は今をおいてない。旧状回復ではなく心豊かなコミュニティの創出を伴う二十一世紀の安全都市モデルを求めたい。それが知事を先頭に、この地の復興関心層の一般意志となった感があった。

三・三・一〇の展望が示された。緊急復旧に最初の三カ月、住宅・都市・産業の戦略的復興に三カ年、そして全体の復興に一〇年である。その内容を盛り込んだ「復興戦略ビジョン」が三月三十日に、都市再生戦略策定懇話会の新野《にいの》幸次郎座長から知事に手渡された。県がとりまとめた復興計画は、七月に下河辺委員長の復興委員会を通じて政府に提出され、

了承された。一〇年間に六六〇の復興事業を一七兆円の予算をもって行うこととなった。(48)

立ちふさがる行政の壁

「単なる復旧ではなく、創造的復興」に燃える地元被災地であったが、それがすんなり通るほど世の中は甘くない。〝後藤田ドクトリン〟と呼ばれる行政の壁が立ちはだかった。国費を用いうるのは復旧までであり、よりよいものを創るのであれば、地元資金をもってやるがよい。神戸は全国的に見て豊かな地である。それが気の毒だからと何でも国費を使う焼け太りは許されない。国内的公平性にもとる。経済特区の要請に対しては、一国二制度は許されない。個人の倒壊家屋の再建に公費を用いるのは法体系の整合性にもとる——。下河辺委員長のとりなしがあってもなお、今日では想像もできないほど、行政の壁は厚かった。それに跳ね返されながら、ひるまない被災地であった。創造的復興をめざし、行政の壁との間で知恵比べのような激しいつばぜり合いを展開した。それが現実の復興プロセスであった。すべての政策過程は、人々の営為の産物である。が、それ以上に制度と政治社会環境の産物でもある。大災害からの復興プロセスも例外ではない。

大災害にある地域が襲われると、凄まじい悲惨に全国民が衝撃を受ける。人々は被災者に同情し、多くの義援金を届ける。のみならず、阪神・淡路大震災は一三八万人ものボランティアが湧き出る画期的瞬間となった。

広島赤十字病院に勤める友人の医師は、日赤の車に医療品を積んで神戸へ急いだ。ところが被災地に近づくとともに渋滞がひどくなり、動かない。早く届けねばと焦り、二車線の隙間に車を乗り入れて距離と時間を稼ごうとしたが、地震で地面が凸凹になっており、ハンドルをとられて対向車線の車にぶつかってしまった。車の接触事故には世界で最も厳しい日本である。えらいことになったと思ったが、ぶつけられた車の運転手の言葉は、「救援に行くんやろ。ウチの車のことはいいから、早く行ってやってくれ」であったという。悲惨の中でこそ、日頃は見られない利他的人道的振る舞いや共同体的な絆の強さを実感することができる。

被災地への同情は、政府批判を強めもする。政府は何をしている。対処が遅い。時には合理的に政府の責めに帰すべき範囲を越えてまで、当局が糾弾される。言語に絶する惨禍を見て、社会全体が熱くなる。

そのような熱い社会を、時間が徐々に分解する。とりわけ、次なる衝撃的事象が勃発すれば、人々の関心は移る。阪神・淡路の際は、約二カ月後(一九九五年三月二十日)にオウムのサリン事件が首都を襲い、人々はそれに戦慄した。兵庫の被災は全国的中心ニュースの座を失った。被災地に手厚い支援を、という社会の追い風は急速にしぼんだ。

しかしながら、オウム事件が起こる前に、つまり社会が被災地に対してまだ熱かった時期に、阪神・淡路復興の制度の多くができあがっていたことが重要である。

発災後約一カ月の二月二十二日に、「復興基本法」が成立した。村山富市首相を本部長とする「阪神・淡路復興対策本部」は五年間存続する機関として、二月二十四日に発足した。先に見たように、下河辺淳氏を委員長とする「阪神・淡路復興委員会」（一年間の活動を予定）も発災一カ月後にスタートした。日本社会はひとたび制度化されると、概してこれを真面目に実施する。オウム事件により全国的関心は被災地から引いたが、地元自治体と下河辺委員長はすでに決定された制度を用いて戦い続ける。

七月には地元が起案した一〇年間の復興計画が政府了承を得た。

下河辺委員長は日本が世界に誇りうる記念事業を行うべきだとの持論をかねて語っていたが、十月十日の復興委員会において「世界に開かれた総合的な国際交流拠点の創造」を正式に提起した。それはワシントンDCのスミソニアン研究所群を参考にしながら、研究教育機能・博物館機能・文化活動機能などを併せ持つ知的国際センターの提案であった。下河辺委員長は村山首相が、五〇〇〇億円の政府財源とともに震災一年を機に神戸を訪ねてこの構想を表明するよう求めることを考えていた(49)。

ところが震災一年の直前に村山首相が辞任した。

首相本人の説明によれば、辞任の理由は、第一に社会党再編問題への対処のためであり、第二には準備が進んでいた日米安保共同宣言について「社会党の総理がこんなことまでやらされたんじゃあ、後々どうかな」と感じたからだった(50)。首相となった村山氏は、国家的継続性の観点から、自衛隊合憲、日米安保堅持を表明して、それまでの社会党の立場を捨てたが、日米安保を二十一世紀に向けて拡充強化する共同宣言の当事者となることまでは潔しとしなかったのである。

阪神・淡路大震災二〇年の式典に出席した村山元首相に直接尋ねたところ、五〇〇〇億円のプランはなかったという。(51)下河辺委員長の腹案にとどまっていたのであろうか。

減災シンクタンクの誕生

ともあれ、村山内閣の退陣とともに震災復興をめぐる政治環境は一変した。後を継いだ橋本龍太郎政権の主要な関心は沖縄問題に転じた。しかも橋本内閣は行財政改革を中心的な政治課題とし、「聖域なき予算削減」の下で政府開発援助(ODA)予算一〇パーセントカットを三年続ける方針に示されるように、新規事業を起こすことは著しく困難な政治風潮となった。

一年で任務を終えた下河辺委員会の提案は、五年間続く復興対策本部が実施を監督するはずだったが、実際には縦割官庁に下ろして実施を検討させる方式が採られた。当時の行政改革方針では、新しい機関を一つ設立する官庁は、既存の機関を一つ廃棄せねばならなかった。血を流してまで被災地に巨大機関を新設する動機を持つ官庁は存在しなかった。とりわけハコモノづくりはもはや許されないという機運が時代精神となっていた。大震災記念プロジェクトを検討するため、一九九七年に「阪神・淡路大震災記念協会」が設立されたが、国は出費を拒否し、地元自治体の醵出《きょしゅつ》のみによって財源を賄わねばならなかった。

橋本内閣は、一九九七年四月より消費税を三パーセントから五パーセントに上げた。それにともなう景気後退を手当てする緩和措置をとらず、かえって実質税負担を加重する措置をあえてした。財政再建の必要を重く受け止めていたのである。景気は急降下し、折からの東アジア経済危機とも連動して、日本経済も危機的事態に陥った。翌年七月の参議院議員選挙で自民党は敗れ、橋本内閣は総辞職した。

後を継いだ小渕恵三内閣は宮澤喜一元首相を蔵相に据えて、経済危機打開にあたった。国家財政赤字の累積は大きかったが、当面それを言わず、景気回復を最優先することにした。日本とアジアの景気回復のため財政出動をあえてし、大型補正予算を組むこととした。急ぎ案件を政府は求めた。堺屋太一経済企画庁長官から兵庫県に何かよいプロジェクトはないか、問い合わせがあった。政治の気候(クライメット)はよく変わる。村山内閣から橋本内閣に替わって冬の凍結が始まったと思っていたら、皮肉なことに経済破綻の中で積極財政主義の風が急に吹き始めた。大震災記念プロジェクトもまた甦るだろうか。

大震災の経験をふまえて、単に被災地の復旧復興にとどまらず、二十一世紀の文明社会創造に資する拠点をつくるべきだ。それこそが犠牲者への真の弔いであるのみならず、それは全国と世界も益するのであり、国が支援すべきだ。そう貝原知事は主張し不退転の決意を示した。それに対し、請われて阪神・淡路大震災記念協会の理事長に就任した石原信雄氏は大きすぎる構想を緩やかにたしなめた。大震災を契機に日本社会が必要とするに至った課題に絞らねば、広く理解を得られない。

これを受け兵庫県は齋藤富雄防災監の下で「国際防災安全機構」を構想し、さらに石原氏の助言で「阪神・淡路大震災メモリアルセンター」の設立を期した。大震災の展示と情報発信、調査研究と人材育成を行い、広域防災支援を行う内容であった。将来の人々を災害から守る知的拠点の形成である。

中央官庁の抵抗はなお根強かったが、政治が動いた。小渕内閣に加わって与党となった公明党が防災に積極的であった。

一九九九年八月にトルコで、同年九月に台湾で大地震が起き、大震災が済んだことではないと社会はあらためて教えられた。両震災に対し兵庫はチームを派遣し、その活動が報道された。政府の復興対策本部にもメモリアルセンター構想に前向きに応ずる担当者が現れ、国土庁防災局が一括して予算要求することとなった。

兵庫の熱意に同情的ながらハコモノに慎重であった小渕内閣の野中広務《ひろむ》官房長官（のち自民党幹事長）が、施設設置と運営費の双方について国と地元が折半する裁定を下した。その後、「人と防災未来センター」と名称を変更し、京都大学の河田恵昭教授をセンター長に得て、二〇〇二年四月に発足した。地震をめぐる科学研究を基にしつつ、社会の安全を高める防災・減災のための日本唯一のシンクタンクが誕生に至ったのである。

政治的気候変動を乗り越えて、よく成立にこぎつけたと思う。次なる大災害から、少しでも多くの国民を守るための減災シンクタンクが誕生した[52]。前述のように、今ではこれを中心に約二〇もの防災に関連する知的国際拠点が、東部新都心(ＨＡＴ神戸)に集積している。

1 巨大津波を生んだ海溝型大地震

猛り狂う海の魔神

さまざまな災害の中で、地震はとりわけ深い恐怖に人々を引き込む。それは、二本足で立つ人間が大地への信頼に基づいて生活しているのを裏切るからである。

大地が人間の堅固にして不動の基盤であるとの信仰は地震の瞬間、根底から崩れる。激しく揺れ動き、流体のように変形して、水平と垂直からなる町の秩序を破壊し、真っ黒な亀裂の口を開けて人々を呑み込む。四季折々に自然の幸をもたらす大地が、オレも悪魔なのだと吼える瞬間が地震なのである。

阪神・淡路の被災地にあって、私はそのことを体験した。わずか二〇秒の激震を、二分、三分も続いた地獄の責め苦と感じ、それが過ぎた時、以前とは別の時代に生きる自分であるように感じた。

東日本大震災(二〇一一年三月十一日)の被災者にとって、M9という桁外れの巨大な大地の断裂によって、五分ほども続いた大揺れがすべてではなかった。大地の魔神が呼び起こした海の魔神が猛り狂い、三〇分を過ぎた頃から東北各地の太平洋岸のまちまちに襲いかかったのである。犠牲者の九割以上が、この津波による溺死であると検視結果は告げている。(1)三年後の二〇一四年の集計によれば、災害関連死を含めれば、死者一万九四一八人、行方不明二五九二人であり、二万二〇一〇人の命が奪われたことになる。(2)(一二年を経た二〇二三年三月には、災害関連死三七九二人を含めた死者は一万九六九二人、行方不明二五二三人で、計二万二二一五人が失われたとされる。NHK三月十日集計による。)

それのみではない。第三の災禍が生まれた。一五メートルの大津波が福島原子力発電所に襲いかかり、全電源喪失に追い込んだのである。

第二原発はかろうじて電源を復旧したが、第一原発の一〜三号機が冷却システムを回復できず、メルトダウン(炉心溶融)をきたした。その結果、一、三、四号機が水素爆発を起こして放射性物質を大気中に拡散させた。後述するように、二号機は水素爆発を起こさなかったが、それはメルトダウンしなかったからではなく、建屋のブローアウトパネルという窓がたまたま破壊されて開いていたためであり、放射能を大気に流出し続けた。ヘリや車両からの放水により、際どく当座の冷却に成功したが、もう少しで東京を含む東日本を住めない地にしてしまいかねない重大事態であった。

大地震・大津波・原発事故からなる広域複合災害が東日本大震災であるが、多くの命を奪った大津波の様相に注目したい。

大地震の震源は、宮城県の牡鹿《おしか》半島の沖、東南東一三〇キロ、地下二四キロである。日本列島の下に年一〇センチ近く潜り込む太平洋プレートに、陸地側のプレートが引きずられて一緒に動く部分(アスペリティ)があるが、それに耐え切れなくなった陸側プレートが激しく跳ね上がる。震源域では、東に二四メートル、上方に五メートルも跳ねたとされる。加えて震源域よりも東方沖合二〇〇キロの日本海溝に近い大陸プレート上の堆積物が海溝に向かって崩れ落ち、それが海水をさらに大きく動かして、両者の複合作用により、巨大津波を生む結果となったとされる。(3) 南北五〇〇キロ、東西二〇〇キロの巨大な海域の地下での激しい動きにより、日本で記録されたことのない広域にして巨大な津波が起こった。

地震は午後二時四十六分に始まったが、その三分後に気象庁は津波警報を発し、宮城県で六メートル、岩手県と福島県で各三メートルを予測し警戒を呼び掛けた。それは初動時のデータを基に、地震の規模をM7・9と過小に判断した結果の控え目すぎる予測であった。この大地震は広域にわたって数分間断裂が続いていたので、三分後ではまだ動き終えていない。迅速に警報を出すことは肝要である。テレビまたは携帯電話で緊急地震速報を受信していた沿岸部の人には、「間もなく大きな揺れが来ます」と聞いた直後に大揺れとなり、地震そのものに対処のいとまはなかったであろう。

他方、この速報システムは、被災三県を走る上下一〇本の新幹線をすべて安全に止める成果を上げた。ただ地震の規模と津波の高さを確定できない三分後の段階に発した津波警報は、「三メートルの津波なら防潮堤を越えることはないだろう」とか、「わが家にいれば心配な

写真 3-1　家屋をのみ込み，押し寄せる津波(2011 年 3 月 11 日)

い」といった悲劇的な反応をも呼び起こした。

気象庁は地震の二八分後の午後三時十四分に第二報を出し、宮城で一〇メートル以上、岩手と福島が各六メートルとほぼ二倍に修正した。が、地震後の混乱や停電の中でまだ不十分なこの修正値を聞いたという人は多くない。たとえ聞いたとして、それから逃げる時間があっただろうか。その四分後に、最初の津波が三陸海岸を襲った。

宮城沖が震源であることや、宮城中心の津波警報からすると意外なことに、大津波が最初に到達したのは、震災の正面にあたる宮城県・牡鹿半島などではなく、岩手県の大船渡や釜石であった。前触れ的な潮位の変動と、本格的な津波の到来を区別するのは容易ではないが、地震から三二分後の午後三時十八分に大船渡、三五分後の三時二十一分に釜石、四〇分後の三時二十六分に宮古が、津波に襲われた。

津波は震源から各方向に均等なスピードで進むわけではない。海底の跳ね上げのあり方や海底の地形の影響などを受けて複雑で不均等な動きを示す。まず大きな断裂が北方に広がりを持ったためか、津波は岩手県に早く進んだ。距離的に至近の宮城県石巻市の牡鹿半島・鮎川に大津波が到達したのは、宮古と同じ四〇分後であった。

もう一つの大きな断裂が南の福島方面への指向性を示した。

問題の福島原発の地には、地震の四一分後に四メートルの第一波が到来し、四九分後の午後三時三十五分に一五メートルの大津波が襲来して、原発に重大事態をもたらした。

津波は地震の五三分後の午後三時三十九分に福島県いわき市に至ったが、意外なことに、仙台平野正面へは三県被災地の中で最後となった。六五分後の午後三時五十一分に福島県相馬市に九・三メートルの津波が到達。さらに宮城県名取市の閖上《ゆりあげ》地区には六六分後の午後三時五十二分になってようやく襲来した。

比喩的に言えば、大津波はまず上の腕で岩手を襲い、下の腕で福島を襲った。そして正面の仙台平野へは最後に深く進攻した。(4)

津波の高さはどうか。最大「遡上高《そじょうこう》」を記したのも、宮古市姉吉の四〇・四メートル、大船渡市綾里《りょうり》・白浜の二六・七メートル、と岩手県三陸海岸が激しく、次いで女川《おながわ》港一八・四メートル、陸前高田一八・〇メートル、宮城県南三陸町一五・九メートル、福島第一原発一五・〇メートルなどであった。遡上高は、津波の高さと地形の合成結果である。

「津波高」は潮位観測機がなければ記録がないが、陸地に入った津波の高さ「浸水高」は、建物に残した痕跡などによって後から調査可能である。それを見ると、釜石市北部の両石湾《りょういしわん》一八・三メートル、大船渡市の綾里湾一六・七メートルと越喜来湾《おきらいわん》一六・五メートル、宮古市田老《たろう》と南三陸町が一五・九メートル、陸前高田が一五・八メートル、石巻市雄勝《おがつ》一五・五メートル、女川港一四・八メートルなどとなっている。(5)

明治三陸津波(一八九六年)と昭和三陸津波(一九三三年)を比較調査し、とりわけ明治三陸津波の跡を実地調査した内務省の一九三四年の報告書(以下、「内務省報告書」(一九三四年)と略す)は、地震と津波の関係を次のように指摘した。

［1］直接、外洋に面する湾の津波は高く、深い大湾の内にある湾の場合は低くなる。

［2］V字型の湾は、U字型の湾よりも津波は高くせり上がる。

［3］湾などの屈曲のない遠浅の海岸線では、津波は抑制される。

これはほぼ経験知を代表するものであり、［1］のように、今回の東日本大震災にも妥当するものもある。ただ、外洋全体が大きく盛り上がった今回の巨大津波は、［2］や［3］の差別を越えて、大災害をもたらしたと指摘できる。(6)

地震の大揺れに襲われた後の三〇分や四〇分は短い。倒れた家具を起こしたり、片づけを始めたりすれば、たちまち津波につかまる。かわいいわが子を幼稚園や小学校に迎えに行き、安全な地に避難するにも十分ではない。他方、仙台平野部の各市のように一時間以上の猶予がある地では、逃げる意思さえあれば十分に安全の地に移動できるであろう。

しかしながら、与えられた時間的猶予という境遇以上に死活的なのが、人それぞれの危機認識と行動であることを事実は告げている。

地震の三二分後に津波が最も早く来た大船渡市の犠牲者(死亡四一七人、行方不明七九人)[7]は、他の市に比べてむしろ少ない。地形的に、湾の奥には平地があるが、側面はかなり急な丘の住宅街になっており、湾口の防波堤があえなく崩壊したとはいえ、津波の浸入域が限られていたためであろうか。

ともあれ、三〇分そこその時間は、とりわけ高齢者には厳しいことが次の事例に示されている。

市の北部にある越喜来湾の最奥の海辺から一キロあたりの傾斜地に老人福祉施設「さんりくの園」があったが、居合わせた九一人のうち五九人が犠牲になった。

揺れが収まって、職員に支えられて身支度し、玄関に出た老人たちが、高台に避難しようと、ワゴン車に七人ばかり乗り込んだところで、瓦礫を押し立てるようにして、津波が来た。車は浮き上がり一〇〇メートル以上も流され、川辺で何とか止まったが、車内の二人が水死した。隣り合わせで特別養護老人ホームもあり、六七人の入所者を一〇人の職員で懸命に車

椅子に乗せ、坂道を上ろうとしたが、すぐに津波が流れ込み、五三人のお年寄りが犠牲になった。(8)

要援護者にとっての三〇分は、残酷なまでの短時間であることがわかる。高齢者や障害者の施設、そして病院は安全な高台に立地させねばならないことが、東日本大震災によって実証されたと言えよう。

早く津波が来た大船渡市にあって、校舎が全壊したのに児童七三人と職員一三人の全員が無事だったケースがある。越喜来小学校である。その秘密は、校舎の二階から幹線道路県道九号をまたいだ向こう側の丘への道をつなぐ避難通路の橋にあった。

平田武市議が崖の下に建つ小学校は津波の時に危ないと市に予算をつけさせ、前年に完成したばかりだった。児童たちはこの通路を走り、三陸鉄道の三陸駅前広場に避難した。「大津波警報発令」との防災無線の声が聞こえた。教職員はさらに高い地にある公民館へ児童たちを導いた。そこから見下ろすと、小学校が三階まで浸り、家や車が流されるのが眼下に見えた。

毎年二回の津波避難訓練を行い、「避難はより早く、より高く」と徹底してきたのが生きた。津波の早い襲来を超える教育と訓練だったのである。(9)

船乗りたちの格闘

三陸海岸は世界的に見ても、最も豊かな海の一つである。リアス式海岸の湾の一つ一つが海の幸に溢れている。

漁業の中心的な道具は船である。例えば3・11地震の後、津波が一番早く到達した大船渡湾には、一四〇〇隻もの漁船が操業していたという。

海のプロフェッショナルである漁師にとって、津波は想定外の出来事ではない。あれほど大きな地震があった以上、津波が必ず来ると、ほとんどの、とりわけ年配の漁師たちは受け止めていた。そして彼らの間で語り継がれる教訓がいくつかある。

最も広く共有され、ある程度まで社会常識化されている対処が、船を沖合に避難させる教えである。水深一〇〇メートル以上、できれば二〇〇メートルの沖まで出れば安全であると言われる。深い海では津波もゆったりとしたうねりのようでしかない。それが浅い沿岸に進むとともに津波は海面から立ち上がって壁となって岸に迫る。

そのことが知られていながら、実際には沖合に逃れた漁船は多くない。八割から九割の船は湾内で転覆したり、陸上へ運ばれ思いがけないところへ打ち上げられたりする。それは大地震から津波到来までの三〇分から一時間が、漁師にとって船にとりつき、出航準備をして外洋に到達するには短すぎるからである。

とりわけ大きな船であるほど、たまたま出航準備を完了していないかぎり、間に合うのは不可能に近い。後述する大船渡港にいたロシアの輸送船は、エンジンをかけるだけで一五分から三〇分かかるという。五分間の地震の揺れが終わった一〇分後に仮に出港したとしても、湾を抜け、水深一〇〇メートル以上の外海に出るのに二〇分以上かかるであろう。であれば、外海に到達する前に津波の壁に遭遇する危険性が高いのである。

災害時の操船法についても、漁師たちに語り継がれる教えがある。例えば「遠くの暴風雨には速やかに逃げ、近くの暴風雨は正面から立ち向かえ」といった教えが、津波に対しても有益だという。津波が壁のようになって迫って来る時、船の後部や横っ腹をさらしてはいけない。真正面から津波の壁を登ろうと立ち向かう以外に助かる術はない。

津波が来たら、海辺にあるわが家は仕方がないが、船は助けなさい。船さえあれば、海から次の家をもたらすことができる。そう教えられてきた大船渡の六十三歳の漁師・志田恵洋《けいよう》さんは、小舟でカキの養殖筏の作業をしていたところで地震に気づいた。すぐに小舟から大事にしていた漁船・志和丸に乗り換え、六キロも続く細長い大船渡港を抜けて外海へ出た。勝手知ったる地元ベテラン漁師の機敏さである。

二〇分後に湾口から一〇キロの沖に到達したら、約六〇隻の仲間の漁船が集まってきており、互いに無線で情報交換した(六〇隻は多いようだが、大船渡全体で約一四〇〇隻あったので、ごく一部である)。無線が「北側の岬を見よ」と叫んだ。津波が綾里の岬の先端から白いしぶきを上げながら殺到するのが見えた。大船渡湾の北部が最初の津波到達地であった。水深およそ一〇〇メートルの位置にある漁船群は、穏やかに揺られるだけであった。

自宅に居たため、船に辿り着くのに手間取り、出航の遅れた七十五歳の漁師・津間高雄さんは、小さな漁船で湾の中ほどまで来たところで、湾口防波堤まで押し寄せてきた津波の壁を見た。とりわけ狭い湾口部で津波は垂直な壁のようになって、一隻の船が壁につかまり棒立ちになったのが見えた。これを見ていた湾内の船も無線で交信し合い、「出て来るな。戻れ！」とだれかが叫ぶ声が聞こえた。「いったあ！」との声が続いた。津波に呑み込まれたのである。

これは危ない。津間さんは外洋に出ず、湾内中央にある珊瑚《さんご》島の島陰に隠れて津波をしのぐことにした。⑽押し波と引き波でめまぐるしく変わる湾内を競技場とする津波との戦いを選んだのである。

大船渡には太平洋セメントがあり、三陸海岸に珍しい鉱工業のある都市でもあった。そのため港内には五〇〇〇トンほどのセメント運搬船・硯海《けんかい》丸が接岸しており、たまたま積み込み作業をほぼ終えた状況にあった。

地震の一五分後、津波の前ぶれとなる引き波で湾内の水位が急激に下がる中、硯海丸はきわどく桟橋につなぐロープを外し、岸から逃れた。津波は湾口の防波堤を破壊し、大きな渦を形成しながら、約一〇メートルの高さで湾の奥に突進してきた。硯海丸の川崎直喜船長(五十四歳)はじめシニアの乗組員は、この海に精通したプロであった。水深の深い湾の中央部に移動すると、船長は船が流されないように碇《いかり》を一本降ろさせた。そして押し波を遡るようにエンジンを入れ、滝のような勢いの引き波に対してはエンジンを全開にして立ち向かう。碇は二本あるが、一本だけ下ろすことがポイントである。二本下ろすと激しい動きの中でチェーンが絡まり、船は柔軟性を失って制御不能となる。

そうした津波対策を知らなかったロシアの輸送船クリゾリトヴィ号は、岸辺近くで碇を一本下ろしていたにもかかわらず、押し波で陸上へ流され、引き波で湾の中に激しく引き戻された。漂流状態を和らげるため、二本目の碇を下ろして事態を悪化させた。絡まった二本の碇によって海底に縛り付けられる形となって座礁し、転覆の危機に陥った。

ロシア船は近くにいた硯海丸に救助を求め、乗組員一五人は硯海丸に収容・保護された。負傷したロシアの機関長は、特殊消防隊のヘリにより病院に搬送された。

津間さんの小さな漁船は、瓦礫に埋まった湾内で夜を徹して津波と一人格闘した。押し波よりも引き波の方が荒々しかった。湾内の狭くなるような地形では、まるで滝のような激流となり、仲間の漁船がそれに引き込まれて沈没した。

苦闘の夜が明けた後、沖合に避難していた志田さんの志和丸が、瓦礫にスクリューが取られるのを警戒しながら帰ってきて、近くを通りかかった。「ゆうべも一晩中船にいたんですか」と志田さんは叫んだ。一晩中、小さな船で一人戦った老漁師に驚いた様子であった。「何も食べていないでしょ」と重ねて問い、船を寄せて、お菓子と飲み物を渡した。面識もなかった人からの情が、七十五歳の漁師にはうれしかった。

家はやられても船があれば、との教えに従って船を守り、翌朝、無事に帰ってきた志田さんは、湾の奥に進むうち、何とわが家が建っているのを見た。涙が溢れ出た。

その後、志田さんは海難救助互助会の会長となり、湾を見下ろす丘の上に、海で命を落とした漁師たちのための慰霊碑と沈んだ船のための船魂碑を建立した。追悼式では会長として挨拶した。「われわれ、漁師にとって、津波は宿命的なものなんだなとしみじみ感じます。ただ、津波は宿命でも、遭難は違う。遭難は乗り切っていくものなんです」。

海も津波も生きものである。宮城県南三陸町北部の岬にある石浜漁港では、水深五〇メートルの沖合に出れば大丈夫と言われており、実際あの日、一キロ沖(水深七〇メートル)まで行くと船は揺れなかった。

ところが福島県相馬市松川浦漁港から沖に出た約一〇〇隻の漁船は、四キロ沖まで出ればよいかと思っていたら、三角に尖った七、八メートルの大波に襲われた。船乗りたちは真正面から波に立ち向かう決断をした。大津波に向かってエンジン全開で船を走らせて津波を登り、波の頂上で減速して乗り越えるのである(波の頂上に達して、なお全開を続けると、空転するエンジンは焼けるおそれがある)。第一波の山越えに成功したと思ったら、第二波が壁のように迫ってきた。覚悟を決めて六つ、七つの大波を次々に乗り越えると、沖合一五キロに達していた。海底がこのあたりから浅くなっているのだろうか。

写真 3-2　港に打ち上げられた漁船(左)と無事だった漁船(2011 年 3 月 13 日)

津波の総量と指向性が海底地形の交感を受けて、千変万化の怪獣として荒れ狂う津波である(11)。

宮城県牡鹿半島の先端近くの鮎川漁港と離島・金華山を結ぶ定期便がある。七二人乗りの「ホエール」が金華山の港で午後三時の出発を待っていたところへ、大地震が来た。

二人の客が船に飛び乗った。五分後には、津波を前に潮が異常な高まりを始めた。この日、船長は不在で、代行を務めていた鈴木孝機関長(六十三歳)は、すぐに岸壁から船を離した。そこへ鮎川港にいる遠藤得也社長(七十歳)から無線が入った。「客を乗せて沖に避難してくれ」。岸壁はすでに水没しかけていた。戻れない。マイクで山へ逃れるよう岸辺の人々に呼び掛けて、そのまま沖へ向かった。

左手に金華山、右手に網地島《あじ》を見ながら進んだ。やがて左の海上に幅五〇〇メートルの高い波の壁が迫ってくる。金華山にぶつかった津波が「ホエール」を追い掛けるように感じられた。沖合五キロまで来て振り返ると、牡鹿半島と金華山の海峡は、今度は引き波で海底が露出するほどだった(12)。

大多数の船は沖合に逃れることができず、残骸をさらすことになった。

東日本大震災の被災地全体で、漁船約二万隻、その他のプレジャーボートや旅客船、貨物船などと合わせて計三万六〇〇〇隻近くが失われた(13)。

ここに取り上げた船乗りたちは、むしろ少数派の例外者なのかもしれない。であるにせよ、津波は宿命であっても乗り越えることはできる、と立ち向かったプロたちが、かの地には確かに少なからずいたのである(年齢・肩書などは当時のまま)。

2　津波常襲地の三陸海岸

明治三陸津波

「三陸沿岸は津波襲来の常襲地として、日本一はおろか、世界一である」。そう断じたのは、一九二三年の関東大震災の到来を強く警告し、二九年には地震学会初代会長となり、学術的な地震研究の推進とともに、社会的な防災向上のために奔走した今村明恒博士であった。

この地への津波襲来についての研究は、「ほぼ四〇年に一度[14]」とか、「三五年周期[15]」とか、「三陸地方における津波は十数年又は数十年の周期をもって繰り返し襲来する[16]」とか、よそでは考えられない頻度を告げている[17]。

人も社会も直近の体験に認識を支配される。例えば、もし三陸海岸から仙台平野に及ぶ大被害をもたらした一六一一年の慶長三陸地震津波の後であれば、人々は顔色を変えて地震後の対応を行ったであろう。それ以後、上記のように頻繁に津波の襲来を受けた三陸沿岸であるが、徳川時代二五〇年間、三陸沿岸の被害は人々の生活を破滅させるようなものではなかった。それに人々が慣れ、緩んだことが、一八九六年の明治三陸津波の被害をいっそう巨大なものとしたように思われる。

それは日清戦勝の翌年であり、六月十五日は旧暦の五月五日で端午の節句(こどもの日)にあたっていた。朝からの雨を吹き飛ばすような祝いの宴がそこここにあったが、たけなわとなった頃、午後七時三十二分、震度2から3と思われる軽い地震が五分ほども長く続いた。人々はたいして気にも留めず宴をやめることはなかった。三〇分を経過した午後八時過ぎ、ドーン、ドーンと砲撃のような大きな音が海から聞こえた。いぶかしく思って外へ出て夜の海を見ようとした人々が目にしたのは、屋根よりも高い巨大な津波の壁であり、逃げることのできた人は少なかった。

明治三陸津波は、大船渡湾の東側に突き出した半島の入り江である綾里湾の白浜で三八・

二メートルの最大波高を記録した。綾里村では人口の五六パーセントにあたる一二六九人が津波に呑まれて亡くなった。釜石の南に位置する唐丹《とうに》村には一六・七メートルの津波が押し寄せ、住民の六六・四パーセントにあたる一六八四人が犠牲となった。当時、最大人口の約七〇〇〇人を三陸沿岸で誇っていた釜石町も、五四パーセントに相当する三七六五人が命を失った。全住民が海辺に住んでいるわけではなく、内陸部にも集落があることを思えば、全人口の半分以上、三分の二の犠牲という数値は信じ難いものであり、海辺のまちは全滅に近い事態であったことを意味する。

一万八一五八名の犠牲を出した岩手県を中心に、宮城県(死者三四五二名)、青森県(同三四三名)、北海道(同六名)にまたがり、合計二万二〇〇〇名近い今回の東日本大震災に劣らぬ犠牲者を出した明治三陸津波である。

なぜそれほどの犠牲となったのか。先に述べたように、厳しい津波が長くなかったことから、人々の認識が甘くなったこともあるが、人々が逃げなかった最大の理由は、地震が緩やかだったからである。震度2から3の弱震が長く続いたことを怪しんで津波を警戒した人もいたが、まったく例外的である。

大地に何が起こったのか。軽微な地震なのに、どうして巨大津波となるのか。

明治三陸津波は、太平洋プレートが大陸プレートの下に潜り込む沖合約二〇〇キロの日本海溝に近い海底で起こった。両プレートの接触域はゴツゴツの岩のように硬くなく、その周

写真 3-3　明治三陸津波で被害最大となった岩手県・釜石町(1896年)

りでの地震は激しい断裂的跳ね上げであるよりも、ゆっくりしたずれがしばらく続く性格のものとなりやすいという。ただ最深八〇〇〇から一万メートル(一〇キロ)まで深く切れ込む日本海溝の陸地側には、堆積物が溜まっている。この堆積物が、地震の震動と海底地盤が熱を持つことにより深い海溝部に崩落した。それが海水をさらに動かす。こうして地震動には不相応な大津波となった。近年の研究は、そのように明治三陸津波のメカニズムを説明している。(18) 人々を油断させて奇襲攻撃を決める大自然は、本当に罪深い。

さて、この災害に対して、社会はどう立ち向かったたか。

明治半ば過ぎの三陸沿岸は、まだ陸の孤島であった。海の幸が豊かなので、かなりの人口があったが、五年前の一八九一年に国鉄東北線が開通したばかりであり、三陸海岸への鉄道はなく、自動車道路もなかった。やっと人力車が通れる程度の峠越えの道があり、明治三陸津波が起こると、板垣退助内相は人力車で二泊三日をかけて盛岡から宮古まで、視察にやってきた。岩手県が米などの物資を盛岡から被災地に送ろうとすれば、まず北上川河口の石巻まで運び、汽船に積み替えて三陸の入り江へ順々に寄港せねばならなかった。

電信の一部が使えた宮城県は、仙台からの支援が比較的迅速だったが、岩手県の被災地は通信も交通も寸断され、孤立・放置状態だった。壊滅的打撃を受けた村や集落には、救出活動を行う無事の者がほとんどおらず、隣の村からの救援を求めようにも、その村も全滅状態だった。

そんな中、津波の翌日夕、上閉伊《かみへい》郡長と遠野警察署長が巡査七人、消防夫八〇人余りを率いて、釜石に到着し、同地は「一鼓の勇気を得」た。後方支援拠点としての地理的位置にある遠野が沿岸被災地を支えるのは、二〇一一年に始まったことではないのだ。

悲惨が広く知られ、県の要請を受けた政府や軍部が動き、医療や物資の支援、義援金も多く集まった。県と政府は、被災者一人に一日米四合分の炊き出し費を三〇日間支給し、小屋掛け(避難所住宅)費、そして流失家族に一〇円を備災費などから支給することを決めた。日清戦争の勝利後であることも幸いしたのであろうか。当時としては手厚い公的支援であった。一カ月半後には漁業の再建にも公費が投じられることになった。

絶望的事態に見えたこの地であるが、一年を経てみれば、漁獲高も回復し、家の再建も急ピッチであった。災害一過、勤勉に建て直す列島住民の本性は、この明治三陸津波の場合にも生きていた。

槌音高く再建するのはよいが、同じ場所に、次の津波にまた流失する同じ家とまちを再建する悲しい歴史を繰り返すのであろうか。国費による安全なまちづくりはまったくなかったが、あまりの惨状に、明治津波の後、高地移転を考えた地区は少なくなかった。気仙郡吉浜(現大船渡市)の新沼武右衛門村長が高地移転を計画し、道路を山腹に付け替え、住民はそこへ移動した。大槌町の吉里吉里や浪板、山田町船越でも移転が行われたという(19)。

明治の高台移転

前記の内務省報告書(20)は、明治三陸津波後の宮城・岩手両県の各地における安全なまちづくりの試みを一〇件ほど紹介し、成功例と中途半端な例、そして失敗例に分けている。成功例は五つ記されている。

そのうち宮城県の唐桑村大沢(現気仙沼市)は、明治には六・五メートルの津波に襲われ、大きな被害を招いた。昭和には三・九メートルの津波を浴びたが、八〇六名の住民のうち犠牲は五名のみであった。大谷村大谷は、明治に二四一名を失ったが、村営事業で高台移転を行い、昭和は一人の犠牲も出さなかった。岩手県の鵜住居《うのすまい》村箱崎(現釜石市)は、八・五メートルの津波に襲われ、集落は壊滅的打撃を受けた。住民が自発的に高台移転を試み、昭和には四・四メートルの津波であったが、ほとんど被害はなかった。船越村船越(現山田町)は、北の山田湾と南の船越湾の両方から津波を浴びる地域であるが、明治の六・五メートルの津波では大打撃を受けた(船越村全体で一二五〇名の犠牲者を出した)。住民は自発的な高台移転を行い、街路も整えた。結果、昭和の犠牲は四名のみであった。

逆に失敗例としては、以下のケースがある。

宮城県唐桑村只越(現気仙沼市)は、明治の八・三メートルの津波に洗われ、二四一名を失った。高台移転をめざし、土地造成を開始したが、岩盤にぶつかってしまった。経費がかさむこともあり、幅三尺(〇・九メートル)の避難路のみで済ませることにした。昭和では六・六メートルの津波に襲われ、逃げ遅れた二四名が犠牲になった。

岩手県越喜来村崎浜(現大船渡市)は、明治に一一・六メートルの津波に洗われて壊滅的打撃を受けた。集落の対処は高台移転ではなく、若干盛り土をする区画整理であり、同じ地に整然たる街路のまちを再生することであった。昭和に七・八メートルの津波を受け、再び集落の大部分を流出し、五〇人を失った。

十五浜村雄勝(現石巻市)も、四尺(一・三メートル)のかさ上げによって海辺の集落の安全度を高めようとしたが、昭和には倍となる高さの津波を受けて、「不徹底の予防施設は無益」という結果となった。

その点、吉浜町本郷(現大船渡市)は、明治に二六・二メートルの大津波を浴びた後、一部を高台移転し、もとの海辺の集落には八・二メートルの防潮堤を築き、さらにその内側に幅一〇メートルの防潮林をあしらった。しかし、昭和には一四・三メートルの津波によって、防潮林が決壊し流出。十分に強固でない防潮林は解答にならないことを示す結果となった。

唐丹村小白浜(現釜石市)の運命は数奇と言うべきであろう。明治の大津波で集落はほぼ全滅し、数百人の犠牲を出した後、義援金をもって各自が高地の畑地を買収し、移転した。しかし個人事業の悲しさ、海への道路が不十分で不便をかこち、三々五々、海辺へと戻る家が現れた。さらに山火事があり、水利もよくない高地の集落は焼け落ちて、結局、海辺へ引き上げた。そこへ昭和の一一・六メートルの津波が襲いかかり、一五八戸の集落のうち、一〇八戸が流失した。

近代の歴史が始まったばかりの明治三陸津波への対応は、国の再建対処がなかっただけに、町村単位、集落単位、個人単位のさまざまな試行錯誤であり、多様な社会実験でしかなかった。悲劇的な実験も少なくなかったが、幸いなことは、昭和三陸津波の後、内務省が二つの三陸津波の検証に基づいて、意味のある津波対策を打ち出そうとした点である。

［1］津波に対する絶対的な安全は、高台移転しかない。

［2］海辺の土地に集落を再建する場合、「大きさと強度の十分な」防潮堤が不可欠である。

その認識を得て、動くことになったのである。

明治津波の後、三陸復興策の一つとして沿岸を南北に結ぶ縦貫鉄道が考案されたが、一九八四年まで「幻の鉄道」のままであった。盛岡など内陸部と三陸沿岸を結ぶ横断鉄道の工事は行われていたが、昭和初期には開通していなかった。

大災害を経験すると社会は道路や鉄道の根幹的重要性を痛感するが、いつも後追いで遅きに失しがちであった。

昭和三陸津波

一九三三年の昭和三陸津波は、明治津波から三七年後に起こった。三七年といえば、明治津波を十歳で体験した者がまだ四十七歳であり、地域の中心的存在である。凄まじい津波の記憶はまだ鮮烈であった。しかも数年前から体に感じるほどの地震が頻発し、人々は大自然の変調に敏感となっていた。

三月三日の桃の節句(ひな祭り)の日を迎える深夜の午前二時三十一分、三陸地方は震度5の激しい揺れに見舞われた。この三陸津波を語る『哀史 三陸大津波』[21]の著者、山下文男氏は綾里村の小学四年生だったが、神棚から物が落ち、メリメリッと家がつぶれそうで、家族一〇人がみな声を出して跳び起き、自身は父にしがみついた。

明治津波が警告もなく急襲したのに対し、昭和津波は、幾重にも騒々しいほどに警告を発した上でやってきた。津波の勢力は前回ほどではなかったが、それでも、綾里村で最大波高二八・七メートルを記録し、全人口の六・七パーセントにあたる一七八人が犠牲となった。八・三メートルの津波に襲われた唐丹村は一〇・七パーセントにあたる三六〇人が命を失った。

昭和三陸地震は、日本海溝外側の太平洋プレート(アウタープレート)内で起きた断層地震

(M8・1)と見られる。その犠牲者は三〇六四名にのぼったが、それは明治津波の七分の一以下にとどまる。確かに波高も波勢も明治の方が凄まじかった。けれども昭和津波の場合も一〇メートル以上の波高を記録した入り江が少なくなかった。もし人々が逃げなければ、明治に準ずる命が失われたことであろう。

そのことは次の事実からも明らかである。明治三陸津波による流出家屋数は、宮城県九八四戸、岩手県五四四六戸で、計六四三〇戸である。昭和三陸津波の場合は、宮城県一二四一戸、岩手県四九六二戸の計六二〇三戸で、明治より若干下回るものの大差はない。(22)しかるに犠牲者数は七分の一なのである。家は同程度、流されたのに、昭和津波の時、七分の六の人々は逃げて家にいなかったのである。

前回の悲惨な教訓の存在と、地震そのものの揺れが大きかったことから、氷点下一〇度の深夜にもかかわらず、高台に向かって逃げた人が多かった。物理的条件に劣らず、人々の認識に基づくソフトが決定的要因であったと思われる。

昭和三陸津波の後、今村博士の強烈な助言もあり、一〇年前の関東大震災時に大規模な都市計画を体験した内務省が、約三〇〇〇戸の高台移転を計画したことは注目される。内務省では、大臣官房が昭和三陸津波後の復興計画と宅地造成事業を所管した。その内容は、昭和津波の翌年一月末の時点で、次のようなものであった。

宮城県では、一五町村六〇集落において、八〇一戸が高台移転を行う。そのうち十五浜村雄勝の二二六戸をはじめ、一一集落が集団移転、四九集落が各戸移転である。

岩手県では、一八町村、三八集落において二一九九戸が高地移転し、そのすべてが集団移転である。その最大手が五〇〇戸の田老村であるが、そこだけ造成面積が「未確定」であり、「近々着工の予定」となっていて、結局は実施されずに終わる。それ以外のすべてが着工済みであり、「竣功」もかなりある。(23) それゆえ、三〇〇〇戸から田老村の五〇〇戸を減じた、三二町村二五〇〇戸が、多少こぼれはあるにせよ、ほぼ高台移転を実施したものと推される。

以上の事業の財源であるが、高台移転の造成費を約五四万円と予定し、これに対して低金利資金を提供するとともに、その利子を国庫より補助するものとした。これとは別に、岩手県の七町村が街路復旧事業を予算一〇万円で行うこととし、そのうち八万五〇〇〇円を国庫補助と予定した。

明治津波に対する、国の事業としてのまちづくりが皆無であったことを思えば、昭和津波に対し、政府・内務省が二五〇〇戸の高台移転を中心とする事業を執行したことは、画期的である。けれども、それは津波危険地域のすべての集落ではなく、選択的である。そして高台移転の財源としては、低利融資と利子補給までしか国は行わない。当時としては踏み込んだ支援であったが、東日本大震災における全額国庫負担から見るとかくも違うのかとの感慨を覚えずにはおれない。なお、宮城県における高地造成費の二七・五パーセントは義援金より支出された。(24)

東北地方の農村は、昭和恐慌期に「娘売ります」に示されるような悲惨な境遇を体験してきた。それだけに農林省が農業者の生活問題に敏感であり、津波後もその面の復興を産業組合などを通じて後押しした。被災地住民の中には、「関東大震災の例にならって」国の復興支援を要求するのは、当然の権利であるとの声もあったという。

大正デモクラシー期の関東大震災体験は、政府関係者と被災地住民を含めて、社会意識を少なからず動かす意味を持ったように思われる。(25)

田老の防潮堤

明治、昭和、平成の三次にわたる三陸津波の中で、平成に劣らない犠牲を出したのが、明治の津波であった。犠牲者の絶対数は、当時の地域と日本全体の人口が限られたものであったことを思えば、とりわけ際立つ。人口比の犠牲は凄まじいものであった。

中でも全村壊滅の非業を遂げたのが、田老村であった。太平洋に直接面した入り江において、津波の威力は最大となる。一四・六メートルの津波に田老村は呑み込まれ、三四五戸のほぼすべてが流出し、人口の八三パーセントに当たる一八六七名の命が失われた。悪魔がその意図をもってなさねば、ありえない数字である。生き残ったのは、住民三六名と、沖へ漁に出ていた六〇名のみであったという。

「田老は甚しと人は皆云へり」。翌日に田老へ入った人は、人家とまちが消え、単なる砂原と化したまち跡の地を見た。泥砂から片手だけが出ていたり、両脚が突き立っていたり、頭が半分出ていたりで、「まるで人間の砂漬け」のようだった。野犬が群れをなして死体を食いちぎろうとし、哀れに思った人が追い払おうとすると、逆に野犬に襲われた。まさに地獄であった(26)。

全村消滅に近い打撃を受けた田老は、消滅の道を選ぶのだろうか。否である。海の幸は豊かである。のみならず、田老は美しい、愛するに足るまちである。津波に流されながら、奇跡的に生還した名望家、扇田栄吉氏が中心となって、田老の再建プランがつくられた。

［1］高所移転
［2］防潮堤
［3］山麓の地盛り

の三事業が中心であり、これらに義援金を元手に着手した。

ところが、住民の困窮にまず対処せよ、との叫びが高まり、［1］［2］の安全なまちづくりのための根本事業は双方とも断念せざるをえなかった。

基本的に同じ地に同じまちが再建され、賑わいを取り戻したが、またも田老は地獄を見ることになる。

昭和三陸津波でも、最大の被災は田老村であった。

午前三時頃に襲来した一〇・一メートルの津波に呑まれて、五五八戸のうち五〇〇戸が流出、全住民の三二・五パーセントにのぼる九〇一人が命を奪われたのである。寒い深夜、一

写真 3-4　昭和三陸津波後，田老に作られた巨大防潮堤．しかし東日本大震災の津波は防げなかった

度山に逃れながら、津波の気配がないと家に帰り、布団に潜り込んだ人々が悲劇を招いた。たまたま外海へ漁に出ていた以外の漁船九九〇隻が失われた。

再度の大津波に壊滅的打撃を受けた田老は、優れた指導者である関口松太郎村長の下で、力強い復興計画を構想し実施する。関口は、先に見たように内務省を中心に公的方針であった高所移転を退けて、防潮堤の構築、街路の全面的再編、避難路の拡充を軸に「原所復興」を断行した。

「五〇〇戸が移転できる高地は田老にない」。昭和津波後の関口村長の言葉である。国費の融資を得て、九六〇メートルの第一堤が七年後に完成した。高さ一〇メートルであり、船の曲線のように津波を外へ受け流し、越堤する大津波には高台への避難を併用して対処するものとした。一九六〇年のチリ地震津波をこの防潮堤が退け、田老の対処は高く評価されるようになった。

ところが戦後、乙部地区をはじめ住宅が第一堤の外へ広がったため、海岸沿いに第二堤を築き、一九七九年にはX字形の「万里の長城」となった。二〇一一年、3・11の一九・五メートルの大津波は、第二堤を壊滅させ、東側の乙部地区の住宅と人々を海へ連れ去った。X形の中心点に集まった大津波は、第二堤だけでなく、一気に第一堤をも越え、田老西部地区にまで激しく流入した。堤は健在だったので、内部の旧市街は湖のように水に覆われたが、犠牲は東部地区を中心に、明治津波の約一〇分の一の一八一名にとどまった。


三度の悲劇を経て、田老はどうするのか。二〇一五年四月、私は現地を訪ねた。

自らも田老に深い愛着をもつ山本正徳宮古市長から説明を受けた。最も印象深いのは、田老に移転すべき高台なしとの歴史的認識から決別して、東部の乙部地区の北方の山を切り開き、二八五戸もの高台移転のための大工事が進んでいることであった(三王団地と呼ばれる)。

もともとの田老地区(西側)を守っていた一〇メートルの防潮堤は存続し、その内側は国道四五号から山側をかさ上げしてより安全な住宅と商業地区とする。X字型を改め、海岸沿いに一四・五メートルの防潮堤を新たにめぐらし、したがって旧来の田老地区を守る防潮堤は二線堤となる。3・11津波で壊滅した東側のまちは、たろう観光ホテルを遺構として残す以外、住宅はすべて高台へ移転し、漁業関連施設やオフィスのみとなる。

今度こそ、安全性の高い田老のまちに到達しようとしている。

3　消防団の苦闘

住民と共にある消防団

3・11発災後、一カ月を経て現地に赴き、私はあらためて衝撃を受けた。とりわけ岩手県陸前高田の姿には気が遠くなりそうであった。陸前高田市の中心部(高田町)は、三陸海岸にあってかなり広い平野に恵まれている。その平野に、ビルの残骸がそこここに残る以外、何もない。駅も、商店街も、高田の松原も消え、一面瓦礫の原であった。自衛隊の施設隊が啓開した応急道路を、時にトラックが左右に傾きながら通るのみで、人の気配のない死のまち跡であった。

市街地は平野のかなり奥まったところにあり、そのほぼ中心に三階建ての立派な市役所があった。その時のことを戸羽太市長に聞いた。市長は屋上に逃れたが、津波はぐんぐん盛り上がり、三階の屋上を越えてきたと言う。市長は死を覚悟したが、屋上には一部四階があり、その青い屋根の上にいた若者たちが市長を引っ張り上げ、九死に一生を得た。

それにしても、あの屋上の上まで津波の海に覆われるとは、まち全体が瓦礫しかない廃墟である。明治三陸津波で一九名、昭和は三名、高田町の津波犠牲者数の陸前高田となる所以である。明治三陸津波で一九名、昭和は三名、高田町の津波犠牲者数であある。その実績から、大きな広田湾の奥にある高田町には津波はほとんど来ないとの神話があっただけに、その地の人々にとって信じ難い事態であったろう。

その時、このまちの、普通の人々はどうしていたのか。まちの人々が生死の際をさまよう時、どの被災地でも最後まで町民に寄り添って助けようとするのが、消防署に協力する住民自治組織の消防団である。消防団員は一目でわかるあのはんてんを羽織って活動するので、プロの消防関係者のように見えるが、日常は普通の人々である。高田の分団長だった大坂淳氏(当時五十四歳、二〇一四年一月死去)は駅前商店街の写真屋さん、熊谷栄規氏(同四十四歳)は脱サラで居酒屋を営んでいた。

民間人でありながら、消防団員にはことに臨んで公に殉ずる思いが公務員に劣らず強い。わが身とわが家族を顧みず、奔走する。大坂分団長は、妻に、高台にある実家へ現金だけを持ってすぐ避難するよう念を押して家を出た。熊谷氏は「ちょっくら屯所に行ってくる」と、妻に声をかけて出た(27)。

この地では地震の二五分後に津波が来ると言われてきた。その前に、水門を閉めることが、消防団の任務である。熊谷氏は消防車で走って、担当区域の水門が閉まっているのを確認した。大坂分団長は消防署に立ち寄り、沿岸には地震の揺れで閉まらなくなった水門もあるとの情報を得た。この状況では団員にも犠牲者が出ると考えた大坂氏は、車で市内を走り、即時避難を市民だけでなく団員にも強く求めた。

消防の人たちが水門を閉める作業のため殉職したという話も聞くが、それは極めて稀であろう。一番早く津波が来た大船渡で三二分後、仙台平野では一時間後、消防士・消防団員は、多くの場合、水門を閉じる作業を無事終えていた。ただ遺憾なことに、このたびの大津波は閉じた水門を軽々と乗り越え、水門は限られた効果しか持たなかったのである。もう一つ、より深刻な問題は、その後まちに戻って、まだ避難していない住民が多いことに焦燥感を募らせた消防団員が、人々を無事に避難させようと追って回り、自ら津波につかまるケースが少なくなかったことである。

東日本大震災における殉職者(死者と行方不明者)は、警察官が三〇人、消防署員が二七人であるのに対し、消防団員が二五四人に上る(28)。

正規の署員が潤沢でない三陸の浦々《うらうら》のコミュニティにあっては、消防団員が住民の頼りであり、消防団員は人々を助けるのに懸命となり、一人たりとも置いて逃げられない心理状況に陥りがちなのではないか。それを思えば、高田分団長の大坂氏が消防団員も直ちに山へ逃げよと命じたのは、冷静で正しい判断である。近年、飛行機でも気流が悪い時、乗務員は「機長の指示により私ども乗務員も席に着きます」とサービスを中断する。危機の現場でも、部下の安全のため長が断固として活動停止を命ずべきである。自ら安全なる者のみが人を救いうる。

よき判断を下した大坂分団長であるが、自らは津波から逃げ切れなかった。駅前から本丸公園の丘に向かう大通りのどん詰まりのT字路に車が着く前に、大津波が後ろから激走してきた。どちらに曲がっても駄目と覚悟した。が、ふと子供の頃に遊んだ少し先にある小さな路地の記憶が甦った。大坂氏は路地へ駆け込み本丸公園の、斜面を登る途中で水につかまった。だが左右両方から来た津波がぶつかって中和し、大坂氏は斜面から引き剝がされず、濡れただけで済んだ。奇跡的であった。

「すぐに山へ逃げろ」と分団長が告げ、後から来る形となった熊谷氏の車の一団は、とても逃げ切れず津波に呑まれたものと、大坂分団長は判断せざるをえなかった。まち全体が一五メートルの津波の底に沈んでしまったのだ。

ところが熊谷グループは別の仕方で助かった。山まで逃げ切れないほど大きな津波が迫ってきたことを見て、消防車の後ろに乗っていた団員が「ダメだ、無理だ、マイヤだ」と叫んだ。この地の誇るスーパーであるマイヤのビルがすぐ近くに見えた。その駐車場に走り込み、非常階段を駆け上った。踊り場まで上って下を見たら、今まで乗っていた車両が流されていた。水に追い掛けられるように屋上に駆け上った。水は屋上の手前で止まった。生き残った屋上の周りは全部真っ黒な海だった。高田のまちも、もう終わりだ、一足先に丘に向かった大坂分団長も逃げ切れなかっただろう、と熊谷氏は思った。

四人の消防団員の他一〇人ほどの近所の人が、マイヤの屋上で夜を過ごすことになった。押し波が引き波に転じ、板に乗った人が「助けて」と叫びながら流れ去った。どうすることもできなかった。

甘えすぎの社会への教訓

陸前高田市の中心をなす高田町には七六〇〇人が住んでいたが、一一〇〇人余りの犠牲者を出した。何らかの事情で、地震後一目散に逃げられなかった人々である。それには大坂氏、熊谷氏の夫人も含まれていた。両氏とも自ら犠牲になっていても不思議でない活動ぶりであったが、生死の際に間一髪生き延びた。

とはいえ、自らと自らの家族を顧みず、コミュニティの人々の安全のために献身する消防団員の自己犠牲の衝動に、社会は甘えすぎてはいけないのではないだろうか。自らの安全を確保しうる範囲内での救援活動のマニュアルを整備すべきであろう。

極端なケースが宮城県名取市閖上にあった。近所の人たちが吉田さんという一人暮らしのおばあさんに一緒に逃げようと声をかけた。が、長く暮らしたこの地から離れて生き延びることを、おばあさんは頑として拒否した。ここで死んでいいと言う。周りの人たちで懸命に説得し、おばあさんが親しくしていた町内の友人まで加わって説いたら、ようやく軟化した。では、その前にトイレへ、ではあれを持って、と要望すべてを容れて出発するのに説得開始から三〇分を要した。地震から津波到達まで一時間余りの地であったが、車に乗ったところを津波に襲われ、一人が奇跡的に助かった以外、全員が犠牲となった(29)。

欧米であれば、老人の自由意思をドライに尊重し、“Good Luck” と言い残して去るであろう。日本的なやさしさ、ウエットなみんな主義が、逆に多くの命を奪うことになった。ことに臨んで三〇分も説得するのではなく、日頃から万一の場合の避難について話し合い訓練しておかねば、その瞬間に逃れることはできないことを知るべきである。

阪神・淡路大震災の体験から、消防、警察、自衛隊の第一線部隊は、それぞれに組織的改革を加えた。災害用装備の充実などもあるが、最も重要な改革は、全国的な広域相互支援体制の構築である。消防は、各自治体単位が基本であるが、「緊急消防援助隊」を阪神・淡路大震災の年の一九九五年六月に創設し、消防庁長官の指示権が法制化された(二〇〇三年六月)。東日本大震災にはその効があった。消防のヘリと車両が、全国から被災地に殺到した。

陸前高田と同じく平野部が津波の底になり全滅状態となった南三陸町へ、緊急消防援助隊(京都・兵庫・鳥取県隊)が到着するとの報を受け、小畑政敏消防署長(当時)は三月十三日早朝、まちの入り口まで出迎えた。消防車両が五〇両も連なり、地響きを立ててまちに入るのを見て、涙を禁じえなかった。がんばれ、もうすぐ駆け付けるから、それはかなり現実だったのである(30)。

4 警察の災害対応力

地震災害と津波災害

警察・消防・自衛隊など公助を担う第一線部隊のうち、阪神・淡路大震災において断然多くの生存救出に成功したのは、既述のように警察であった。

共同作業も含まれると断りつつ発表されている数字は、警察三四九五人、消防一三八七人、自衛隊一六五五人である(表2-2参照)。生存救出された人の大部分、八六パーセントが発災当日であり、九九パーセントが当初の三日間であった。「七二時間が勝負」は事実であるが、実は「二四時間」が決定的である。倒壊家屋の下から助けを求める声は、一時間ごとにか細くなり消えていく。それだけに被災現場近くに密度高く居合わせる公助機関である警察は、多くの人を救出することができた。逆に発災時に現場にいない自衛隊は、この数字にとどまった。

東日本大震災においても、警察は約三七五〇人を救出した(31)。

生存救出の意味合いは両震災で異なる。

阪神・淡路の場合は、瓦礫に埋もれ自力で脱出できない人々を、まず共助により家族と近所の人々で掘り出す。簡単に掘り起こせない人々が公助の対象となる。その比率がほぼ八対二であったことは、阪神・淡路大震災の章でも見たとおりである。

他方、東日本大震災の津波に襲われた人々にとって、まずは津波が来る前に「逃げる」ことである。不幸にも津波につかまり流されながら、懸命に泳いで水面に浮かび上がり、運よく陸上の木や柱につかまり「逃げる」ことに成功した人々が、警察・消防・自衛隊の公的機関などにより救助される。つまり自助ができなかった人々は津波に沈み、そもそも助からない。自助により、とりあえずの生存を確保しながら孤立し震えているような人たちをヘリなどにより安全の地に移すのが、東日本大震災における救助の意味である。それを基本としながら、多くのバリエーションが存在することは言うまでもない。

自分の家族は無事だろうか、その思いが去来する中で、現場を駆け回る三十代の警察官(宇山浩史福島県いわき東警察署員)は、採用試験での面接官の言葉を思い出した。「警察官と他の公務員の違いは、命を懸けて、他人を守ることができるかどうか。時に家族よりも、他人の命を守ることが優先されるが、その覚悟はあるか[32]」。

「ことに臨んでは、わが身を顧みず」と宣誓する自衛官はもとよりのこと、前述の消防団を含め、これが公助のための第一線部隊に通ずる究極の精神ではなかろうか。

東日本大震災において三〇人の警察官が犠牲となったことは先に述べた。人々の無事のため、津波到来と避難を海辺のまちへ赴いてマイクで告げてまわり、時には逃げ遅れた人や不自由な人を助けようとし、自らも想像しなかった突然の大津波に呑まれたケースが多い。パトカーごと流され、死を覚悟したが、側面の窓ガラスを砕いて外に逃れ、パトカーの屋根から木に登って助かった警察官もいた[33]。

ＪＲ常磐線の列車が福島県の新地駅に停車中、地震が来た。立っておれないほどの大揺れで、駅舎はこんにゃくのように歪んで見えた。

四〇人の乗客の中に、警察学校で初任者研修を終えたばかりの若い警察官が二人いた。人

写真 3-5　津波で崩壊した JR 常磐線新地駅(2011 年 3 月 17 日)

員の安全確認、負傷者の救護など、研修で学んだ事故のマニュアルに従って体が動いた。二手に分かれて前後から車内の安全確認をし、車掌に告げた後、携帯電話が大津波警報を告げた。新地駅は海から五〇〇メートルの平坦な地にある。もしそれほどの津波が来なければかえって乗客に迷惑をかけると迷ったが、やはり命を確実に守るため、全員で避難しようと決断した。

先頭と最後を警察の二人で固め、内陸側の町役場の丘に向かって行軍を開始した。足の不自由なおばあさんがいて、最後尾の斎藤圭警察官は遅れた。一五分ほど歩いたところで、大きな地鳴りが響いた。振り返ると壁のような大津波が追い掛けてくるのが見えた。死を覚悟した。が、たまたま通りかかった軽トラックを呼び止め、おばあさんと数人を乗せてもらい、逃げ切ることができた。振り返ると町役場の足元まで激流が洗い、広く報道されたように、新地駅に停車していたJR車両は津波によって原形をとどめないほどに破壊され、天に向かって突き立てるようにへの字型に折れ曲がっていた(34)。避難は正解だった。

広域支援体制と災害用部隊

警察も進化している。阪神・淡路大震災時に比して、大きく改善されたと思われる点が二つある。一つは全国的な広域支援体制であり、もう一つは災害対処部隊の創設である。

阪神・淡路大震災への応急対処が一段落した一九九五年六月、警察庁は「広域緊急援助隊」を制度化した。被災者の人命救助などを行う警備部隊二五〇〇人、阪神での交通マヒの苦い経験から交通部隊一五〇〇人を中心に、全国から抽出して被災地に集中投入し、危機対応力を高める制度である。警察庁長官が本部長となって、広域支援を決定・指示することとなった。その後、遺体検視などのための刑事部隊の追加を検討し、新潟中越地震の経験をふまえ、二〇〇五年四月には災害対処装備をもって救出活動を行う特別救助隊二〇〇人が警備部隊に加えられた。

さらに東日本大震災時には、ヘリを擁する広域警察航空隊、新技術による機動警察通信隊、管区機動隊からなる緊急災害警備隊が増強され、一万人の即応部隊による支援が可能となった。被災三県の平時警察力は合計で約八〇〇〇人であるが、東日本大震災に際しては、一日当たり三県で最大四八〇〇人の広域支援を受けた。県単位を基本とする警察組織が割拠主義に堕することなく、有事には全国的規模で動的・統合的対応を可能にする画期的改革と言えよう。

私の偏見かもしれないが、阪神・淡路の頃の警察は、消防・自衛隊と比べても、人員ばかり多く装備は原始的と思われた。それが大きく変化している。今述べたように、特別救助隊が新設され、航空隊や機動通信隊も加わった。それに女性警察官を集めた生活安全部隊も登場した。最新装備と手法を被災地へ集中的に投入できるようになったのである。

広域緊急援助隊の第一陣は、早くも発災翌日の早朝に被災地において活動を開始した。仙台市において水に浸かり、瓦礫と化した地に約一〇〇人が列をなして進出し、集落に取り残された人の救出にあたった。

名取川にかかる閖上大橋の周辺は津波の海に沈んだが、大橋と歩道橋だけが海面に顔を出しており、助けを求める人がいた。そこから母親と乳児を含む六人を発災当日に救出したのは、警察ヘリでやってきた機動隊員であった。

発災後九日を経た三月二十日夕方、宮城県石巻市内の倒壊家屋から少年とその祖母が救出されたのは、全国的ニュースとなった。この二人を救出したのは、鹿児島県警のヘリであり、病院への搬送を行った。

三県で計五八の警察署、二四七の交番・駐在所が津波に洗われた。世界に冠たる人々と共にあるＫＯＢＡＮであれば、集落が海辺にあるかぎり交番もまたそこにある宿命なのかもしれない。しかし、警察署は自ら被災しない対処を求められる。消防署、自衛隊基地、市役所、県庁なども同じことであるが、人々を支える任務を負う者は「自ら安全なる者のみが人を助けることができる」と肝に銘じなければならない。

三県において警察の車両七一台、船舶三隻、ヘリ二機が津波により損壊した。しかし全国の警察から車両約一〇〇〇台をはじめ、被災をはるかに上回る機動力が提供された。このような対処は根深く合理的である。

日本全国どこであれ大災害に襲われうる。しかし地域に例外的大災害への備えがあるわけではない。平時の平均的な事件・事故にいささか色をつけた程度の警察力しか予算は与えられない。それだけに、どこであれ非常事態的災害や事件が起これば、よき機動力をもって全国から広域支援を行うシステムが合理的である。例外的な非常事態の場合だけでなく、次第に平時から機動的防衛力によって広域を守る方向に変わらざるをえないであろう。

阪神・淡路、中越、中越沖、東日本と、相次ぐ天災への対処の中で進化させてきた社会の構造力は、実は災害時にとどまらない歴史的意義をもつのである。[35]

5　自衛隊の任務

「ことに臨んでは、わが身を顧みず」

防衛大学校長に就任した時、私は当時の防衛庁長官から辞令を受け、型通り宣誓文を読んだ。その中に「ことに臨んでは、わが身を顧みず」という例の一句があった。制服の自衛官だけでなく、背広の防衛庁職員もこれを誓うのだと知った。

それは修辞ないし建前なのか、本気なのか。森勉陸上幕僚長が防大に来校し、後輩の学生たちへの講話の中で、「死ぬことは何でもない。問題はいかに任務を達成するかだ」と言い切るのに感銘を受けた。任務達成のため、わが身を顧みないタイプの志の強い自衛隊員は、上から下まで、かなり多いと私は感じている。

ただ、それは無制約ではない。よき隊長にとって、部下はかわいい、死なせたくない。部下の不屈の敢闘を期待しながらも、指揮官が限度を見極め、ぎりぎりのところで部下の突進を禁じ、命令によって部下と組織を守る。組織の合理性は戦力の維持を要求する。不眠不休で倒れるまで働くのを英雄視するのではなく、戦力回復の合理的な措置を講ずる。「自ら安全なる者のみが人を救いうる」のだ。

東日本大震災の中で自衛官が最も苦しんだのは、「わが身を顧みず」の部分ではなかったであろう。それについては覚悟の職務であり、不屈の自己犠牲的救助活動を続けた者も少なくなかった。多くの隊員が最初の三日間、不眠不休であった。

問題は「わが身を顧みず」が「家族を顧みず」を含意することであった。妻子を救い出したい、せめて家族の安否だけでも確かめたい、その思いにふたをして彼らは午後二時四十六分の直後から、組織的な救助活動に没頭せねばならなかった。わが家族を見捨てつつ、他者を救いに出かける不条理に苦しんだと言ってもよい。救助活動の中で小さな子を助け出した時、あるいは小さな子の遺体を抱きかかえた時、とりわけわが子と同じ年頃の子であれば、心が深く波打つのを止めようもない。

被災地の東北六県は、陸上自衛隊東北方面総監部(仙台)の下にある第六師団(山形県東根)と第九師団(青森)の警備区域にあった。第六師団に属する第二二普通科連隊の基地は宮城県多賀城市にあり、航空自衛隊の松島基地と共に、最も被災地に近接した、というより駐屯地半分位が津波に浸った被災地となった。ハザードマップでは多賀城駐屯地は浸水しないことになっていたのに。隊員たちの自宅も海辺に近い場合には容赦なく津波に襲われた。彼らは公的な任務と家族の安全の相克を、どう切りさばいたのか。

ある隊員は川辺にあるわが家が津波に呑まれたに違いないと覚悟し、身ごもっている妻と子の行方を案じた。何も言わなかったが、その心中を察していた上官が、夕方になってささやいた。ちょっと家を見に行ってくるがよい。宿直勤務だった隊員は水に浸かりながらの深夜の単独行で自宅に到着した。が、水没した家にはだれもいなかった。彼はどうやって帰隊したか覚えていないという。

別の隊員の妻は、車で息子を迎えに行く途上で津波に流された。妻は懸命に逃れ、自衛官の夫に電話をかけた。「助けて」。津波に濡れて震える妻の、心の底からの悲痛な声であった。夫は部隊を飛び出して妻の所へ行こうと思った。人々を守る崇高な任務を帯びて、仲間と共に日夜鍛え備えてきた部隊である。それは体に染み込んでいる。が、今この瞬間、妻子の生死がかかっているのだ。「一分一秒でも早く妻の所へ飛んで行きたいと思いました」。行くか、逃亡兵になっても。心を引き裂かれ、「答えを探していた」夫に、再度妻から電話がかかった。「大丈夫だから、他の人を助けてあげて」。天使の言葉であった。われに返った隊員は迷いを捨てて活動に没頭した。「妻と息子にお礼を言いたい。本当にありがとう」(36)。

非常事態に直面した時、当然ながら、組織のトップがどう対応を方向づけるかが決定的に重要である。多賀城連隊の國友昭連隊長と、その上司の久納《くのう》雄二第六師団長は、地震直後に、運よくつながった携帯電話で交信した。連隊長「(部隊を)出します」。師団長「よし、出せ」。それだけであった。二人とも東北人ではなかったが、東北の人々の深い郷土愛に感銘を受けていた。二人の指揮官は共に「郷土部隊」としての誇りに語りかけた。誠にその名にふさわしい情愛の深いねばり強い東北部隊の働きぶりであった。

東北方面総監・君塚栄治陸将の下に全国の陸海空の部隊が集まり、三月十四日、君塚は災統合任務部隊(JTF)指揮官に任命された。穏やかな学者然とした風貌の将軍が、優れた事態掌握力をもって、毎日二度、朝晩八時に行う全体会議を的確に切りさばくのを見て、日米の軍人は共に感嘆した。危機に直面して初めて真価を知られる人が時にいる。君塚統合指揮官は部下の隊員に対し、心構えを訓示した。

「他の組織の者なら、われわれの背後には自衛隊がいる、後は任せようと言えるかもしれない、われわれの後ろにはだれもいないぞ。われわれが最終バッターだ。被災者を最後まで支え抜け。被災者の方々に差し上げた温かい食事があまったからと勧められても、諸君はそれを受けてはいけない。先憂後楽だ。被災地を支え切った後に、われわれは初めて憩う（自衛隊員はこの教えを守り、温かい食事を辞退してトラックの背後で携行食を食した）。とりわけ、ご遺体は大切に、生きているかもしれない人として扱うように、自分の家族と思って扱うように(37)」。

迷彩服の自衛隊員の後ろ姿に、老婦人が合掌し深々と礼をしている写真を見たことがある。統合指揮官は隊員に対して神の如くであるよう求めたのであった。

自衛隊の自己犠牲的敢闘は国と国民にとって頼もしく、なくてはならないものである。宣誓した隊員を不眠不休で闘わせるのはよいが、その家族の安否が問題である場合、自衛隊の一角にそれに対処するセクションを設けるべきではないだろうか。それも自衛隊の戦力維持に不可欠な装置であると社会は認めるべきであろう。

陸幕長の独断専行

三月十一日午後二時四十六分のその瞬間、文武の防衛省幹部は、市ヶ谷A棟一一階の事務次官室で会議中であった。震度5以上が来れば、非常呼集態勢をとることが定められている。大揺れが始まると、幹部会は直ちに中止し、テレビのスイッチを入れた。宮城県沖を震源とする大地震であると報じていた。

重大事態を直感した火箱《ひばこ》芳文陸上幕僚長は階段を歩いて下りながら、全国動員を考えた。四階の陸幕長室に飛び込んだ時にはすでにプランができていた。

これは戦だ、速やかに戦力を集中する。まず、東北の君塚総監に電話を入れた。「やられました。室内はがたがたです。建てたばかりの隣の庁舎とのつぎ目付近から土煙が上がっています。停電でテレビも映りません」であった。陸幕長は「要請など待たなくてよい、直ちに出動せよ。全国から部隊を増援する」と伝えた。続いて西部方面総監部(熊本)に電話し、「第四師団(福岡県春日)と第五施設団(同県小郡)はまず出動せよ。ただし、第八師団(熊本)と第一五旅団(那覇)の戦闘部隊は動かしてはならぬ。いずれ大臣もしくは統合幕僚長から正式命令が来るだろうが、それを待つことなく出せ」と指示した。熊本師団と南西旅団の戦闘部隊派遣を禁じたのは、言うまでもなく、東シナ海の波高い国防状況に備え置くためである。陸幕長は、全国五つの総監部すべてに電話し、同様の指示を与えた。(38)

このような即時の指示を陸幕長が行ったのは、事態用の事前計画が自衛隊内にあったからでしょうと、本人に尋ねたところ、答えはノーであった。(39) 宮城県沖の普通の地震・津波に対する計画と訓練は東北総監内にあったが、このような巨大地震に対する全国動員のプランはなかったという。では、陸幕長単独で即時に判断し全国に指示を出したのか。そうだと言う。私は驚いた。なぜそんな離れ業ができるのか。同時に、これは陸幕長の独断専行ではないのか。陸幕長自身、そのきらいがあると感じつつ、この重大事態にあってはあえてそうすべきだと確信して行ったという。

その日の午後三時半に省対策会議が行われ、陸幕長の機敏すぎたかもしれない即時の対処は、了承され公式化された。会議の冒頭、北澤俊美防衛相が菅直人首相より自衛隊に最大限の活動を迅速に行うよう求められたと発言した。すでにその手配を済ませたと陸幕長が答えた。大臣は、よくやったとは言わなかったが、独断専行を咎めもしなかった。いわば陸幕長の独断専行の政府による追認であった。

東日本大震災に対する全国派遣計画はなかったが、このような大災害に対処する考え方がなかったわけではない。首都直下地震に際して、自衛隊の最大出動限度である一二万〜一三万人の派遣計画が存在した。それは自衛隊総員の約半分を派遣するかなり無理な計画であるが、その際にも二種の動かしてはならないカテゴリーがある。一つは、東京、大阪、札幌など重要地点を守る部隊、もう一つが国防上の前線部隊である。そうした自衛隊中枢に共有されている観点に立ちつつ、陸幕長があの事態に即座に適用する具体案を考えて指示したのである。(40)

自衛隊の大改革

阪神・淡路の初動に遅れた自衛隊が、その後、徹底した改革を行った。全国のすべての陸上自衛隊の駐屯地に、常時一小隊(約三〇人、Fast Forceと呼ばれている)を直ちに出動できるよう輪番で二四時間待機する態勢をとったのだ。これにより、災害勃発時の先遣隊もしくは初動偵察隊が、全国どの地域でも展開できることになった。震度5以上の地震があればすぐにヘリが飛び立って現場を撮影し、映像伝送装置で主要な司令部のスクリーンに即時映し出せるようになった。

防災装備も格段に充実し、人命救助セット一式をトラックに載せて備え、もともと優れた能力を持つ施設隊や補給隊を併せて、大きな災害対処能力を持つようになった。

加えて、防災とは関係なく行われた二つの大きな制度改革が、結果的に災害対処力をも高めた。二〇〇六年より陸海空自衛隊は統合運用体制に移行し、全兵力の効果的な利用・集中が容易になった。また二〇〇七年に新たに編成された中央即応集団が、福島の原発事故対処を受け持つことになった。阪神・淡路と東日本の二つの大震災に挟まれた一六年間の災間期は、自衛隊にとって予算と人員は縮小し続けたものの、内外の新しい役割に向けて多くの改革がなされた時代であった。

こうした改革によるインフラの強化を、東日本大震災時の防衛省幹部は積極的に活用した。遅すぎ、少なすぎる「兵力の逐次投入」的な出動の誤りを繰り返すまいとの歴史の教訓が、幹部たちの心をとらえていた。火箱陸上幕僚長の発災の瞬間における行動は、その最たるものである。海自の倉本憲一自衛艦隊司令官も「全可動艦艇は三陸沖に向かえ」とよどみなく語り、高嶋博視横須賀地方総監はその実施に動いた(41)。最大限の自衛隊の出動を求める菅首相の意向を確認しつつ、北澤防衛相と折木良一統合幕僚長は、予備および即応予備自衛官の招集を含む一〇万七〇〇〇人という自衛隊史上最大規模の出動を行った。東日本大震災における生存救出の七二パーセント、約二万人を自衛隊の手で行うという、阪神・淡路の際とは対照的な結果が、そこから生まれた。

6 現場主義の奮闘

もう一つの第一線部隊

デスクワークが主務である中央省庁の中で、実戦部隊的性格を残し、東日本大震災の緊急対応に大きな役割を果たした役所があった。国土交通省である。

同省東北地方整備局の徳山日出男局長は、仙台の局長室で大地震の瞬間を迎えた。ロッカーが倒れ、壁にも亀裂が入り、停電となったが、数秒して役所の自家発電装置が作動し、電気がついた。同じ階の三〇メートルほど離れた災害対策室に入ったが、まだ揺れていた。熊谷順子防災課長が、仙台空港にある国交省防災ヘリ「みちのく」号を「無人で上げる」提案をした。「無人」の意味は、国交省スタッフの同乗なしで、航空会社のクルーのみで飛ぶことである。局長は即座に同意した。「みちのく」は大津波に呑まれることを免れ、逆に沿岸のまちと仙台空港に襲いかかる画像をリアルタイムで伝送し、何が起こっているかについて国家と国民の認識を支えた。

夜十時、東京の本省と仙台を結ぶテレビ会議が行われた。大畠章宏大臣が、二つの明確な指示を下した。一つ目は阪神・淡路の経験に鑑み、人命救助を最優先すること。二つ目は現地にいる徳山局長に大臣と国に代わって必要なことすべてを行う権限を与える。省の垣根を超えてもよい、責任は自分(大畠大臣)がとる、であった。このテレビ会議は全国の国交省機関で見られるようになっていたので、徳山局長は全省的支援を得ることになった。

徳山局長は、まず東京と被災地間の道路啓開に全力を挙げた。

高速道路の東北自動車道は一定の被害を受けており、段差やひび割れが生じて、閉鎖されていた。これを一車線でいいから自衛隊の車両がとりあえず通れる程度にまで一日で補修した。高速の入り口で警察が、救護車輛に対して「自己責任で通ってください」と注意する状況であったが、新幹線も止まった中、全国からの救援の大動脈となるこの東北道が生き返ったのは大きかった。

次に東北道の縦軸から三陸海岸へ至る一五の横軸道路の啓開に全力を挙げた。地元建設会社四〇〇社が駆け付け、徹夜の作業を開始した。きれいな舗装道路にしなくてよい。一車線だけでいいから、とにかく被災者が生きている間に車両が到達できるように啓開する突貫作業であった。これは「くしの歯作戦」と呼ばれ、なんと三月十二日中に一一ルート、十五日には全ルートの啓開に成功した。

続いて、仙台空港再開のため、排水ポンプを全国から集めた。「トモダチ作戦」を行う戦場慣れした米軍機は、わずか五日後に滑走路の一角に着陸し、空港も四月十三日には一部再開できた。

陸と空の復旧は驚くほどの速さだった。

徳山局長が引き続き全力を挙げたのは、津波で被害を受けた自治体への支援であった。国交省の通信システムが健在であるのを用いて、各首長と会話し、困っていること、必要なものは、テント、棺桶から食料品、生理用品に至るまで何であれ敏速に届けた。全国の国交省マシーンがそれを応援した。国交省の緊急災害対策派遣隊(テック・フォース)が、被災自治体に張り付いて市長・町長を助けた。建設業界やヤマト運輸のような運送業など民間企業の協力をも取り付けて、お役所らしからぬ現場主義の活動を効果的に展開し、もう一つの第一線部隊の趣を呈した国土交通省であった。(42)

DMATによる医療支援

すでに見たように、阪神・淡路大震災においては、一六万人余りの人々が瞬間的に倒壊した住居につかまったと見られる。死者は六四三四名(災害関連死を含む)、負傷者はその六・八倍の四万三七九二名、うち一万六八四名が重傷者だった。

負傷者が裾野を広げ、その中心部分に死者がいる。死者と重傷者との境界線は微妙に入り組み、かなりの重傷者が死者へと移行した。傷を負った人々はおびただしく、しかも彼らが駆け付けるべき病院もその職員も被災していた。適切な治療さえできれば助かったかもしれないが、ライフラインも止まり、満足な手当てもできない激震の被災地であった。専門技術を持つボランティアとして全国から駆け付けた医療関係者に、この情景は衝撃であった。「防ぎうる災害死」という言葉が、彼らの間に浮上した。

その思いが医学界を動かし、国を動かした。阪神・淡路大震災の教訓により、全国各地に災害拠点病院を設けて対応を開始した。医者グループは、二〇〇四年の中越地震でも経験を積んでいたが、二〇〇五年四月、災害派遣医療チーム(DMAT = Disaster Medical Assistance Team)は、厚生労働省が所管する国の制度となった。災害の急性期(おおむね四八時間)に対応できる力量と機動性のある病院をあらかじめ登録し、研修や訓練を受けたうえ、全国から被災地に参集する制度となった。このチームは、被災地に負担をかけないよう、水と食糧から寝袋までを持参して、自己完結的たしなみを持つ、医療専門の支援者であった。

のちに詳しく述べるが、東日本大震災の発災時、首相官邸は早くも五一分後の三時三十七分から第一回緊急災害対策本部会議を開催し、五項目の基本方針を決めた。それには、警察・消防・自衛隊・海上保安庁の被災地への派遣とともに、DMATによる医療支援も含まれていた。DMATは全国の心ある医療関係者の自発性から生まれたものであったが、すでに東日本大震災時には、国の下で公的な責務を負う組織として整備されていた。

三月十一日から二十二日まで、全国からDMATの約三八〇チーム、約一八〇〇名が被災地に集結し、

［1］被災地での病院支援

［2］トリアージや緊急治療など、被災地での医療活動
［3］患者の症状に適した病院等への域内および広域の搬送
などの活動を展開した。

被災地の医療機関が往々にして大きな被害を受けていることを思えば、DMATが生まれたことは、被災地の住民にとって本当にありがたいことである。そして、それが国家的制度に位置づけられていることは、今後の全国すべての被災地がその恩恵に与ることが保障されているのであり、災害列島の住民にとって救いである。順調な成長を期待したい。

しかし、東日本大震災の現場に、DMATが当惑した面もあった。

阪神・淡路の経験では死者の六・八倍もの負傷者が溢れていたが、東日本の津波災害では、負傷者は六一一四人であり、二万人近い死者の三分の一でしかなかった。予期した外科的手当ての需要は限られており、むしろ透析を要する者を含む内科的な患者が少なくなかった。地震災害と津波災害ではかくも様相が異なる。

これに直面して医療関係者は速やかに対応した。一週間のうちに、内科医療チームが全国から被災地に集まり、外科チームに代わった。これらの教訓をふまえて、日本の災害医療がより総合的な対応力を高めていくことは間違いないであろう。

その点、日本における災害医療のフロントランナーの一つである熊本赤十字病院のように、津波災害の様相をすでに掌握していた機関もないではなかった。同病院は、二〇〇四年のスマトラ津波の際に現地に医療支援に赴いていた。東日本大震災の報とともに、スマトラで見

た「何もかも押し流してしまった津波災害」を想起し、「七二時間以内に初動の救護を始めなければ」と考え、「大型の特殊医療救護（ディザスターレスキュー）車は欠かせない」と判断した。

当日の午後九時に第一陣を出発させ、小病院の趣のあるディザスターレスキュー車を含む六台の車輛を十二時までに出動させた。さらに翌日、一〇トントラック五台を民間からチャーターして九〇トンの資材の補給に充てた。それぞれ、熊本から石巻赤十字病院へ向け、四〇時間かけて走った。熊本赤十字病院は、五月末まで二三一名の医師・職員を被災地に派遣した(43)。

日本社会において、医師たちは知的で冷静で豊かなエリート集団と見られてきた。が、阪神・淡路から東日本にまたがる大災害の中で、日本の医療グループは、悲惨に落ちた人々への思いやりが深く、パブリックを支える責任感の強い理想主義的な集団でもあることを、その行動によって示した。

非日常的な悲惨は、日常的には見えにくい人々の心の輝きを明らかにする機能をも果たすのである。

学校と教師たち

次世代を担う子供たちの教育にあたる教師たちと学校にとって、大災害は大きな試練であった。子供たちへの教育という本来の職責に加えて、津波から逃れようとする地域住民に避難所を提供し、多くの教師たちが避難所の運営に力を注いで人々を支えた。

被災地の小学校・中学校をはじめとする教育機関は大きな被害を受けた。よく知られている宮城県石巻市の大川小学校のように津波に沈み、的確な避難の決断ができず教師・児童の多数が悲運をなめたケースもある。宮城県山元町の中浜小学校のように、校舎が二階の天井まで水没しながらも、屋上近くの屋根裏部屋に教職員生徒が逃げ込み、そこで一夜を過ごして、九二名全員が際どく助かった例もある。

幼稚園・小学校から大学までの園児・生徒・学生の犠牲者は三県全体で五九〇名、教職員三六名である。一八九六年の明治三陸津波においては、小学生だけで(当時、三陸沿岸には小学校しかなかった)六〇〇〇名もの児童が犠牲となったことを思えば、著しい対処の改善と評価もできよう。しかしなお、五九〇名は悲しすぎる数字である。

被災した幼稚園から大学までの国公立学校は六四八四校に及ぶが、文科省はそのうち二〇二校を最も深刻な被害を意味するカテゴリーIと認定した。釜石市鵜住居の小中学校や大船戸市越喜来の小学校は、既述のように全教職員・生徒が地震直後に高台に逃れたが、校舎は津波に沈み、使用不能となった。

津波に沈まなかった小中学校の多くが、地域住民の避難所となった。日本において学校はしばしば地域住民にとって、防災・スポーツ・祭りなどの活動拠点となっているが、災害時には命をつなぐ避難所であり、自宅を失った住民にとっては、仮設住宅ができるまでの寄る辺となる。住民の応急避難所となった学校は、三県で五二三校(岩手県六四校、宮城県三一〇校、

福島県一四九校――二〇一一年三月十七日現在)に及ぶ。

そのことは、自ら大きな人的・物的被害を受けた学校の先生や職員が、教育再開のために苦闘するだけでなく、地域住民のために格別な支援を求められたことを意味する。

多くの先生たちが献身的に働き、お世話をした。文科省の調査によると、被災沿岸部の学校の四七・二パーセントで教職員全員、二一・五パーセントで教職員の半数が、避難所運営に従事したという。テレビを見ていると、津波の三カ月後、布団に座る避難者がまだかなりいる講堂の前方部分で、卒業式を行っている映像があった。被災した地域共同体を象徴する情景である。


二十一世紀を迎えた日本は、少子高齢化の波が、全国的に地方の学校の統廃合を推し進めつつあった。東日本大震災は、被災地においてそれを一気に加速する契機となった。

四月の新学期を迎えて、自校以外において授業を再開せねばならなかった公立学校が、三県被災地に一〇四校あった。三県における小中学校数は発災時に一九八七校であったが、三年後の二〇一四年には一六〇も減少し、一八二七校となった(各県の減少数は、岩手県六八校、宮城県四七校、福島県四五校)。

整理統合を迫られる撤退戦的な時代状況での大災害は、誠に厳しいものであった。しかし、その中で教師たちと学校が子供たちだけではなく被災住民をも守るため奮闘したことを忘れることなく、記録に残しておきたいと思う(44)。

7　自治体間の広域支援

関西広域連合のカウンターパート方式

阪神・淡路大震災に際して、一三八万人のボランティアが湧き出るように被災地に現れ、「ボランティア元年」とか「ボランティア革命」と呼ばれた。それはＮＰＯ法を成立させる契機となり、日本における民間社会（シビルソサエティー）の発展にとって画期をなした。では東日本大震災はどのような社会現象を伴ったのか。組織化され専門化されたＮＰＯ活動が目立つようになった。企業による組織的な支援活動が本格化した。ソーシャルメディアを駆使した連携と支援が浮上した。しかし最大の新事態は、自治体間の広域支援であろう。上下軸の優越する日本の国家構造にあって、言わばヨコの関係において、都道府県はじめ全国の多くの自治体が、密度高い持続的な広域支援を被災自治体に対して展開したことが注目されるのである。

自治体間の災害時相互支援協定は、すでに東日本大震災が起こる前に一〇〇件余り結ばれていたという。そのうち約二〇件は近隣自治体間のものであり、今回のような大規模災害で共に被災してしまうと機能しえない。共に空港や石油備蓄基地などを持つといった縁で、遠隔の力ある自治体が協定を結んでいた場合に、実質的な支援がなされえたという(45)。

そうした中、関西広域連合による「カウンターパート方式」の活動が、全国自治体間のヨコの支援の大きな起動力となった。

関西広域連合とは、地方分権の推進や関西広域行政の展開をめざして、二〇一〇年に設置された特別地方公共団体である。全国初の府県域を越える広域連合であり、当初は近畿地方の二府三県に中四国から鳥取県と徳島県が加わって七府県により構成されていた。そして、参加していなかった奈良県が二〇一五年に加わり、近畿の二府四県プラス二県となった。初代の連合長は井戸敏三兵庫県知事であった。

関西広域連合の特徴は、各府県が機能的に役割を分担する点にある。例えば観光と文化は京都、産業は大阪、農水は和歌山、環境は滋賀というように、各府県が強みとする分野をリードする水平的な構造となっている。その中で、災害が頻発し南海トラフ地震津波が憂慮されていた時期だけに、兵庫県が担当する防災分野の活動が最も活発であった。

そこに東日本大震災が勃発した。二日後の二〇一一年三月十三日、神戸で緊急の関西広域連合委員会が開催され、知事らが集まった。

井戸連合長が、阪神・淡路大震災を経験した関西だからこそできる支援を足並みを揃えて行いたい、被災県のカウンターパートを決めたいと提案した。東北六県への支援案もあったが、被害の大きい三県に、関西の複数県を組み合わせる方式(ダブルキャスト)に落ち着いた。橋下徹大阪府知事(当時)が組み合わせについては連合長の決定に従うと表明し、流れは決まった。京都と滋賀が福島へ、大阪と和歌山が岩手へ、兵庫・鳥取・徳島が宮城へ、それぞれの府県内の自治体を巻き込んで支援にあたることとなった。

最も過酷な状況にある被災地は、支援を要請することも難しい、という現実が関西広域連合には、自らの被災経験ゆえにわかる。要請を待つのではなく、聞かなくとも必要と思われるものをまず送る。ミスマッチによる無駄を恐れて、縮み思考に陥ってはいけない。空振りは許されるが、見逃し三振は許されないとの精神で動くことを求めた。

戦後日本は、現場当事者の要請があってはじめて行政が動くかたちを好む。被災地の支援も外国への支援(ODAなど)も、本人の要請を基にする。だが、大災害という危機の瞬間に、それは声を出せない被災者を見捨てるに等しい。阪神・淡路大震災を経験した兵庫県は、東北の被災地に対してプッシュ型の支援を敢行し、それが社会的に高く評価された結果、熊本地震に際しては、日本政府がプッシュ型の支援を初めて行った。

自ら現地に事務所を進出させて、ニーズを取りに行く。食糧はもとより、防寒着、仮設トイレ、ブルーシート、ベビー用品、生理用品、紙おむつに至るまで、きめ細かく被災地が必要とするものを提供する。また一年間に約五〇〇〇人の避難者を関西は受け入れた。また、避難者の情報が得られなくなった兵庫の苦い経験から開発したシステムを提供して、全国避難者情報システムの構築を支援した。

だが何よりも重要な活動は職員の被災地への派遣である。京都・滋賀を発した福島チームは、まず新潟市で原発などの現地情報を確かめ、三月十六日に会津若松市の合同庁舎と福島市の県自治会館に現地連絡事務所を設立した。

大阪・和歌山からの岩手チームは、十四日に岩手県庁内に現地連絡所を設置し、さらに沿岸被災地の後方支援拠点となった遠野市に現地事務所を設け、のち十一月には釜石合同庁舎に現地事務所を進めた。兵庫・鳥取・徳島の宮城チームは、三月十四日に宮城県庁に現地連絡所を設け、二十三日には気仙沼、南三陸、石巻の三市町に現地支援本部を設置した。

これらは現地状況を積極的に掌握するための先遣隊的活動であるとともに、その後の支援活動の動脈と拠点づくりでもあった。事実、これらを伝って関西広域連合の各府県と市町からの支援者は膨張し、最初の一年だけで延べ六万人を超えた。二〇一五年一月までの四年近くに、兵庫県と県内市町が被災地に派遣した職員総数は延べ二三万人余りであるという(46)。

当初、職員の被災地派遣期間は、一週間が通例であった。被災地にホテルがあるわけでなく、会議室やバスなどで寝泊まりしての無理な生活は長く続けるべきではない。派遣された県職員の仕事は、支援活動の管理や、現地ニーズの集約と連絡、物資や避難所関連の業務などソフト分野が多かった。

それに対し市町の職員は、被災地の役場が失った職員の代理要員としても有用であった。住民台帳、罹災証明、喪失届、国民年金事務、税務など役所の本体業務に精通している市町の職員が歓迎された。三カ月を経ると、仮設住宅や義援金をめぐる業務が加わり、一年近く経つと、家やまちの再建をめぐる土木建設関係、農業土木関係、まちづくりなど専門的知識を有する職員が求められるようになる。

被災経験があるだけに、関西からは一般の医療チームに加えて、心のケアの専門家や、建物の危険度を認定する鑑定士なども派遣された。

次第にまちと仕事の再生が中心課題となり、専門的技能を持つ人材が求められる度合いが高まるとともに、職員の中長期的派遣が増加する。まちづくりや土木の専門家などは、一年にわたって派遣されるようになる。関西の府県にかぎらないが、一年ずつ三年まで更新できる任期付職員を新たに採用し、彼らを被災地に派遣する方式がとられた。専門的な経験と力量のあるOB職員などが採用され、その経費は国から支給されるスキームが、自治体間支援に広がりを与えた。(47)

東京都杉並区のスクラム支援

関西広域連合ばかりではない。総務省が各県のホームページから集めた「各都道府県による被災県に対する支援状況(二〇一二年三月二一日)(48)」を見れば、緊急消防援助隊や医療チームを交えて、ほとんどの都道府県が支援隊を繰り出したことがわかる。

例えば、自らが次の被災地となることを長年にわたり覚悟し備えてきた静岡県は、岩手県の山田町、大槌町に目標を定め、三月十九日より医療救護チームと現地支援隊の双方をかなりの規模で持続的に展開した。

都道府県レベルだけではない。東京都杉並区は、少年野球の交流が機縁となって福島県南相馬市と災害時の相互援助協定を結んでいた。田中良区長は杉並と何らかの分野で協力関係にある群馬県東吾妻町、新潟県小千谷市、北海道名寄市といった自治体にも声をかけ、南相馬市を支援する「自治体スクラム支援会議」を立ち上げた。区民・市町民には、わが税金を遠くの被災地に注ぎ込むことに反対する意見もある。条例によって他自治体への支援を可能にするとともに、被災地のための区としての募金活動で五億円以上集め、国からの財政的バックアップを働き掛けた。杉並区は迅速果敢な決断と行動によって、自治体間の災害支援に新たな局面を切り開き、多元的、重層的な広域防災支援の時代を呼び込んだ(49)。

全国自治体間の支援体制の形成は小さくない意義を有する。近年、基礎自治体の主体性は法的にも社会的にも強化されている。それでいて基礎自治体は大災害に対してあまりにも脆弱である。

大槌町のように、町長自身と役場の四分の一の職員が犠牲となるケースすらある。その欠落を国も民も埋めづらい。業務内容を同じくする他自治体の支援でこそ、とりあえず埋めることができる。最終的には自治体と住民が主体的に立ち上がる以外にないが、「友あり、遠方より来たる」の励ましが貴重だったのである。

翻って、自治体間のヨコの支援を、国が財政的にバックアップしたことは、極めて重要であった。ただし、国による全体調整の欠如は批判されねばならない。

日本の中央行政は、平時に自治体への口出しが多いのに、大災害に対する対処計画と危機の瞬間の陣頭指揮はできていない。この二側面こそ、自治体の手にあまり、国全体を統括する中央政府にしか、できないことなのである。防災体制を大きく改めるべきであろう。

企業による支援の新段階

3・11の秋であったろうか。東京のある会合で、三菱商事の小島順彦《よりひこ》会長から同社が社員を被災地に次々と繰り出し、ボランティア活動を持続していることを聞いた。それまでとは違ったレベルの企業による支援活動と感じて、その意義を尋ねた。被災地で活動した社員は変わる、上からの指示を待っていた若者が自ら提案し行動するようになる、社にとってもプラスである、とのことだった。何が始まっているのか。

藤沢烈の論考「公共を支える企業」(50)によって、三菱商事が諸企業の中でもスケールの大きな支援活動を行っていることを知った。社員のボランティア派遣は、二〇一四年末までに、延べ三五二九人に及ぶ。それのみではない。発災直後、同社は一〇〇億円の復興支援基金を設け、翌年には三菱商事復興支援財団を設立し、それを通してさまざまな活動を行っている。学生・大学院生に月一〇万円を一年間給付する奨学金を、三年間で三六九五名に提供した。被災地でよき活動を展開しているNPOと連携し、四二五件の助成も行った。さらに被災地での四四の事業に投融資も行っている。つまり、復興支援の志を持つさまざまなアクターと連携し、かつ財政支援を中軸に旺盛な被災地復興支援を繰り広げているのである。

さらに同財団は郡山市と協定を結び、福島の果樹農業の復興と、その産業化を図っている。二〇一五年十月にはワイン醸造施設を竣工させ、ワイン用ブドウの生産を支援し、それを用いてワインやリキュールの生産を試みている。今も風評被害に苦しむ福島がそれを乗り越えるのを応援するのみならず、自ら施設をつくってアクターとなるほどの力の入れようである。

宅配業のヤマト運輸の活動もユニークである。

3・11で被災し、五名の犠牲を出したヤマトであった。が、被災地の現場で社員たちのかなりの者が、上からの指示もなく、自発的に救援物資輸送のボランティア活動を開始した。本社はこれを受けて「救援物資輸送協力隊」を組織し、全国から被災地へ延べ一〇〇〇人の社員を送り、宅急便サービスを復旧させた。

また、全国の宅急便一個につき一〇円を被災地に寄付することとした。ヤマトは一年間におよそ一三億個を運んでいたので、企業でも最大級の、年間一四二億円の寄付となった（同社当期利益の約四割を占める）。それを原資としてヤマト福祉財団を設立し、水産業、観光、医療、保育などの分野に支援を繰り広げている。例えば、南三陸町に仮設魚市場を、震災の年の十月に三億円を投じて復活させ、初セリも行われた。

さらにヤマト運輸は、岩手県北自動車株式会社と提携し、バスの後部を宅急便の荷物置き場とする客貨混載の「ヒトものバス」を、宮古市内と盛岡など他都市との間で二〇一五年から運行開始した。少子高齢化する社会での、バス会社と宅配業の共存戦略である。

ヤマトの地域密着型理想主義を最もよく表すのが、岩手県で始まった「まごころ宅急便」であろう。それは、社会福祉協議会が配布したカタログから高齢者が注文し、ヤマトがそれを届ける買い物支援サービスである。

高齢者の見守りは、本来は民生委員の仕事かもしれないが、高齢者の激増と民生委員の減少の中で、維持困難をきたしている。引き籠もりがちな老人も、荷物が届くと喜んで顔を出す。そのようすをヤマトの宅配員が地域の社会福祉協議会に伝えるのである。このシステムは今では東北地方にとどまらず、全国の過疎地域に拡がりつつあるという。

三菱商事とヤマト運輸以外にも、キリンホールディングス、リクルート、グロービスなど、被災地の復興に民間らしい特色をもって貢献している企業は少なくない。

営利を目的とすべき私企業が、被災地の復興支援に深入りするのはなぜか。

一九八〇年代を中心に企業の社会的責任(CSR)が語られ、利益の一部を公共のために振り向け、社会還元する活動が流行したことがあった。バブルが弾けて日本経済が「失われた二〇年」をかこつ中で、その気運は後退したかに見えたが、他方、同じ時期に阪神・淡路大震災に際して一三八万人のボランティアが溢れ出た。その三年後には、NPO法も成立した。民間が公共を支えるとの社会意識が一般化する中での東日本大震災であった。一部の元気な企業、志のある企業が東北の被災地への関与を始めたが、資力と組織力に恵まれているだけに、そのインパクトは大きい。

「公共への参画」がそうした企業の共通理念と思われるが、前掲の藤沢論文[51]は、マイケル・ポーター教授（ハーヴァード大学）の「共通価値の創造」（Creating Shared Value）の概念が重要であると指摘する。企業が社会的課題解決のために他のアクターと連携し、協働することを通して、新しい価値を作り上げていく。そのことは、社員の士気と誇りを高め、企業イメージをも高める。

ヤマト運輸が年間利益の四割に相当する多額の寄付によって当年の利益は減少したものの、翌年V字回復したことに示されるように、地域社会の人々とより深く結ばれた企業は強い競争力を持ちうる。必ずしも企業利益を高めるために新サービスを行うのではないが、人々のニーズに応えようとする斬新な活動は、結果として企業競争力をも高める。

大災害からの復興の中で、企業人らしい採算性・持続可能性の感覚が、新たな社会的価値を作り上げるという大義の下、うまく働くケースというのは、興味深い。成功した企業支援のケースを見れば、自らの資金力や経営能力はもとよりのこと、地域の行政およびＮＧＯとの連携が成功の重要な要因であったことがわかる。阪神・淡路の際には素人っぽいボランティアでしかなかった民間活動が、一六年後の東日本においては、ＮＧＯという日本社会にとって不可欠な、専門性を帯びた組織としてエスタブリッシュしようとしている。そのことは驚嘆に値する。

遠野市の奇跡

東日本大震災の被災地支援に最もめざましい役割を果たした自治体を挙げよ、と言われれば、私はためらいなく「岩手県遠野市」と答えるだろう。

先述のカウンターパート方式での広域支援を開始した関西広域連合も、スクラム支援を切り拓いた東京都杉並区も極めて重要である。しかし遠野市の貢献は、それをも超える。

まず第一に、「備え」である。宮城沖地震津波が必ず来ると洞察した本田敏秋市長が、事前訓練「みちのくアラート2008」を二〇〇八(平成二〇)年十月三十一日から二日間にわたり実施するなど、かねてより防災・減災を意識して動いていたことがある。それは東北沿岸市町村など二五の自治体を集め、警察・消防・自衛隊や民間団体の参加も募り、とりわけ宗像久男東北方面総監の積極的賛同を得て、自衛隊東北諸隊も参加する本格的なものであった。

訓練において想定した地震は、宮城沖M8クラスのものであったが、実際に来たのは、M9クラスの巨大地震津波であった。その意味で十分な準備訓練とは言えなかったが、それなりの訓練があったからこそ、大震災直後、対応の筋道を誤らずに展開できた。そう述懐する人は少なくない。関西では大地震の前、人々も自治体も安全神話に浸って何の準備もなかったのに対し、東北では学校教育でも、職責のある人々にも、認識と訓練と備えが一定程度あったのである。

第二は、初動の内陸拠点となったことである。遠野市は三陸沿岸諸都市の後背に位置し、釜石市や大槌町に最も近くて三〇キロ余り、南の大船渡市や陸前高田市には約四〇キロ、北の宮古市に約六〇キロの位置にあり、それぞれへの道路がある。扇の要に位置するのである。地震により遠野市役所もダメージを受けたが、津波に対して安全な内陸拠点として、運動公園に自衛隊などが集結したのをはじめ、全国からの支援活動が遠野に殺到した。遠野はそれを歓迎し、沿岸被災地の情報を集めて現地司令塔となり、支援活動をホストした。

とりわけ、具体的なあてはなく被災地でのボランティアを望む者も、遠野まで行けば沿岸被災地の現場へと辿り着けることが知られるようになった。市当局だけでなく、関連機関、そして専門スキルを持つＮＧＯが遠野に集まり、それらを差配した。否、むしろこう言った方がよいであろう。本田市長以下の遠野市そのものが、東日本大震災における強力なボランティア、それも専門スキルを身につけたボランティア組織であった。

このような仕事は、本来、県が担ってしかるべきであろう。が、県の巨体は特定の課題に走るのが難しい。強い志を持つリーダーに率いられた一つの市の方が、大災害への備え、初動の危機管理状況において、めざましい役割を果たしえたのであった。(52)

1　日本政府の初動

見違えるような初動体制

何という違いであろうか。

一六年前の阪神・淡路大震災の時、繰り返すが、首相官邸には情報収集システムがなかった。国土庁(当時)防災局が各省庁や自治体などから情報を受け、官邸に報告することになってはいた。しかし国土庁は二四時間体制をとっておらず、未明の午前五時四十六分の発災に対してまったく機能しなかった。官邸は昼頃まで重大事態を認識できずにいた。

二〇一一年三月十一日のその時、新築された首相官邸の地下には、「危機管理センター」があった。重大事態が勃発した際、対処に中心的役割を果たすのが危機管理監であり、元警視総監の伊藤哲朗氏が就任していた。情報を集め、各省庁の局長級を招集して対処案を用意し、官房長官・副長官を補佐する要のポストである。東京二三区内に震度5強(それ以外では震度6弱)の地震があれば、幹部たちは直ちに緊急参集するきまりとなっていた。このシステムはその瞬間に機能した。

国会では参議院の決算委員会で、菅直人首相の外国人献金問題に対する追及が行われてい

写真 4-1 東日本大震災を受け，与野党会談で協力を求める菅直人首相(2011 年 3 月 11 日)

た。突然、大揺れが始まった。天井のシャンデリアが落下せんばかりに揺れるのを、出席者は金縛りになって凝視した。委員長が「身の安全を」「机の下にお隠れください」と呼び掛け、委員会は休会となった。

官邸四階の自室にいた伊藤危機管理監は、揺れが始まるとともに緊急参集チームの手配を指示したうえで、地下の危機管理センターに歩いて下り、幹部会議室に官邸対策室を設置した(その隣の大部屋には、一〇面もの巨大なモニター画面が並び、一〇〇〜二〇〇人の関係省庁局長以下が集まって、情報連絡にあたることができた)。福山哲郎官房副長官(政務)、枝野幸男官房長官が、相次いで幹部会議室に現れ、地震の一四分後の午後三時には、緊急参集チームの会議が始まった。「緊急災害対策本部をつくる事案です」と危機管理監が提案し、官房長官は了承した。

三時七分、菅首相が国会から帰って加わり、直ちに首相の決裁を受けられることになった。

　災害法規によれば、大きな災害の場合には(防災)大臣を本部長とする「非常災害対策本部」を設置するが、「著しく異常かつ激甚」な大災害の場合には、首相を本部長とする「緊急災害対策本部」を閣議決定によって設けることができる。まだ津波が押し寄せてもいない段階であったが、危機管理監の提案に従って、官邸は持ち回り閣議によって、三時十四分に同本部を設置した。重大事態の認識が当初から共有されていた。

　先の三時に始まった緊急参集チームの会議では、人命救助を第一とする方針、消防・警察・自衛隊・海上保安庁、さらには災害派遣医療チーム(DMAT)などによる広域支援を行うことも了承された。

　これらを含む五項目が、三時三十七分からの第一回緊急災害対策本部会議で「災害応急対策に関する基本方針」として決定され、政府の対処として発信された。危機管理監と内閣府(防災担当)において、あらかじめ準備されていた対処方針を土台に、迅速な対応がなされたのである。(1)

　北澤防衛相も、官邸地下の会議にいったん加わったが、自衛隊の対応こそ肝要であった。地下室では外部と電話がつながらない不便もあり、大臣は防衛省に戻った。三時半に省対策会議を主宰し「総理から自衛隊は最大限尽くすように」との指示があったと告げた。それに対し、機敏すぎるほど機敏に、全国五つの方面総監部に対し、すでに出動指示を発していた火箱陸上幕僚長が、その旨説明した。大臣は「よくやった」とは言わなかったが、「勝手に

部隊を動かした」と咎めもしなかった。重大事態対処への共同意志が存在したと言うべきであろう。(2)

ここまでの初動一時間の対処は、阪神・淡路の際とはあまりにも対照的な敏速さと言える。一六年前の失敗経験から、官邸も、自衛隊のような第一線部隊も、教訓を学び、見るべき危機対応を展開しようとしていた。

原発事故発生

ところが、である。相手が普通の災害ではなかった。官邸は当初から重大事態を想定したが、それをあざ笑うかのような超巨大災害であった。

官邸が凍り付いたのが、午後三時四十二分、地下の危機管理センターに流れた「福島第一原発、全交流電源喪失しました」とのマイクの声であった。原子力専門家でない多くの者にとって、その意味するところはよくわからなかった。にもかかわらず「危機管理センター全体の雰囲気が、間違いなくこの時、変わった」。そう福山副長官は回想する。(3)

一過性の大災害には雄々しく立ち向かうことのできる日本社会である。が、この瞬間から、敵は姿の見えないまま蠢《うごめ》く悪魔の如きものに変わったのだ。

政府は午後七時三分、原子力緊急事態宣言を発し、首相を本部長とする「原子力災害対策本部」を設置した。二〇〇〇年制定の原子力災害対策特別措置法(通称「原災法」)は、第十条において、放射線が外部に放出されるなどの異常事象が生じた場合、それを通報すべきことを定め、さらに事態が抑制されず深刻化した場合には、第十五条に基づき内閣総理大臣が「原子力緊急事態宣言」を発すべきことを定めている。二〇一一年三月十一日午後七時三分にこれが発せられたことは、日本に国民を放射線から守るなどの対処が急務となる重大事態が存在することを意味した。

先の「緊急災害対策本部」と二本立てとなったが、地震と津波は司司《つかさつかさ》での対応に任せ、首相は暴れる原発への対処に専念することにした。地下の危機管理センターは津波対処に大わらわとなり、原発対処は行き来した後、五階の首相執務室を拠点とすることになった。

市民運動出身の菅直人は、初めて閣僚となった厚生大臣時に、ＨＩＶエイズ問題で官僚たちと対峙した経験もあり、政策決定に官僚を用いるよりも抑制することに傾きがちであった。

首相官邸の原発事故対処を困難にしたのは、的確な情報と専門的知識の不足であった。福島原発を管理運営している東電からの事故情報は不確かで、わかりにくかった。発災の日、運悪く東電の会長と社長が、それぞれに旅行中であったことが影響したかもしれない。しかし翌日、社長が帰京した後も状況は変わらなかった。東電の幹部たちも多くは原発の専門家ではなく、事故現場からの報告を的確に評価して、意味を明らかにし、それを官邸と国民に伝えることが難しかった。

首相は苛立ち、次々に突発する事態についての断片的情報の全般的な意味の説明を専門家たちに求めた。しかし東電関係者だけでなく、原子力安全・保安院や原子力安全委員会の担当者たちも、満足に説明できなかった。原発問題全般への深い専門的理解と現場への精通に基づき、起こっていることと次なる展開とを語れる専門家を、官邸は持たなかったのである。であれば首相が苛立つのは無理もない。が、首相が怒気を含んだ言葉を発することで、首相への助言と補佐はいっそう難しい雰囲気となった。

菅首相は政府組織を動かして問題対処に向かわせることが得意でない。むしろ自らの個人的行動によって問題解決を求める傾向が強い。典型的な二つの首相による行動が、原発事故対処の初期にあった。一つは、十二日早朝の原発サイトの視察であり、もう一つは十五日早朝の東電本店への乗り込みであった。双方とも総理の蛮行ないし愚行との批判をしばしば浴びてきた。

確かに発災翌日の戦場のような現地へ首相が赴くことは、危険でもあったし、非常事態への対応に忙殺される現地の責任者にとって迷惑な面もあった。しかし正確な情報が得られないまま官邸にとどまることは、政府が責任を放棄するに等しい。

もし当事者である東電が自信をもって対処しているのなら、任せて見守ればよい。が、事態の掌握も対処の展望も疑わしく、漂流状態と見える。そのような時、政府の要人が（首相である必要は必ずしもないが）現場に速やかに直行して事態を正確に認識することなしに、対処案を打ち出すことは望むべくもない。発災翌朝の現地電撃訪問は首相が国の死活問題について、不退転の意志を示した行動と見るべきであろう。

この視察によって、首相は第一原発の吉田昌郎《まさお》所長が信念を持って現場で戦う人物であることを知り、その携帯電話に官邸の要人が直接連絡できる関係を築いた。

2 フクシマの現場

津波による電源喪失

フクシマの現場では何が起こったのか。

三月十一日午後二時四十六分、大きな地鳴りとともに震度6強の激しい揺れが福島原子力発電所を襲った。吉田昌郎所長以下、約七五〇人の東京電力社員、協力企業等の作業員ら約五六五〇人が、第一原発で働いていた。六基の原子炉のうち一〜三号機が稼働中であり、四〜六号機は定期点検などのため停止していた。

大揺れとともに、発電中であった三つの原子炉はすべて緊急自動停止(スクラム)した。同時に全体が停電となった。核燃料棒は核分裂による発電を停止しても高熱を発し続ける。それを冷却するシステムの作動には電力が必要であった。

外部からの送電停止となったが、内部の非常用ディーゼル発電に切り替わった。所員の安全も確認できた。「福島には三メートルの津波」との警報が伝えられたが、吉田所長は、大丈夫と思った。福島原発は海抜一〇メートルの地に建っていたからである。

所長はじめ第一原発の管理職員は、三五メートルの高台に前年新築された免震重要棟に移り、危機管理態勢についた。原発サイトで最も安全な密閉された司令室だが、外界は見えない。地震の約五〇分後になぜか内部の非常用発電も停止し、すべての電源が失われた。一〜五号機の各原子炉の冷却システムも次々に止まった。免震棟の幹部たちは、その瞬間、何が起こったのかわからなかった。

建物の外にいた者は信じられない光景を見ていた。午後三時二十七分、第一波の津波が高さ一〇メートルの防潮堤にぶち当たってしぶきを上げ、そのあと引き波となって海底を見せ、同三時三十五分、第二波が一五メートル近い壁となって原発建屋に襲いかかった。第一原発一〜四号機の非常用ディーゼル発電機は、不幸にも建屋の地下に設置されていた。津波に対して最も脆弱な位置どりであった。地震後、四号機の設備点検のため建屋の地下に入った二人の技師が、津波に呑まれて殉職した。

二号機には、原子炉から出る蒸気でポンプを回して冷却水を送り込む原子炉隔離時冷却系(RCIC)というシステムがあり、技術者が地震直後にこれを起動した。

午後三時四十二分、吉田所長はテレビ会議システムを通じて東電本店に、いわゆる「十条」宣言を行った。全交流電源を失い、計器も読み取れないステーション・ブラック・アウト(SBO)事態に陥ったことを通知したのである。その場合、原子力災害対策特別措置法第十条により、速やかに国に通報することが義務づけられていた。東電本店から首相官邸に転送され、地下の危機管理センターでアナウンスされて大きな衝撃を与えたことは先に記した。

その一〇分後、「炉心冷却装置注水不能」という「第十五条」該当の緊急事態が続いた。吉田所長自身の表現に従えば、「飛行機のエンジンが全部止まって、計器も見えない状態で操縦」せねばならない状態に陥った。

通常の方法では運転不能である。午後五時十二分、吉田所長は火災の消火システムを使って、原子炉に注水するラインを開く試みを命じた。通常なら制御室のボタン一つで開く弁を手動で開けるため、チームを暗闇の中へ送り出した。

津波でやられた消火栓から水は出ない。ならば消防車だ。とにかく水を入れて冷却できるか否かだ。原始的な方法であれ何であれ、水で冷やして時間を稼ぎながら、電源を回復して冷却システムを再構築する。システム回復のために電源がほしい。電源車を送ってほしい。

ベントのための決死隊

原子炉が冷却能力を失って八時間、深夜には一号機の建屋周辺の放射線量が上がり、格納容器の圧力が使用限度を超えた。最重大事態(メルトダウン)の切迫は否定しようもない。

十二日午前零時六分、吉田所長は格納容器ベントの準備を命じた。蒸気を外部に放出する緊急措置である。水をくぐらせての放出(ウェットベント)なら線量は低く抑えられるが、そのシステムは容易に回復しない。ドライベントであれば多くの放射能も放出され、周辺が汚染されるだろう。しかしやらなければチェルノブイリのような原子炉の大爆発の危険が高まる。だれも近づくことができず、原子炉は制御不能となる。ベントのため、線量の高い建屋に入り、手動で弁を開ける突入隊を送り込まねばならない。

一、二号機制御室の伊沢郁夫当直長(当時五十二歳)が部下を集め、「申し訳ないが……だれか行ってくれないか」と問い掛けた。重苦しい一座を前に伊沢が言葉を継いだ。「若い者は行かせられない。まず俺が行く」。沈黙が破れ、制御室の責任者である当直長自身が行ってはいけない、私が行くから、という複数の声が上がった。現場の悲壮な戦いは、極限状況に向かって突き進んでいた(4)。

十二日午前七時十一分、菅直人首相を乗せたヘリ「スーパーピューマ」が第一原発のグラウンドに着陸した。出迎えた東電の武藤栄副社長に対し、首相は「なんでベントをやらないんだ」といきなり詰問した。現場がベント実施を提案し、東電から官邸にその承認を求めた。官邸は午前一時半頃、これを承認した。ところが一向に実施されない。それに苛立った首相の言葉であった。東電幹部の中でも最も原子力発電に通じており、前夜、福島にたどり着いた副社長は、最高権力者の険しい口吻に虚をつかれ、口ごもった。首相の漂わせる雰囲気には、協力できる者までも協力し難くするところがあった。

午前七時半頃、免震棟の二階会議室で菅首相は、吉田所長に対しても同じく上から詰問するように迫った。吉田所長は冷静に図面を示して事態を説明し、線量の高い中で行うべき作業を説明した。そのうえで大柄の所長は、首相を見据えて言った。「ベントはやります。決死隊をつくってでもやります」。

この男ならやってくれるだろう。菅首相はついに信頼できる現場責任者を見出した。首相が去った後、吉田所長は「午前九時を目標にベント」を命じた。突入チームの第一班は一つの弁を開けるのに成功したが、第二班は線量計が振り切れる高い放射線に行く手を阻まれる。第二班の二人は断念して帰還したが、累積被曝《ひばく》線量が一〇〇ミリシーベルトを超える初めてのケースとなり、この地での作業からの退去を命じられた。

この方式でのベントは行き詰まったが、別の復旧班が午後二時半、一号機のベントに成功したかに見えた。

炉心溶融(メルトダウン)

その直後、三月十二日午後三時三十六分、ちょうど津波襲来から二四時間後、前ぶれもなく一号機の原子炉建屋が水素爆発を起こした。衝撃であった。原子力の悪魔が、現場の決死の努力をあざ笑うように荒れ狂う。対処の術はあるのか。

水素爆発で建屋が吹き飛んだことは、圧力容器内の燃料棒が水から露出し、メルトダウンを起こした結果と考えねばならない。溶けた後も燃料棒を水に浸さねば、放射能がこのサイトを支配するという、さらに恐るべき事態を招くであろう。原子炉冷却のために、何としても水を注入せねばならない。現場は消防車三台を連ねてホースをつなぎ、十二日午後七時四

写真 4-2　福島第一原子力発電所 1 号機原子炉建屋で水素爆発が発生（2011 年 3 月 12 日）　写真提供・福島中央テレビ

分、一号機への海水注入を開始した。

七時二十分頃、官邸の武黒一郎・東電フェローから吉田所長に電話があり、首相が海水の注入をまだ承認していないから中止せよ、と迫った。菅首相は海水注入に反対というわけではなかったが、実施までに時間があるようだから、問題点をクリアしておくように、と六時からの官邸の会議で発言していた。武黒フェローは、苛つきやすい首相を怒らせることに怯え、現場に対し激しい口吻で中止を命じた。

吉田所長は、これは演技だから海水注入を決して止めるなよ、と部下に言い含めて、テレビ会議のスイッチを入れ、官邸の指示で一時注水を中止する、と宣言した。この件は、官邸が誤った圧力を行使して危機的事態を招いたとの、自民党・安倍晋三議員らの批判をのちに引き起こすが、現場は官邸筋の振幅に支配されてはいなかった。

一号機に続いて三号機も危機的状況となり、十四日午前十一時一分、水素爆発を起こした。一号機以上の激しい爆発であった。作業をしていた東電や協力企業の七人、そして支援に到着したばかりの自衛隊員四人が負傷した。雨あられと巨大な物体が降り注ぐ中で、死者が出なかったのが奇跡と感じられた。原子力の悪魔との戦いは無残な負け戦となる。それは不可避と見えた。

続いて二号機も爆発するのか。前に述べたように、二号機だけは冷却系が生きていたが、十四日午後一時二十五分、それが止まり、炉内圧力が高まった。

万事休すか。否、極限状況での事態進行は、皮肉と逆説に満ちている。努力が報われたのでは、との希望を抱けば残忍な鉄槌を下し、絶望しかないと覚悟すると微笑を送って来たりする。二号機の建屋側面には圧力を抜くためのブローアウトパネルなる青い戸が存在するが、それがなぜか壊れ、開いているとの報が、午後一時四十五分頃、吉田所長から東電本社に伝えられた。[5] そのことは、一方で放射能が放出され続けたことを意味し、他方で二号機が水素爆発を免れている理由でもあった。消防車で海水を注入できる、逃がし安全弁(SR弁)を午後六時、バッテリーをつないで開くことにも成功した。原子炉の圧力は降下し始めた。だが、何たることか。この期に及んで、消防車の燃料切れで水が止まった。

二号機の炉内では、おそらく十四日午後六時二十二分頃(第一原発技術班、七時二十二分に推定)に燃料棒が露出した。その二時間後には完全にメルトダウンし、さらに二時間後には圧力容器の底が抜けるメルトスルーが予期された。吉田所長が、「本当に死ぬかもしれないと思ったのはこの時だった」。

万策尽きようとしていた。所長自身は踏み止まって死ぬ覚悟をした。「自分と一緒に死んでくれる仲間が一〇人ぐらいはいるだろうか」。しかし、どうしても必要な人員以外は、退避させてほしい。吉田所長は官邸の細野豪志《ごうし》・首相補佐官にそう電話し、多くの部下と作業員を、第二原発に退避させる措置をとった。[6]

なぜ原発は暴走したか

なぜ、国際基準で「レベル7」というチェルノブイリと同じ最悪の過酷事故を起こしたのか。他方、この原発事故を、なぜ一人の犠牲者も出さず冷温停止できたのか。この二重の疑問を持って、私は二〇一五年六月二十九日、福島第一原発を訪ねた。

入構に際して、放射線量測定器を胸ポケットに入れるよう指示された。二時間足らずの訪問中に受けた線量は、合計〇・〇一ミリシーベルト。レントゲンを一回撮るよりもはるかに少ない。構内を見れば、特殊マスクと鉛のベストの重武装グループも一部にいるが、私たちと同じ平服の作業員も多い。

廃炉プロセスに入った第一原発に何か寂しい姿を想像していたが、働いている人は稼働中の五〇〇〇人水準よりも多く、七〇〇〇人だという。目につくのは、汚染水貯蔵タンクの林立であり、苦闘しているもう一つのテーマを示している。

致命的事故を起こした一〜四号機のうち、二号機だけが元の彩色の建屋をまとって今も建っているのを奇異に感じた。第二原発の所長として奮闘された増田尚宏氏(当時は廃炉カンパニー社長、二〇一九年より日本原燃社長)が、私たちの遠慮のない質問に丁寧に応答してくれた。

なぜ過酷事故に至ったか。

地震発生とともに原子力発電中の一〜三号機は、すべて自動停止した。外部電源が止まったため、代わって非常用ディーゼル発電機が作動し、それにより原子炉を冷却するシステムは機能した。

このたび現場を見て、地震による外部電源の喪失は一般的停電ではなく、第一原発と変電所をつなぐ高圧送電線が土砂崩れによってなぎ倒され、通電再開を困難にする事態を招いていたことを知った。

そして、津波である。第一原発では、一〜四号機は海抜一〇メートル、五、六号機は一三メートルの高台に設置されていたが、この地を襲った津波は一五メートルであり、六基の第一原発全体を呑み込んだ。先述のように一〜四号機の非常用ディーゼル発電機は、タービン建屋の地下に配置されており、津波に沈んだ。自家発電も含め全電源喪失となった。原発のすべての動作は、中央制御室(第一原発では二基ずつまとめて三つある)のスイッチによって行われる。全電源が失われれば操作ができず、そもそも計器が暗黒となって読めない。冷却装置を失った原子炉は、核燃料棒の発する猛烈な熱により水を蒸発させ、燃料棒が露出して、やがてメルトダウンに至る。そうなれば放射性物質を大量に噴き出す。そうなるのを阻止し復旧するには、電源の回復が決定的に重要である。それには時間がかかる。その間、原子炉圧力容器に注水してメルトダウンを回避する必要がある。不幸にしてメルトダウンした場合、下に落ちた核燃料棒を水漬けにせねば、それは圧力容器の底を破って格納容器に落ち(メルトスルー)、核デブリとなる。放射能の放出が激しく、人が近づくこともできなくなる。アウト・オブ・コントロールの原発サイトとなる。もう一度核分裂を開始する再臨界の危険すらある。注水でしのぎつつ電源を回復するのが、対処の基本筋である。

放射性物質が露出した核燃料から放出されると、それはまず原子炉容器内に、そして建屋内に溜まる。それらが爆発するのを避けるため、先に述べた、空気を外に逃がすベントという便法がある。それは放射性物質の大気への放出を意味するので、周辺の人々への危険を増す。しかし、爆発によって放射能が大量放出され、原子炉がコントロール不能になることはもっと恐ろしい。そこで住民への避難指示とベントが行われた。

津波に襲われてからちょうど一日、十二日の午後三時三十六分に一号機が、十四日の午前十一時一分に三号機が、水素爆発を起こし、建屋の上部が吹き飛んだ。冷却とベントのための多様な方途が、時には決死隊によって行われ、一定の効果があったと思われた直後に、再度の爆発が起きた。続いて二号機の爆発が起これば致命傷となる。

苦心の注水ラインが作動しないことを知った時、第一原発の吉田昌郎所長は死を覚悟し、最小限必要な人員以外を第二原発へ避難させた。全面敗北が不可避と見えた。

ところがである。二号機は爆発しなかった。二号機ではＲＣＩＣという電源を必要としない自動冷却システムが初めの三日ほど作動していた。またブローアウトパネルという建屋側面の大きな青色の戸が(理由は明確でないが)壊れ落ちて、圧力を外に逃がした。二号機は爆発せず、そのことが現場における反撃への転機となったと思われる。

こうして、一度は第二原発に避難した社員・作業員が呼び戻された。

現場力の高さと運命の女神

第一原発の五、六号機は一一〇万キロワット(一号機は四六万キロワット)の出力を有する最新型の原発である。これらも津波に冠水したが、自家発電機能が際どく生き残った。六号機の隣りの二階建ての倉庫に非常用ディーゼル発電機があった。これが水没を免れ、五、六号機にこの電源をつなぎ、冷却システムを失わずに済んだ。非常時用の自家発電装置を地下に設置していた一～四号機と異なる安全を保ちえたのである。それは津波の襲来に備えての配置ではなく、地形上の理由だったという。

数キロ離れた第二原発の四基(いずれも一一〇万キロワットの最新型)も同じく津波に洗われ、甚大な打撃を被った。が、第一原発と異なり、四つの外部送電線のうち一本だけが生き残った。それをケーブルで接続する突貫工事を、社員・協力企業社員を動員して行い、ありえない速さで仕上げた。津波に沈み不足するモーターは、自衛隊の輸送機で愛知県の小牧から福島に空輸した。交通マヒでそれがなかなか来ない。「もう数時間遅れていたら、第二原発も第一原発の後を追っていたかもしれない」と増田氏は言う。日本の現場力の高さが第二原発を救った。

もう一つの脅威があった。原子炉建屋のプールには使用済み燃料棒が水漬けで保管されている。とりわけ四号機のプールには一五三五体もの燃料棒があった。その水が蒸発してしまえば、再び燃え出す危険があった。

米原子力規制委員会のヤツコ委員長は、三月十六日、米国下院の公聴会で四号機の危険を指摘した。この時期、水を失った大量の燃料棒が燃え出すこととなれば、東京を含む東日本に人が住めなくなる事態が憂慮された。

一、三号機に続き、原発が稼働していなかった四号機も、十五日午前六時過ぎに水素爆発を起こした(配管を通じて三号機から四号機に水素が流入したためとされる)。建屋が吹き飛んだ結果、逆説的だが一、三、四号機のプールに上から注水することが可能となった。

偵察飛行により四号機プールに水があることを視認した後、十七日午前九時四十八分、自衛隊のヘリコプターが三号機に上空から放水した。それは十分な量の注水にはほど遠かったが、日本国家が原発事故に対し戦いを挑む決意を表明するメッセージの意味を持った。それまで荒れ狂う原発に翻弄されてきた日本が、反攻に転ずる象徴が自衛隊ヘリによる放水であった。これは自衛隊が放射能防護のヘリを持たないことを知る米軍と米国政府にも感銘を与え、「トモダチ作戦」と呼ばれる日米協力にはずみを与えた。

自衛隊・消防・警察による三号機と四号機に対する地上からの放水が続けられた。キリンと呼ばれた消防庁の高所ポンプ車は効果的であり、使用済み燃料棒プールの安全を確保することができた。

放水の映像に人々の目は奪われたが、中軸は使用済み燃料棒プール以上に原子炉の冷却であり、電源の回復であった。

二十日に二号機は外部電源に接続し、二十三日には一、二号機の中央制御室に照明が戻った。三、四号機の中央制御室にはその前日に電気が通じた。東京電力と協力企業の社員による懸命の作業が奏功し、電源を取り戻したのである。

大量に放出された放射性物質が人々を故郷から追い立てたが、メルトダウンを起こした三つの原子炉は、大爆発によって圧力容器と格納容器を吹き飛ばす最悪事態には至らず、やがて冷温で安定するに至った。運命の女神は、なぜか日本を見捨てなかった。

原発事故による犠牲者が出なかったのは、ほとんど奇跡であった。

十二日、一号機のベントのための第二班決死隊が高線量に気づいて撤退しなければ、放射線による死を招いていたであろう。

最も激しい三号機の爆発の際、社員や自衛隊員ら一一人が近くにいた。巨大な物体が雨あられと降り注ぎ、車も大破し転倒した。一一人が負傷のみで犠牲者を出さなかったのは、奇跡に近い、信じ難い偶然であった。

個別的な僥倖の背後に、現場をあずかる幾多の人々の死を覚悟してのドラマがあったことは共同通信社原発事故取材班・高橋秀樹編著『全電源喪失の記憶』(7)が微細に描き出した通りである。そうした現場における日本人の奮闘が、日本史に繰り返される再生の時を可能にしているのではなかろうか。

原発事故が最悪の事態を脱した三月下旬(8)、政府は復興構想会議の設立に向けて動き始めた。

3　トモダチ作戦

東日本大震災への対応について、特別なことを一つ挙げるとすれば、在日米軍が「トモダチ作戦」と呼ばれる大規模な支援活動を行ったことである。

大災害に対する諸外国よりの支援は、何ら特異なことではない。一九九五年の阪神・淡路大震災の際にも、八〇の国・地域・機関から支援が届けられたが、東日本大震災では、それをはるかに上回り、一九一の国・地域・機関からの支援を得た。その内容は、水や食糧、毛布などの物資と義援金が一般的である。加えて、二四の国・地域と国連など四つの国際機関が、救援隊、レスキュー隊、医療の支援隊など、専門的技術を持つ支援グループを日本に派遣した。

こうした通常の災害支援活動においても、米国の動きは際立っていた。米国国際開発庁(USAID)はあらかじめ外国での災害に派遣する救援活動を制度化しており、東日本大津波のニュースとともに動き始めた。その日のうちに日米両政府の支援合意がなされたのを受けて、二日後には隊員七二名と救助犬六頭から成るレスキューチームの二ユニット(一四四名、一二頭)が青森県三沢空港に到着し、十五日より岩手県の大船渡市などで捜索・救助活動を開始した(十九日まで)。一〇〇名以上の人員を派遣したのは、米韓日仏の四カ国のみである。(9)

こうした国際的災害支援一般から「トモダチ作戦」はかけ離れた別物である。陸海空・海兵の在日米軍の総力をあげて自衛隊の災害支援を補完する作戦を展開した。総兵力二五万弱の自衛隊が、一〇万七〇〇〇の隊員を東日本の災害支援に派遣したのは空前の試みであったが、それに劣らず約四万五〇〇〇人の在日米軍が一万七〇〇〇人を救援に投じたのは驚くべき情景であった。(10) 後述するように、米海軍第七艦隊の主力空母ジョージ・ワシントンは、横須賀基地において改修中であり機能しえなかったが、たまたま米韓合同演習のため近海航海中の空母ロナルド・レーガンをただちに三陸沖に差し回して、支援活動の中心拠点にした。また、「トモダチ作戦」の米軍側指揮権を、在日米軍司令(空軍中将)から、米太平洋軍司令官(海軍大将)に格上げして対応した。必要なら、在日米軍を超える大規模の作戦をも可能にする措置であった。

災害支援の日米関係史

災害時の義援金や物資の支援は、国際社会の良き習わしである。古くは一九〇六年のサンフランシスコ大地震に対する日本の寄付は多額で心のこもったものであり、その地に感銘を与えた。一九二三年の関東大震災に際しては米国からさらに大きな支援が返された。当時のサイラス・ウッズ駐日米大使が、日米間の不協和音もこれで吹き飛ぶと、感嘆をもらすほどであった。ただ、関東大震災時の朝鮮人虐殺事件に示されるように、被災地における庶民のよそ者に対する不安は強く、また政府レベルでも災害救援を名目に他国軍が国内に介入することへの警戒心は存在した。そこで、関東大震災支援のため入港した外国の軍艦からの兵員の上陸は拒否され、日本側が物資の陸揚げや輸送を行うこととなった(11)。

また、日米間の災害支援に際しての温かい国民感情が、現実の二国間関係を支配できたわけでもなかった。翌一九二四年、米国議会が排日移民法を成立させたことで、日米関係に重い対立要因が浮かび上がることになった。

第二次世界大戦において、日本が米国と戦い、敗れたことによって、戦後の日米関係は尋常ならざるものとなった。日本の主要都市は空襲によって廃墟となり、日本帝国の陸海軍は解体された。日本国土は「進駐軍」とも呼ばれた米軍を中心とする連合国軍の占領下に置かれた。それは「日本からの危険」を除去するための連合国側の措置であったが、そのことは外敵から日本を守る責務を占領軍に課しただけではない。内からの危険たる災害からも、占領軍は日本人を守る任務を負うことになった。

実際、脆弱となった敗戦後の日本の都市と住居を苛酷な自然災害が容赦なく襲った。占領軍は敵国であったことを忘れたように、日本各地に果敢に出動して被災者を助け、頼もしがられ感謝された。村上友章氏の研究によると、占領軍が災害支援に出動したのは、一九四六年の昭和南海地震(死者一三三〇名、以下、死者数のみ記す)、四七年に関東を襲ったキャサリン台風(一九三〇)、四八年の福井地震(三七六九)、四九年に九州に上陸したジュディス台風(一五四)などである。敗戦日本に対するララ物資の支援などとともに、占領軍による被災地支援は戦後日本の対米感情改善の一助となったものと思われる。吉田茂首相はマッカーサー最高司令官に対し、口答で、もしくは書信をもって、繰り返し、米軍による災害支援への感謝の念を伝えた(12)。米軍がこの時期から日本の災害支援に熱心であったことは興味深い。

一九五〇年の朝鮮戦争勃発によって、事態が変わった。マッカーサーが日本政府に警察予備隊の設立を命じ、日本自身の部隊が再生したのである。日本各地への災害救援は、占領軍の前にこの新設部隊の課題となるであろう。さっそく翌五一年七月に梅雨前線による豪雨水害(死者三〇六名)が京都府にあり、現地からの要請を受けた福知山の部隊が、迅速に二ケ中隊をもって出動し、果敢な救援成果をあげた。しかし、警察予備隊設立に関わった警察庁の実力者、後藤田正晴はこの現地部隊の独断専行を厳しく咎め、処分した。

三ヶ月後にルース台風(死者九四三名)が西日本を襲った時、山口県小月を基地とする第一普通科連隊は出動を前に上申し、最終的に吉田首相自身の承認と励ましを得て、二ケ中隊三〇〇名を派遣し、成果とともに祝福を得た。これが自衛隊最初の公的災害派遣となった。国民のお役に立って共感を得る志向性を、再生する戦後日本の部隊が示していたことは注目に値するであろう。

一九五一年のサンフランシスコ講和条約によって、日本は翌五二年に独立を回復し、その主権を守るべき部隊は、保安隊を経て五四年から自衛隊となった。ただ、「占領軍」は形式上終焉したものの、日米安全保障条約により、米軍の日本駐留が合意された。「在日米軍」である。まだ幼児でしかない自衛隊の実力は、冷戦下の仮想敵ソ連の脅威に対しうるものでは全くなく、在日米軍が中核的な安全保障装置であった。その点、災害対処は自衛隊が人々に見える形でお役に立てる分野であり、国民に存在理由を示すことができた。ただ、災害の対処のためにも、自衛隊だけでは不十分であり、在日米軍の力を借りねばならないことが明らかになる瞬間があった。

死者五〇九八名という記録されている限り日本史上最大の犠牲を出した風水害たる一九五九年の伊勢湾台風である。愛知県知事と守山市の自衛隊第一〇混成団は、台風接近段階から協議を開始し、速やかに支援に着手した。しかし、第一〇混成団だけでは全く足りない。空から水につかった広大な被災地を視察した大森寛陸幕副長は、全国から一万人規模の自衛隊員を動員することを決めた。それでも足りない。愛知県知事は、在日米軍にも支援を要請し、米空軍二三機のヘリコプターが、名目上自衛隊の指揮の下に入り、日米共同作戦により、一万六五〇〇名もの被災者を救出した。(13)ヘリを駆使する米軍の能力は圧倒的であった。

以上の経緯をたどれば、占領を終えるとともに災害救援の活動から米軍は後退し、自衛隊による災害派遣が一応基本となったことが分かる。伊勢湾台風の結果生まれた「災害対策基本法」は、現場主義に立って災害対処の第一義的責任は基礎自治体(市町村)にあるとしつつ、災害が大きい場合には県や国が全体責任の観点から補完する建てつけになっていた。現場を国が包摂するという対比の上に、さらに大きな災害の場合、巨大な力をもつ米軍が包摂する関係が、伊勢湾台風において垣間見えたのである。その際、米軍は独立国の国内災害であることを考慮し、自衛隊の下でお手伝いする形をとった。相手国の主権を尊重する洗練された対応といえよう。

災害平穏期から活性期へ

敗戦後の貧しい日本を、容赦なく痛めつけた台風や地震などの自然災害であったが、最大の風水害たる伊勢湾台風が災害対策基本法(一九六一年)をもたらした後、皮肉にも日本列島の災害は平穏期へと転じた。一九四八年の福井地震以降、内陸部の活断層による強い地震は、一九九五年の阪神・淡路大震災まで、半世紀近くほとんど起こらなかった。

のみではない。大型台風などの風水害も穏健化した。『理科年表』を繰ってみると、終戦後一五年間の一九六〇年までに、一〇〇〇人以上の犠牲を出した風水害が六件(枕崎台風、キャサリン台風、昭和二八年六月豪雨、洞爺丸台風、狩野川台風、伊勢湾台風)もあったのに、一九六〇年以降今日まで一〇〇〇名以上の犠牲を出した風水害はゼロである。六〇年代以降、五〇〇名以上の犠牲も存在しない。三〇〇名以上の犠牲を出した風水害は、一九六〇年代に三回あったが、七〇年代と八〇年代に各一回、九〇年代以降は、ゼロである。

　そのことを自然災害の穏健化のみに起因すると考えてはならない。言うまでもなく、敗戦後の日本のまちと住居は貧弱であったが、六〇年代から高度成長期を迎えるとともに近代的ビルや強い住宅が増え、一九八〇年の建築基準法により耐震強化が制度化された。同じ強さの地震や台風であっても、被災レベルは社会の強靭性によって大きく異なる。つまり、六〇年代以降に起こったことは、自然災害の平穏化と日本社会の強靭化の両要因の相乗効果による災害の減少だったのである。

　この時期、当然ながら在日米軍の災害出動問題は存在しなかった。激甚な災害が減少したことを思えば、自衛隊の災害派遣も低減してよかったはずである。事実は逆であり、自衛隊の災害派遣は五〇年代には年二〇〇件以下であったのに、六〇年代には年三〇〇件以上、七〇年代には年四〇〇件以上というように、社会の強靭化と災害の平穏化に反比例するように増大した。なぜか。厳しい大災害でなくとも、地域住民のニーズがあればそれに応じようとする自衛隊である。除雪作業や急患搬送にも自衛隊が求められるようになった。それに対して、自衛隊は便利屋ではない。最も困難な国防を任務としているのであり、ヤワな便利屋に堕ちるなら、国防の本務が務まらなくなる危険があるとの批判が、自衛隊の幹部にも生じた。両論の間で自衛隊内の認識も揺れたが、「非代替性」、つまり出動は民間や他の政府機関が対応できない場合に限るという建て前を設けて、一応の区切り線としている。

だが平時における一般論は、現実の危機の中で吹っ飛ぶこともある。冷戦終結後一九九一年の雲仙普賢岳の噴火を口火として、九五年の阪神・淡路大震災以降、日本列島は大災害が頻発し、地震活性期に急転換する。日本社会の強靱化によりほぼコントロールできたと自負していた風水害についても、二十一世紀を迎えて地球温暖化に伴う海面温度の上昇により、日本列島近くでも勢力の衰えない台風や線状降水帯による集中豪雨など、想定外の猛威を振るう事態が多発している。災害多発時代に、自衛隊及び米軍はどう対応したであろうか。

第2章に見たように、阪神・淡路大震災は幾重にも奇襲攻撃であったが、自衛隊の災害出動については、基本的に戦後の流れに沿ったものであった。大きな災害から住民を救助するため、姫路の陸上自衛隊第三特科連隊(林政夫連隊長)も、伊丹の第三六普通科連隊(黒川雄三連隊長)も、未明の発災直後から機敏かつ積極的に動いた。ただ、上司の第三師団長はそれに指示を与えなかった。個人的要因もあるが、知事の要請なしに軍が勝手に動いてはならないという戦後平和主義の中で絶対化されたシビリアン・コントロールのドクトリンに、自衛隊は制約されていた。

伊勢湾台風の先例を見ても、そうした場合に自衛隊上層部や政府首脳の判断が重要である。松島悠佐中部方面総監は、被災地域が限られているとの上空からの早朝の情報にもとづき、第三師団のみで足りると判断した。先に見たように、伊勢湾台風の際には、自衛隊の最高幹部自身が上空から一面の洪水を見て広域支援を決断した。阪神の場合は、中方総監主導の現場判断に委ねられたが、上空からのビデオに屋根が映り一階が壊滅していることは分からない。伊勢湾台風五〇〇〇名の犠牲を上回る阪神の六四三四名の死という深刻な被災を読み切れずに限定対応で良しとし、その後は兵力の逆次投入に陥ったのである。

唯一生き残った国道二号線にすべての車両が殺到し動かなくなったこともあって自衛隊の到着が遅れ、第2章に見たように被災地に「自衛隊の姿が見えない」との声が上がり、石原官房副長官が防衛庁幹部に対し「総力を挙げてやれ」と叱りつける事態となった。その後、中部方面管内の諸部隊から増強された自衛隊が、一〇〇日間のライフライン支援を熱心に行って被災住民から感謝された。これらの阪神・淡路大震災における自衛隊の活動に対する社会的批判と評価が、それ以後、とりわけ東日本大震災における自衛隊の活動を方向付けることとなった。加えて、半世紀近い災害平穏期の間に、経済大国化した日本国民の意識は、悲惨な災害に敏感となった。安全についての豊かな成熟社会の要求水準は高く、国に迅速かつ積極的な対応を求め、その最終手段たる自衛隊の動きに注目するようになった(14)。

軍の役割の拡大

冷戦終結期の湾岸危機に際して、日本が国際安全保障に貢献出来なかったことへの国際的批判が、自衛隊の活動を開放し拡大する方向に作用した。一九九二年におけるPKO協力法の成立により、自衛隊の平和目的での海外派遣が制度化され、さっそくカンボジアPKO(UNTAC)に派遣された。同時に、自衛隊の国際的災害救援活動も許容された。一九八七年に日本の国際緊急援助隊が開設されていたが、九二年には自衛隊の海外における災害救援活動も認められた。一九九八年ホンジュラスのハリケーン災害に対して、初めて自衛隊が派遣され、二〇〇四年のスマトラ巨大津波、二〇一〇年のハイチ地震、二〇一三年のフィリピン台風、二〇一五年のネパール地震などにも自衛隊が救援に赴き、日本は冷戦終結後の国際的な災害支援に意欲と能力を示してきた。

こうした国際的な災害救援活動に主導的役割を果たしたのも米国であった。先述の米国国際開発庁が設立されたのは、一九六一年、ケネディ政権の時であったが、当初は経済開発を含む非軍事面の海外援助を扱う大統領直属の機関であった。冷戦後の一九九八年の組織変更により、同庁は国務省の下に置かれ、経済分野、健康医療分野に加えて、紛争予防や人道援助分野にも活動を拡げ、災害時の緊急援助活動は、その柱の一つとなった。前述の東日本大震災勃発と同時に、二ユニットのレスキュー隊を日本に派遣したのは、この機関のそうした活動の一環であった。

二十一世紀劈頭、9・11テロ攻撃を受けた米国は、テロとの戦いに明け暮れたかに見えたが、実際には、国際災害救援など人道分野の活動を後退させたわけではない。軍事と民生の双方にわたり斬新な政策展開を模索する米国であった。

米国社会における冷戦後の人道分野への関心の拡がりには、軍部も無縁ではありえなかった。米軍も災害や紛争後再建など、非軍事面への活動を拡大した。「軍の仕事ではないが、軍でなければできない」危険を伴う民生分野の活動であり、それは人道支援・災害救援(HA/DR)として展開された。たとえば、二〇〇四年十二月のスマトラ津波から東日本大震災までの六年余に、米軍の災害救援は、アジア太平洋諸国に対し一一回に及ぶほどの頻度であった。これらの活動は、米軍のうち陸海空軍よりも、勇猛ながら柔軟な対応力に富む海兵隊によって多く担われた。

冷戦後における米軍の変容は、日米同盟にも反映され、一九九七年の日米ガイドライン見直し、二〇〇四年の日米物品役務相互提供協定（ACSA）、二〇〇五年の外務・防衛両大臣による安全保障協議委員会（2＋2）などで、災害時に軍事協力すべき諸項目について合意された。上記の自衛隊による国際的な災害への参画は、こうした国際的潮流に沿うものであった。日米同盟は幅広い協力へと拡大・深化しつつあったのである。(15)

こうした流れを見れば、東日本大震災において米軍が大規模な対日支援に動いたのは、ごく自然と受け止められよう。もっとも、米国の支援意思は確かであっても、日本側の受援意思はどうであろうか。

米国政府には外国の災害への軍隊派遣に三原則が存在する。①被災国から要請、②その国の能力を超える災害、③米国の国益――である。この三原則は妥当性が高く、日本を含む多くの国がほぼこの線を基本としていよう。支援の際の普遍性ある方針ではあるが、その逆が受援方針になるとは限らない。たとえば、米国や日本を含む先進国は、誇り高く自国の能力に自信を持っており、たとえ対応能力を超える大災害に襲われても、外国の人的支援、とりわけ軍隊による支援を受けることについては躊躇する。

その典型例が、阪神・淡路大震災での日本の対応であった。その時、米軍は神戸沖に軍艦を派遣し、ホテルなどに用いることを内々申し出たが、日本は受けなかった。戦後平和主義の時代、神戸の港湾組合が非核証明を要求するなどの反軍主義を堅持し、神戸市は軍艦の入港を事実上禁じてきた。阪神・淡路大震災に対して海外から多くの支援申し出があったが、自助を重んずる日本は外国に助けられることに積極的ではなかった。お金と物資以外は災害救助犬を伴うレスキュー隊などをためらいながら受け入れるにとどまった。

こうして支援には熱心だが、外国からの受援を好まない日本の姿勢が内外で問題とされ、日本政府は阪神・淡路大震災の三年後、受援を積極化する方針を関係省庁で申し合わせた。以上のように、日本側が受援への消極姿勢を反省していたことが、東日本大震災勃発に際して、米軍による支援を含む日米協力の合意を容易にした。

大震災勃発と日米の緊密な連携

大地震津波が勃発した三月十一日午後は、米国東部時間では(一四時間の時差)同日未明であった。米国政府は敏感に反応し、大地震勃発後、まだ八十分しか経ていない十一日午前一時四十五分(日本時間午後三時四十五分)、ホワイトハウスのスタッフは危機管理室からの連絡により起こされた。「日本の北東部で大地震」「津波警報が出された」との第一報であった。未明三時半、最初のスタッフ会議を開き、午前九時、リチャード・リード危機管理担当補佐官がオバマ大統領に状況を報告した。「日本にできる限りの支援をするように」と大統領はただちに指示した。米国政府内の代表的知日派であるダニエル・ラッセル日本・韓国部長が、甚大な被害がさらに拡大する旨報告すると、大統領は強く反応し、日本を助けるために米国は如何なることも行うよう改めて指示し、日本にもそう伝えさせた(16)。こうした危機の瞬間における大統領の言葉は重い。

実務レベルでの米国と日本との調整が早くに開始された。発災から六時間近くを経た夜八時半ごろ、松本剛明《たけあき》外相はルース大使と電話会談を行い、公式に協力を約した。東京で日付が十六日に改まった午前零時十五分、菅首相とオバマ大統領の電話会談が行われた。大統領は見舞いの言葉とともに「可能なあらゆる支援」を表明した。首相は謝辞の中で、「地震後の早い段階で、在日米軍を含めて協力したいとの申し出を頂いており、深く感謝する」と述べているので、米軍の協力についてすでに実務レベルでの擦り合わせが始まっていたことが分かる。

米軍支援についての日米両政府の合意はかくも迅速であった。それ以上に興味深いのは、両国の合意に基づく政府の指示が来る前から、米軍の現場はペンタゴンの上層部から沖縄にいる第三一海兵遠征部隊に至るまで、大震災の報とともに同盟国日本への支援に意欲を示して身構えたことである。沖縄の海兵隊は十一日のうちに岩国や横田の米軍基地に詰める動きを開始し、東南アジアの任務に就いていた主力艦「エセックス」は、指令を待ちかねたように日本の被災地に向かって踵《きびす》を返した。こうした日本支援意欲の中から「トモダチ作戦」の名も生まれたのである。

「トモダチ作戦[Operation Tomodati]」の名称は米軍側から生まれた。このテーマでの最も秀れた作品である磯部晃一『トモダチ作戦の最前線』によれば、初めに提案したのは、ハワイ太平洋軍司令部の日本担当の若い空軍少佐と空軍退役軍人（ポール・ウイルコックス）の二人であったという。彼らは日本語通というほどではなかったが、困っている友人を助けるという気持ちを表す名称として、これを提案した。ハワイの米太平洋軍と横田の在日米軍内には、いささか軽く稚い言葉ではないかとの知日派の批判もあったが、在日米軍が市ヶ谷の統幕に意見を求めたところ、日本側から特に異論はなかった。それを受けて、米国太平洋軍司令官ロバート・ウィラード海軍大将がこの名称を採択した。（それは三月十三日だったとの報道もあるが、日本政府の公的同意を得て、「海兵隊ニュース」に広報されたのは十六日だったという。）

ウィラード司令官は例の無い巨大な地震と津波を、発生直後から大型スクリーンで凝視し、「日本の多くの人が危険にさらされていることを直観して、すぐさま太平洋軍所属の艦艇や航空機の位置を確認し救援に赴かせる準備を指示した」。太平洋軍のトップも自らの判断で災害救援に最も積極的な姿勢を示したのである。

発災の翌十二日から、在日米軍はあわただしく動いた。

沖縄普天間基地の第三海兵遠征軍は、備蓄していた救援物資を急送する作業を夜を徹して行い、巨大な輸送能力を持つ空中給油機KC130Jスーパータンカーを空軍基地横田に向けて出発させた。海兵隊普天間基地のヘリコプター部隊は米海軍の厚木基地に飛び、災害救援に全面参加することとなった。

沖縄嘉手納を基地とする米空軍第一八工兵分遣隊が三沢基地に向けて飛んだ。この部隊は四五〇名の将兵と一〇〇〇名の支援員を擁する米空軍最大の工兵部隊である。戦闘下で施設活動を展開する能力を持つ。

米首都ワシントンDCに近いメリーランド州アンドリューズ基地から、米空軍の大型輸送機C17が、先述のUSAIDのレスキュー隊と各種の救援資機材を満載して、三沢を目指して出発した。C17は日本到着後、日本国内の輸送を支援することになる。ハワイのヒッカム基地からも、C17が大型発電機を含む機材と支援物資を積んで日本に向け飛び立った(17)。

フクシマ原発事故——日本滅亡の危機

こうして東日本大震災の勃発直後、米国の日本支援は地響きを感じさせるほどの迫力をもって動き始めていた。では「トモダチ作戦」は順風満帆か。否、十三日頃から暗転が隠せなくなり、逆に日米同盟が破綻しかねない重大事態を迎える。福島の原発事故であり、それをハンドリングする日本側(東電と日本政府)に対して米国側がいらだちを募らせたからである。

フクシマの原発事故については前節において論じたので、ここでは日米関係の文脈に寄せて見ておきたい。

一五メートルの津波が六機の福島第一原発を襲い、全電源が失われた後、ちょうど一日を経た三月十二日午後三時三十六分、一号機が水素爆発を起こした。枝野官房長官は「爆発的事象」と表現し、原子炉がメルトダウンを起こしたとは認めなかった。核分裂に格別の知識を持たない多くの日本人には、何を意味するかよく分からなかった。

鮮明にかつ速やかに重大事態を認識したのが、米国のＮＲＣ(原子力規制委員会)など、原子力専門家たちであり、グレゴリー・ヤッコ委員長らはワシントンで会議を開いて米国政府に働きかけた。彼らの認識からすれば、東京電力と日本政府の対処は鈍く、果たして問題を理解しているのかすら疑われた。三月十三日、ＮＲＣ専門家の第一陣が東京に到着し、さっそく日本の専門家や関係者に聞こうとしたが、確たる情報を得られず、東電関係者が「何も知らない」と逃げるのに衝撃を受けた。

十三日の昼頃、ルース大使は枝野官房長官に電話をかけ、「日本政府は原発プラントの実情をきちんと把握しているのか」とあけすけに問い、「生の情報をリアルタイムで欲しい」と要求した。米国側はいらだちを隠そうともしなかった。

「トモダチ作戦」のため東北沖に急行した空母ロナルド・レーガンであったが、十三日にヘリコプター要員の靴底から異常な高さの放射線量が検出され、空母は米海軍の規定に従い、同海域から急ぎ離脱した。「トモダチ作戦」は挫折の危機に瀕していた。

三月十四日午前十一時、北澤防衛大臣は、仙台に赴いて、君塚東北方面総監を陸海空全自衛隊の災害救援活動を統括する「災統合任務部隊」指揮官に任命した。それと同じ頃に福島では第一原発三号機が水素爆発した。自衛隊には中央即応集団が統括する中央特殊武器防護隊という化学兵器や核兵器にも対応する専門部隊があり、岩熊真司隊長ら数名が、原発事故支援のため三号機の横まで来たところで爆発が起こった。パジェロ車に壊れた建屋の大小構造物や破片が雨あられと降り注ぎ、死者が出なかったのが不思議なほどだった。この事故によって津波対処に全力投球していた自衛隊も原発事態の重大さを認識した。一号機、三号機に続いて、二号機も爆発すれば、誰も第一原発の地におれなくなる。先述のように、その危険が高まった十四日夕、吉田所長は、死を覚悟し、少数を残して多数を第二原発サイトへ退避させた(18)。

東電は、この夜、第一原発からの総員退去を公式に決定までしたわけではないようであるが、これにつき官邸の許可を求めようとした。現場を放棄していいのか。深夜、十五日午前四時に側近は首相を起こし、問題を告げた。首相は、「あり得ない」と怒りを露わにし、東電社長を呼び出してそう告げるとともに、十五日朝、自身で東電を訪ね、決死の覚悟で戦うことを求めた。日本壊滅に至りかねない最も危機的な瞬間を、首相はくい止めた。

少し前になるが、十四日の夜、ルース大使から枝野官房長官に二度目の電話があり、「官邸に米国の専門家を常駐させてもらいたい」と要求した。生の高度な情報が欲しいとの趣旨であろうが、日本側は、米国が日本国家の本丸に侵入差配せんとするように感じ、衝撃を受けた。

現場におけるトモダチ作戦の香しさと対極的な、原発事故をめぐる日米間政治レベルでの齟齬といらだちが進行していたのである。

三月十五日、横須賀でも放射線量が米海軍の基準を超えたため、米艦は外洋へ逃れた。フィールド在日米軍司令官は、折木統幕長に対し、日本にいる米国人を避難させる可能性を伝えた。原発対処を満足にできない日本を、米国は見捨てることになるのだろうか。

この日、運転休止中だった四号機まで爆発し、火災を起こした。一五〇〇本を超える使用済み核燃料棒が四号機のプールに保管されていた。プールが壊れて水がなくなれば、核燃料棒が再び燃え出し、福島原発全体の大火災となり、東京以北の東日本全体が放射能に覆われて人の住めない地となろう。米国の専門家は、そのシナリオを指摘した。各国の外交機関は東京を逃れて西に動き、外国人の多くが日本を去り始めた。

もし東電と日本政府が、福島原発事故を鎮圧できない場合、米国政府と米軍はどう対処するのか、二つの可能性があったであろう。一つは、放射能に支配される日本から逃げる道である。もう一つは、不能を告げる日本に代わって米軍が乗り出して鎮圧する方途である。双方ともあり得たが、双方とも望ましい選択ではない。そこへ追いつめられる前に、まず日本側に頑張ってもらい、それを支援することだ。さまざまなチャンネルで米側は日本に圧力をかけた。米軍指導者たちも自衛隊が起って戦い、国を救うのが筋ではないかと日本側に告げた。

三月十六日。前日来、菅首相と防衛省は、水素爆発を起こした第一原発のサイトをヘリからの放水によって冷却する方途を検討し、この日実施しようとしていた。が、モニタリングにより、上空の線量が危険なほど高いことが明らかとなり断念した。そのことが日本政府関係者と米側の関係者に衝撃を与え、焦燥の念を昂じさせた。日本は放射能の悪魔に無条件降伏しようとしている！

この日の深夜、折木統幕長以下自衛隊の幹部は、明日は何があっても放水するとの覚悟を共有し、首相にその決意を伝えた(19)。

三月十七日午前九時四十八分、二機の大型ヘリ(チヌーク)が、それぞれ七トンの海水を汲み上げ、米国側が最も心配した四号機のプールには水があると視認されたので、三号機建屋の上空で放水した。各二回計四回行われたので三〇トン近くの水を投じたことになる。とはいえ、三号機建屋内に入った量は限られており、その冷却効果はわずかであったろう。だが自衛隊ヘリが危険を冒して原発に挑んだことが、テレビ実況中継が行われたこともあり、絶大な心理的効果を持った。心配していた米国側は、感動し、日本政府に祝福の電話をかけた。日本側の本気で戦う姿勢が日米間の暗雲を吹き払った。現実は、これに続く地上からの消防車による壊れた建屋越しの放水が、第一原発の一号機、三号機、四号機の冷却に成功した。その後電源が回復し冷温安定化したことは、前節に述べた通りである。

日米間の情報共有と協力の進展

菅首相の東京電力に対するいらだちも、米国側の日本に対するいらだちも、当事者の対応が鈍く不十分であることに加えて、そもそも事態に対する正確な情報が得られないことに起因していた。

三月十五日、米原子力関係者を代表して、チャック・カストー氏が来日した。米政府は、彼をルース駐日大使の補佐官にして原発問題をめぐる日本での調整権限者とした。フクシマ原発問題をめぐる米国側の最高位者である。

日米の亀裂を憂慮した菅首相は、信頼する北澤防相にその打開の労をとるよう求めた。三月十六日、高見沢将林防衛局長が、防衛省に日米関係者を集めて情報共有のための会合を開き、それは、十九日まで三回行われた。それをつなぎとして、三月二十二日から、首相の指示により官邸主催の日米協議が行われるようになった。それは、あわただしく緊迫感漂う官邸内ではなく都内溜池のいすずビルを会場とした。米国側がカストー氏を中心に大使館、在日米軍らの代表を、日本側は、福山哲郎官房副長官が招集し、細野首相補佐官を中心に原子力安全保障関係各省庁と東電の代表などを網羅する集まりとなった。自衛隊ヘリによる放水後でもあり、日米関係者の空気はやわらぎ、率直な情報と意見の交換が行われるようになった。この日米合同調査会は、ホソノ・プロセスと米側によばれ、日米の円滑化に資し、日米の危機は後退した。

軍事レベルでの協働としては、三月十五日に、仙台の君塚統合指揮官の下に、日米共同調整所が設けられ、二日後には米軍人五二名がひしめいた。毎朝毎夕八時に会合を持ち、情報を共有するとともに、さまざまに提起される問題を君塚自身が切りさばいた。

三月二十日、米太平洋軍ウィラード司令官と米太平洋艦隊ウォルシュ司令官が打ち揃って来日した。ウィラード司令官は、米軍の日本における統合任務部隊を組織し、ウォルシュ大将をその司令官に任命することを公にした。普段は中将が占める在日米軍の司令官を大将に格上げして全軍を統合する提案を聞いたとき、それは自衛隊まで統合して米軍に組み入れる意図が隠されているのではないかと、自衛隊の最高幹部には疑う者がいた。原発事故が最悪の事態を脱した後にも、こうした疑念はまだ見え隠れしたのである。事実は、この二人の米軍司令官も、根深く親日派であり、日本の主権に手をつけることは考えなかった。通常、統合任務部隊(JTF)と称していたのを、トモダチ作戦に関しては統合支援部隊(JTF)と変えたのは、災害救援はあくまで日本と自衛隊が主体であり、米軍はそのお手伝いに過ぎないことを示すためであった。フクシマの放射能が東日本全土をおおい、自衛隊もそれと戦う意思が疑わしい事態が去った後は、米軍は品位をもって謙虚に日本を支援する姿勢を崩さなかった。トモダチ作戦は成功への軌道を改めて走ることになる。

仙台の現場だけでなく、在日米軍司令部のある横田と自衛隊の中枢である市ヶ谷にも日米調整所が三月二十四日に設けられ、市ヶ谷には二三名の米軍人を受け入れた[20]。

トモダチ作戦の意義

米軍による支援は本当に不可欠だったのか、どのような意味で有用だったのか。まず第一に、米軍の大きな輸送力がきわめて有益であった。とりわけ四発のジェット機C17大型輸送機は、どんな戦車・軍用車も運べる大きさだけに、被災地への水・食料、物資、機械、車両等を、人員とともに大量に運ぶことができた。

当時の自衛隊は、国産ジェット輸送機C1の能力を大きく上回るC2(航続距離四倍、貨物量三倍)を開発していたが、まだ配備には至っていなかった。対外戦争自体を想定しない自衛隊が、海外でのPKO活動を理由にようやく輸送力強化に踏み出した時期であった。それゆえ、国内における部隊機動力も乏しかった。北海道の部隊を東北の被災地へ送るにも、民間フェリーをチャーターしたり、米軍の輸送力を借りたりせねばならなかった。オーストラリア軍も保有するC17をもってトモダチ作戦に協賛し、たとえば南西諸島の部隊や資材を本州の基地へ届けた。

C17が一九九〇年代に普及するまで、米軍は長くプロペラ4発のC130大型輸送機を用いてきた。それは短い滑走路にも、時には滑走路がない所でも、離着陸できる特徴を持つので、戦場に有用であり、海兵隊が重宝していた。空中給油機能と輸送機能を併せ持つ大型機「KC130Jスーパータンカー」を当時の海兵隊は保有しており、それは主として大きな輸送力として有用であった。

仙台空港も航空自衛隊の松島基地も津波に沈み、空からの復旧拠点が失われたように見えた。とりあえず、自衛隊と民間が共用していた山形空港に、米軍も入り込んだ。驚くべきことに、津波からわずか五日後の十六日、米空軍の特殊作戦機(MC130H)が仙台空港に着陸した。仙台空港は、自衛隊や国交省、前田建設など民間業者の懸命の作業で、あらかた排水はしたものの、まだ瓦礫の山であった。米軍は戦場での活動を日頃から任務としているため、使えない多くの部分には眼もくれず、わずかな空間にヘリや、先述のC130系の改良した特殊作戦機を着陸させることができたのである。

自衛隊以上のものを米軍が提供できるのは、一つには米軍が世界最大であり、日本にないものを持っているからでもあるが、もう一つ忘れてはならないのは、米軍が第二次大戦以来絶えず戦っており、戦場での有用性を磨いているため、厳しい災害に活用できるものが少なくないからでもあった。危機の安全保障という観点に立てば、戦場と被災地には共通性があり、戦場がいっそう苛烈であるといえよう。

常在戦場の米軍ゆえにトモダチ作戦に寄与できたもう一つのケースが、気仙沼の大島救援であった。大震災発災時には東南アジアにあって、別の任務に就いていた強襲揚陸艦「エセックス」は、日本に戻るのに一週間を要したが、その帰還が大島上陸作戦を可能にした。第二次大戦中に硫黄島など太平洋の島々で米軍は上陸作戦を敢行したが、数多くの揚陸艇を沖合で海に放つ母艦が強襲揚陸艦である。津波後、三陸沿岸には瓦礫が漂い、不用意に近づけば、スクリューを瓦礫で損傷する危険があった。だが戦場を突っ切ることを任務とする米軍、とりわけ海兵隊にとっては想定内の事態である。

海兵隊は被災地に降り立って、復旧復興に加わることを望んだ。海兵隊は三月下旬、生活物資を被災各地に届ける中、気仙沼湾にあってなお孤立している大島に注目した。日本側と大島の関係者は、海兵隊の上陸を受け入れた。

四月一日未明、沖合二〇キロにあって、第三一海兵遠征部隊を乗せた海軍の強襲揚陸艦「エセックス」の後部ドックから、一七七人の隊員が揚陸艇に乗って出航し、瓦礫が漂う海面を突っ切り、大島東側の田中浜に上陸した。上陸した隊員たちは、島の反対側にある中心地・浦の浜まで歩き、まず島の犠牲者たちに隊列を組んで黙禱を捧げ、島の人々を驚かせた。屈強な隊員たちは、被災者への細やかな心配りに満ちており、それが感動の一週間をもたらし、トモダチ作戦の魂をなす象徴的な事業となった[21]。

瓦礫撤去、道路啓開、港の復旧、電力提供など住民の生活再建の支援が作戦目的であり、それに必要な車輛・重機などと共に、海軍と合わせて三〇〇名が一週間の野営装備を整えていた。

卓越した軍事能力を投じての作戦と、心のこもった友情活動という両要素の結合が、トモダチ作戦に独特な彩をもたらした。「苦境の友人こそ真の友人」という英語のことわざがあるが、同盟の責務以上の生きた友だちぶりによって、米軍は被災地と日本を励ました。オーストラリア軍が自国のアフガニスタンでの作戦任務があるのに、輸送機を日本に赴かせフル回転で助けたことも、日本の関係者を感動させた。

そうしたトモダチ作戦の進展について、日米両国の狭間を歩んできたロバート・D・エルドリッヂ氏の役割を無視できないであろう。氏は、米国の大学を卒業後、米国に少なくない知日派人材を生み出したＪＥＴプログラムに応募し、英語教師の助手として兵庫県多可郡で二年を過ごした。その後、神戸大学大学院に学び、博士論文を基に『沖縄問題の起源――戦後日米関係における沖縄　１９４５―１９５２』(名古屋大学出版会、二〇〇三年)を出版してサントリー学芸賞とアジア太平洋賞特別賞を受賞し、その後、奄美や小笠原など日米間の領土問題についても次々に実証的な研究書を出版した。

氏は、神戸大学の院生であったときに阪神・淡路大震災を体験し、大阪大学准教授であった二〇〇六年に日本の大災害に対する在日米軍の救援を提案した。それはトモダチ作戦に先

写真 4-3 気仙沼の大島の浦の浜港で活動を開始する前に黙禱を捧げる海兵隊員(2011 年 4 月 1 日)　写真提供・米国海兵隊

行する知的営為であったが、氏自ら二〇〇九年に沖縄海兵隊基地司令部の政務外交部次長に就任した。氏の構想に理解を示す軍幹部はいたが、米軍全体としては事前に動かなかった。しかし、3・11地震津波の直後、海兵隊は氏を仙台の君塚東北方面総監の許に送り、日米共同作戦に携わらせた。氏は仙台空港の再生や大島支援に関わっただけでなく、その後に続く大島島民と海兵隊の交流を進め、次なる南海トラフ災害に備えて太平洋岸の各県と海兵隊の連携を図った[22]。その後、沖縄における反基地運動の扱いをめぐって、氏は海兵隊の上司と方針を違え、海兵隊の任務を退くこととなったが、日米間にあっての学術と実務にまたがる氏の活動を多としたいと思う。

写真 4-4　気仙沼の大島で救援活動をする米軍に感謝する老婦人(2011 年 4 月 4 日)　写真提供・米国海兵隊

トモダチ作戦と安全保障

トモダチ作戦には、もう一つの別の意味がある。自衛隊は記述のように、総兵力二五万弱のうち一〇万七〇〇〇余（陸上自衛隊は一四万人のうち七万人）の災害派遣を断行する際に、国防最前線や戦略的要地に空白を作らないよう留意した。が、相当な無理をしており、基地や駐屯地がほぼ空っぽになる事例も免れなかった。もし、対外国防事態が生じたらどうなるか。主力空母を中心とする米軍の活動は、それを埋め合わせて余りある戦力のプレゼンスを意味した。

二〇〇九年九月の政権交代により登場した民主党の鳩山由紀夫首相は、対米関係の対等化と相対化を模索し、東アジア共同体を夢見た。首相は、普天間基地の問題を不用意に扱って、日米同盟関係に動揺をもたらした。対米不協和音の中、周辺国は日本に対し領土をめぐり揺さぶりをかけてきた。大震災半年前の二〇一〇年九月、中国は尖閣で事件を起こした。その二カ月後にはロシアのメドベージェフ大統領が北方領土の国後島に上陸した。日本人は、日米同盟が日本の戦略的安定を支えていることを日頃意識しないが、力の政治を好む周辺諸国は日米関係のゆらぎに敏感である。大震災に際して、日米関係が亀裂を生じたままで、かつ自衛隊が出払うことになっていたら、現状変更を好む諸国は日本に何を求めただろうか。そのような邪心がたとえあったとしても、それを吹き飛ばす効果を「トモダチ作戦」は持ったのである。弱り目に祟り目になりかねない事態にあって、「トモダチ作戦」という米軍空前の支援が、状況を転回させ、日米同盟関係の深化に資するとともに、日米間に美しい思い出をつくることになった。

4　復興構想会議

首相からの電話

東日本大震災が発生した時、私は防衛大学校長であった。九日後の三月二十日は防大五五期生の卒業式にあたっていた。例年のように大きな卒業式はできないが、防大生は卒業とともに任官する。つまり若手幹部自衛官を補給するという重大な実質を伴う儀式であり、中止することはできない。たとえ来賓が一人も来なくても、危機の最中、小さくても記憶に残る卒業式をやろうと覚悟を決めた。

驚いたことに、菅直人首相出席との報が来た。本当にヘリでやって来られた首相に対し、「総理、こんなところに居ていいのですか」と思わず失礼な問いを発してしまった。「このたびは自衛隊に本当にお世話になった。感謝の意を表するために来た」との答えだった。[23]

それは猛威を振るった福島原発事故が、最悪の事態を脱しつつあった時期だった。既述のように、十七日の自衛隊ヘリからの放水によって、日本社会は暴れる原発に対し宣戦布告した感があった。車両からの建屋越し注水が続いた。それにより使用済み核燃料棒の発熱を抑えつつ、外部電源を原発サイトにつなぐ懸命の作業を進めていた。

官邸が復興構想づくりを考え始めたのは、こうして国家存立の危機が一段落した三月の最後の週を迎える頃だったという。

これまでの幾多の災害において、全体的な復興構想書が公式にあらかじめ作成されたことはなかった。しかし東日本大震災は、想定内の対処では済まない激烈さに加えて、広域性と複合性において特異だった。いくつもの県にまたがり、数多くの省庁にまたがる多様な対処を、現場、現場でそのつどやっていたのでは、全体の姿が歪んでしまいかねない。何をどこまでやるのか、全体的な見取り図が必要であった。

未曽有の大災害に対し、政府の対処は不十分であり、遅い、といった批判は、ほとんど日常化していた。遅いと言っても、何に対してなのか。モデル性を帯びて想起されたのが、阪神・淡路大震災時の対応であった。そこでは、発災一カ月後に、下河辺淳(元国土庁事務次官)を委員長とする復興委員会が、兵庫県知事と神戸市長を含めてわずか七人という少人数で発足し、的確で時宜を得た提言を次々に繰り出して、迅速な復旧・復興を支えた。このたびも

「一カ月」に遅れることなく復興構想会議を発足させようと官邸は考えた。

その素案を起草したのは、瀧野《たきの》欣弥《きんや》官房副長官(事務)であったが、当初案は東北三県の知事を含めて一〇人程度という小ぶりの構成であったという。「会議は踊る、されど進まず」に陥らないよう、機動性を重視したのである。

ところが、反官僚支配を掲げる民主党政権であり、菅首相は官僚案の丸呑みを嫌い、政治家仲間にセカンドオピニオンを求めた。官邸と与党の幹部たちの推薦により、東北地方ゆかりの識者や復興に関わる諸分野の専門家の名があがり、三〇人を超える規模となった。こんな大会議でものを決められるだろうか。瀧野副長官は上部の本会議と、比較的若い専門家の多い検討部会の二段構成に組み直した[24]。


四月五日夜、菅首相から突然の電話を私は受けた。どうして総理が私の携帯電話の番号を知っているのだろう、と一瞬意外の感を覚えた。

復興構想会議の委員ではなく議長就任を求められ、「私、けっこう忙しい仕事があるんですが」と、返事を留保した。片手間にできる仕事ではあるまい。夜だったので、私を補佐してくれている三人の防大副校長の携帯に順次電話した。まったく同じ返事だった。「受けてください。お国のためです。学校長の仕事はできるだけカバーします」。これは逃れることのできない運命の呼び掛けなのか。

しばし沈思の後、私はこれまでの幹事(制服の副校長)のうち、最も信頼し、当時は陸上幕僚長の任にある火箱陸将に意見を求めたく、携帯に電話した。「受けてください、全力で支えますから。この国を立て直す、またとない機会と思います」。いつも変わることなく前向きの熱い男に感銘を覚えた。とはいえ、この世界では上官の意向が決定的である。北澤俊美防衛相に電話すると、「さっき菅さんから話を聞き、いい決定だとほめたところだ」という。すでに手が回っていた。

翌日、福山と瀧野の二人の官房副長官が防大に見え、説明を受けた。

驚いたことに、会議のメンバーリストがすでにできていた。専門性を持ちながら全体構想のできる人が望ましいとの私見に対し、専門家は下部の検討部会に集めているとの返答だった。私は共に仕事のできる三～四名の追加をお願いした。本会議一六人、検討部会一九人の大規模な二段構成の復興構想会議となった。御厨貴議長代理と飯尾潤検討部会長と共に三人会を持ち、会議の運営にあたることとなった。

五つの基本方針

原発事故という国家存立の危機にあって怒りを発して行動し、「イラ菅」と評された菅首相であったが、復興構想会議ではまったく違った。首相はほとんど毎回の会議に臨席して、この会議の重要性を行動で示しつつ、発言は控えられた。会議のメンバーから首相に直接質問が出された時も「私は議論するためではなく、聞くために来ました」と制された。

そもそも四月十一日に辞令を受けた時も、首相から議長の私への指示は特になく、その日の閣議決定の紙を渡された。「どんな構想をつくっても、野党が反対すれば動かなくなる」と、ねじれ国会の状況を首相は指摘して、復興構想の先行きへの懸念を口にされた。閣議決定文書には「単なる復旧ではなく、未来に向けた創造的復興」が謳われていた。

積極的な復興構想を政府が望むのは幸いだが、構想がねじれ国会によって圧殺されてはたまらない。私は谷垣禎一自民党総裁と山口那津男公明党代表に別個に会見を求めた。政争の中でも大震災からの復興については協力すること、全国民的観点に立って被災地の復興を考えたいので、両党の復興プランを会議に来て発表することを要請し、同意を得た。

また、私は同じ研究分野の三人の友人(北岡伸一、御厨、飯尾)に相談に乗ってもらい、議長としての「五つの基本方針」を作成していたので、その要点を口頭で首相に説明した。

それは次のようなものである。

［五つの基本方針(議長私案)］

1　**超党派の、国と国民のための復興会議とする**

いかなる党派・勢力にも偏することなく英知を集める。

国民的、全世界的な支援の広がりに示された人々の良心を受けとめ応える。

2　**被災地主体の復興を基本としつつ、国としての全体計画をつくる**

東北の人々のふるさとへの思いは格別に強い。それが復興の原点であり、被災自治体が復興の主体である。そのニーズや意向を受け止めつつ、日本社会が共有すべき安全水準に照らし、全体計画をつくる。

3 **単なる復旧でなく、創造的復興を期す**

もう一度津波にさらわれる家と街の再建に終わってはならない。高台に住宅・学校・病院等を、港や漁業などの拠点は5階建以上の強いビルを、避難できる丘の公園を、瓦礫を活用してつくる。

4 **全国民的な支援と負担が不可欠である**

かつて無い支援の輪（義援金）＋公債＋震災復興税

自粛をやめ、積極的に祭り・集りを行って日本社会の活力を高め、支援力を強化する。

5 **明日の日本への希望となる青写真を描く**

安全安心の水準に加え、クリーンエネルギー社会、高齢化社会の福祉をも視野にいれた街づくりを。新しい時代の先端モデルを取り入れ、それが全国水準たるべきものとする。（南海・東南海大津波を考えれば、日本の全地域の共通的問題である）

以上の方針を軸とする構想を、全国民に、そして支援に立ち上がってくれた全世界の人々に発信するとともに、具体的な政策を国と政府を挙げて実施する。(25)

私の説明に対し、首相は「もうそこまで考えてくれていますか」と応じたのみで、特に注文を付けなかった。復興構想の内容については、私たちに任せる意向と受け止めた。

大荒れの第一回会議

　四月十四日の第一回復興構想会議は大荒れとなった。

　まず福島原発事故であった。原発事故への対処は官邸が引き続き行い、会議の任務ではないとの首相の言葉を議長が伝えたところ、何人かが激高し、中には「福島を見捨てるような会議などやめてしまえ」と立ち上がって机を叩く者すらいた。もとより首相の言葉は危機管理的対処を言ったのであり、当然のことであった。原子力の専門家が一人もいないこの会議に、原発事故対処を論ずる能力はなかった。放射能汚染地域の復興を他地域と同列に扱えないことは明らかであるが、全体の復興から福島を切り捨てず、国民共同体の一員として最後まで包摂し続けることが会議の強い意志であると、私は荒れた議論をとりまとめた。

　それにしても、議長を立ち往生させて会議を転覆させせんばかりの攻撃性に満ちた委員たちの発言はなぜか。未曾有の大災害にあって復興プランづくりの当事者となって、普通でない興奮状態にあるのか。被災地ゆかりの委員が多いだけに、思い入れ過剰なのか。別の意図があるのか。いずれにせよ、激語が飛び交うほどに、議長としての私は冷静に筋を通して語ろうとした。そして心中では絶対に負けないぞと決意を固めていた。

　続いての批判は、「官僚や官僚OBが一人も入っていない会議でまともな策案はできない」というものであり、複数の委員がこれに連なった。私は内心ありがたいと感じた。反官僚機運が強い民主党政権であったが、官僚機構の持つノウハウを活用しないとよき復興構想は難しくなると、私も危惧していたからである。私は批判的意見を肯定型に置き換えて、「官僚

写真 4-5　復興構想会議の初会合で挨拶する（右から）菅直人首相と筆者ら（2011 年 4 月 14 日）

の持つノウハウを積極的に有効利用するよう努めたい」と答えた。

第一回会議の後の記者会見で、復興税問題で追及を受けた。私は議長としての前記の「五つの基本方針」を第一回会議で配布した。その第四項には復興税も排除しない考えを明記していた。記者はそこを突いた。私は第一回会議でそれについて議論はまったくなかったので、お答えできる段階にないと応じた。議長の私見でいいから、と記者はかぶせた。私見にすぎないがと断って、私は日本がＧＤＰ（国内総生産）二〇〇パーセントの国家財政赤字の山の上に、さらに巨大になるであろう大震災の復興費を積み上げるなら、日本経済が金融面から国際的破綻を招く危険性を高めること、巨大な財政赤字により将来世代にツケを回すのを避け、できるだけ今を生きる世代で被災地を支えるべきだ、そう考えを述べた。

翌朝の新聞には「復興構想会議議長、増税を提唱」といった見出しが躍った。私は突然、悪い人になったようだった。

第二回会議では、今度は委員から追及を受けた。会議では何も議論していないのに、議長が増税論を記者に語るのはおかしい。私は記者会見の経緯を説明した。「では議長は、この会議が増税を否定したら、それに従うか」「当たり前だ、民主主義の会議だ」。委員の何人かは増税には絶対反対のようだった。私は増税論議はやめようと言った。まず復興事業として何をやるのかを決め、どれほどの財源が必要か見当をつけよう。その前に増税賛否の空中戦をやっても意味がない。

私には二つの任務があると自覚した。

一つは、六月末までに立派な復興構想書をまとめること。もう一つは、不規則発言を辞さない委員を含めて、会議の全員でそこまで辿り着くことであった。会議の分裂は、たちまちメディアの餌食となり、その瞬間に会議は社会的敗者となって終わるだろう(26)。

復興構想7原則

波乱の船出となった復興構想会議であった。荒れた土俵を掃き清め、塩をまく営みが必要であった。二〇一一年五月の連休の被災三県への現場視察は、その点で幸いだった。全委員が被災地を見る共同体験は認識の土台づくりに資するだろう。

各委員は一県を選んで視察したが、議長の私は三県すべてに参加した。復興構想会議が始まる前に、私自身は火箱陸幕長と君塚東北方面総監(二人とも防大の幹事として私を補佐してくれた人である)の好意で、ヘリによる現地視察を行っていたが、被災地の奥行きは深い。もっと現場を知りたい。加えて、私には個人的面識のなかった委員が多かっただけに、親しく話ができる視察という機会はありがたかった。

私が東北通いをしている間に、御厨貴議長代理と飯尾潤検討部会長が財務省の佐藤慎一氏らと語らって「復興構想7原則」を用意していた。それは復興の基本的な精神と方針を語るものであり、いわば会議の憲章の如きものであった。議論に振幅の大きい会議にとって、このような格調高い共同原則こそあらまほしい。

それは、五月十日の第四回会議の討議に付された。全国民の連帯と支援による復興を謳った原則7に対して、復興増税を含意しているのではないかとの疑念を呈する批判が発せられた。それをめぐって厳しいやりとりがあったが、被災地復興と日本経済再生の同時進行を提唱する原則5がある以上、増税によって日本経済にダメージを与える事態は回避されるとの擁護論が別の委員(達増《たっそ》拓也《たくや》知事)から出され、字句修正による了承に落ち着いた。以下のように「7原則」は確定した。

〔復興構想7原則〕

原則1　失われたおびただしい「いのち」への追悼と鎮魂こそ、私たち生き残った者にとって復興の起点である。この観点から、鎮魂の森やモニュメントを含め、大震災の記録を永遠に残し、広く学術関係者により科学的に分析し、その教訓を次世代に伝承し、国内外に発信する。
原則2　被災地の広域性・多様性を踏まえつつ、地域・コミュニティ主体の復興を基本とする。国は、復興の全体方針と制度設計によってそれを支える。
原則3　被災した東北の再生のため、潜在力を生かし、技術革新を伴う復旧・復興を目指す。この地に、来たるべき時代をリードする経済社会の可能性を追求する。
原則4　地域社会の強い絆を守りつつ、災害に強い安全・安心のまち、自然エネルギー活用型地域の建設を進める。
原則5　被災地域の復興なくして日本経済の再生はない。日本経済の再生なくして被災地域の真の復興はない。この認識に立ち、大震災からの復興と日本再生の同時進行を目指す。
原則6　原発事故の早期収束を求めつつ、原発被災地への支援と復興にはより一層のきめ細やかな配慮をつくす。
原則7　今を生きる私たち全てがこの大災害を自らのことと受け止め、国民全体の連帯と分かち合いによって復興を推進するものとする。[27]

連休を経て会議の流れは順境に向かうのではないか、そう期待しないではなかった。ここまでの会議は、各委員が順次自説を開陳することと、外部からのゲストによる意見陳述(阪神・淡路大震災時の石原信雄官房副長官、貝原俊民兵庫県知事、および経済三団体)に費やされてきた。超党派の全国民的な構想とするため、野党自民党、公明党の代表を招いて、その提言も聞く予定であったが、自民党内の事情で潰えた。政争活性化の気配濃厚な中、はたして復興に関する超党派的協力は守られるだろうか。

六月末に第一次提言、年末に最終報告書の提出を政府から求められていたが、最終報告書を六月末に出すことになった。どんなに現状が暗くても、先に希望があれば人は耐えられる。とても年末まで待てない。復興構想という灯を早く掲げるべきだと、会議は報告書完成を繰り上げたのである。

飯尾検討部会長は、予算化のタイミングから、六月の成案を不可欠と考えていた。そのため毎週原則として土曜日に五時間の会議を行うこととした。現代社会にあるまじき長時間会議である。それは会議内民主主義のためでもあった。多様で論争的意見の噴出する会議であるが、だからといって時間がないから討議打ち切り、といった議事運営を私はしたくなかった。感情ほとばしる意見を吐いても、委員はみな識者である。その意見の有効性と限界を道理を尽くして論じ合えば、被災地の復興への思いをもっての議論である以上、了解に至りうるはずだ。議長は敵対的・破壊的と見える意見にも、一定の理由を見出して包摂する対応を基調とした。「仏の議長」と評されたりした。

だがメディア関係の委員を中心に、六月末を待たず、今この時点で国と社会に対し提言を発すべきだとの強い主張が続いた。私もそれを否定せず、会議後の記者会見でアピールしたり、会議に出席した政府要人に要請もした。しかし阪神・淡路大震災時の下河辺淳氏の復興委員会のように、タイムリーな提言自体を中心機能にする気はなかった。広域・複合・激甚な東日本大震災に対する復興の全体像を示す必要があり、それに向けての正攻法を変えるつもりはなかった。先の「7原則」の決定も、スピード感ある提言を直ちに今この時点で、という一部の委員たちの要求に対置するかたちで行ったものであった。その後は、テーマ別討論に移行し、議論を重ねた。

温厚冷静に道理を尽くし、全委員を包摂する温かい会議運営を方針とした私であるが、聖人君子ではないので、実は心乱れていると自分で感じることもあった。会議を終えて横須賀の防大公舎へ高速道路で帰る一時間、体はクタクタのはずなのに、会議でのやりとりなどが頭の中をかけめぐり、眠れない。ベッドに入っても眠れないことがあった。そこで夜遅くてもトレーナーに着替え、防大のグラウンドに出て走ることにした。

一周五〇〇メートルのトラックを三周、五周と走る。夜十時半になると学生舎のトランペットが鳴り響き、この消灯合図とともに窓の明かりが次々に消える。防大生たちよ、やすらかに眠るがよい。よき明日のために。学校長はまだまだ走るぞ。体を前向きに動かしていると、不思議なもので想念も前向きに変わり始める。よし、来週はこれで行こう、といった想いに至り、その日の憂さは消化される。

各省庁から出向した約一〇人が会議事務局を担っていたが、四月末に首相に直訴し、連休後は約五〇人に増強してもらった。彼らは強力なマシーンとなり、これまでの会議での全発言を五つの問題群に大別し、それを一枚の図表と冊子にまとめた。私ども三人会(議長団)は最終報告書の土台としてこれが有用と考え、五月二十九日の第七回会議に提出して了承を求めた。

難産の末の復興構想

そこで大反乱が勃発した。いつまで迂遠なことをやっているのか、断片化された過去の意見の山など見たくもない、こんなものを記者発表すれば侮蔑の対象となる、等々。相次ぐ発言は、清家篤委員を例外として、ほぼすべてが撤回を求める意見であった。責任を感じたのか、事務局から議長席にメモが届いた。「この件、撤回していただいてけっこうです」。

しかし、私の腹は決まっていた。これらはもともと各委員の意見ではないか。それを否定して、天からの啓示を待つとでもいうのか。私はメモを机の傍らに押しやった。隣席の御厨議長代理がすぐさま感じ取って、「粘る気ですね。ご一緒しますよ」とささやいた。心強い同行者だ。私はまず内容反論ではなく議事進行の発言をした。

「皆さんの反論に鑑み、この件については休憩時間に議長団で相談の上、善処したい。今は、部会に検討を求めていた案件のうち、いくつか返答(「宿題返し」と呼んだ)がまとまっているので、飯尾部会長よりその報告を聞きたい」

まずはクールダウンが必要であった。飯尾部会長からの「宿題返し」が始まった。その充実した報告に引き込まれ、会議が落ち着きを取り戻していくのを感じた。

休憩時間、御厨、飯尾の両氏は打ち合わせではなく、反対者たちへの説得に走り、トイレで並んでまでして、話し掛けたという。

休憩後も報告と討議を重ね、夕方となり残り時間が少なくなったところで、約束通り「五つの整理箱」の扱いに戻った。「皆さんが打ち揃って反対されたのには、二つの理由で理解できる面がある」と私が論じ始めると、会議冒頭の熱気は去り、静かに聞く雰囲気であった。欠落があれば追加と修正を受け付けたうえで、今後の骨子案づくりの土台とするとの了解を得た。会議としてそろそろ六月の大詰めが近づいてきている。もう一度、振り出しに戻って出直す余裕はない。重要な骨子案の起草は、御厨議長代理に労をとってもらいたい、と提案して了承された。

この日、菅首相は前半で席を立たれた。反乱成功と事態を認識されたようで、夕刻に秘書から会議が治まったとの報告を受けて驚かれたという。

飯尾部会長は重要問題についてワークショップを次々に設けた。検討部会の専門家を中心に、親会議の委員だけでなく、省庁の中堅官僚をも招いて集中的検討を行った。官僚の持つノウハウを十全に用いただけでなく、時として未曽有の事態への新しい対応も求めた。一般イメージとは逆に、官僚側は硬直的ではなく、国のため創造的に働く機会を得て躍動している感があった。こうして安全なまちづくり、農漁業・産業の復興、再生可能エネルギー、高齢化社会への包括ケアなどの各論が、飯尾部会長から次々に「宿題返し」されてきた。

梅原猛特別顧問は、報告書が人類史的意味を持つものであり、それにふさわしい名文は社会科学者には無理なので、文学畑の委員やジャーナリストに起草権限を委ねるよう求められた。ところが御厨議長代理の手になる前文と結びはすばらしい文章であり、梅原特別顧問はじめ委員たちの称賛を受けた。

六月十八日の第一〇回会議に、御厨総論と飯尾各論を合わせた草案が提出された。各委員は全般的に評価しつつ、大小あらゆる修正・添削を提案した。それは一冊の本になるほどの量であり、起草者は次回にできるだけ修正意見を反映した改定版を用意するとした。

六月二十二日の第一一回会議において、多くの修正意見を容れた改定版が示された。それに対し、委員たちはさらにまた山のように修正意見を連ねた。ただ、心なしか修正内容が矮小化していく感があった。そこへ宮城県の村井嘉浩《よしひろ》知事からの提案があった。「このような微細な修正を延々と続けることは被災地の利益にならない。被災者は一刻も早く構想が実施に動くことを切望している。ここまで多く意見を出したのだから、あとは議長に一任し、討議を完了しようではないか」。この提案が会議に支持され、議長一任が決まった。

実質的な最終回となる六月二十五日の第一二回会議で、首相に「復興への提言――悲惨のなかの希望」を答申した。菅首相は会議の労をねぎらうとともに、すばらしい内容の報告書を「バイブルのように」大切に受け止めたいと約束した。

報告書は、テレビ・新聞でも好評であった。六月十八日の草案作成以降、メディア報道に報告書作成が翻弄されないよう厳しい情報統制を行った。それだけに報告書を叩こうと身構えるメディアもあったようだが、答申の前日にエンバーゴ（報道解禁時刻）付の記者発表を行うと、いつの間にここまで踏み込んだ復興構想をつくったのかと、驚きをもって受け止められた感があった。

動乱の中で難産の復興構想であった。

それにしては、それが七月には霞が関の基本方針として政策に落とし込まれ、政変があったにもかかわらず、年内に与野党合意によって財源と共に実施体制が築かれた。難産ではあったが、薄命の構想とはならなかった。

復興構想の内容

菅直人首相に答申された「復興への提言――悲惨のなかの希望」は、次のような内容であった。

これまで繰り返されてきた歴史、すなわち、また次の津波に流される同じ家とまちを再建する歴史を終わらせ、決定的により安全なまちを創り出す。

その手法として二つの典型がある。

一つは高台移転である。津波に対しては「逃げる」他はないが、生活形態ごと逃げるのが高台移転である。明治と昭和の三陸津波の後にも一部に高台移転が試みられたが、今回はそれを望む被災者を全面的に国が支援する。今日の社会にあって、丘の上のニュータウンは日常的風景である。

とはいえ、海あっての、港あってのまち、という現実は重い。つまりもう一つは、同じ海辺にまちを再建する場合であり、多重防御という手法をとるのがよい。防波堤、防潮堤、人工丘の森、高く強いビル、二線堤、かさ上げ等、「減災」手段を組み合わせて、より安全なまちにする。国はこれも全面的に支援する。

復興を考える際にとりわけ難しいのは、この大災害が人口減少と高齢化の激しい時代と地域に生じた点であった。それを軽減し食い止めるには、生業・産業の活性化が不可欠である。この地の漁業・農業を輝かせる方途はないか。魅力と賑わいをもたらす産業、商業、観光などの積極的復興を、「特区」を含むさまざまな手法により支える。復興の主体は現地に住む人々であるが、やる気のある人々を支えるスキームと財源を国は提供しなければならない。

「単なる復旧ではなく、創造的復興」、この方針が、阪神・淡路大震災とは異なり、今回の公的立場となった。被災地にモデル性を帯びた先端的試みがあってよい。これまで望み得なかった安全なまちを建設することはもとより、高齢化社会に安全であるだけでなく、包括ケアの行き届いたまち、原発事故に鑑み再生可能エネルギーを内蔵したまちが望まれる。ＮＰ

Oや中間支援員などの社会的支援も得て、避難生活とまちの復興に少しでも人間的な温かみを注入したい。福島の原発被災地の苦悩は格別に深く、それだけにいっそうきめ細やかな配慮を最後まで尽くさねばならない。

以上のような積極的復興には多大の財源を要するであろう。それを、「今を生きる国民全体の連帯と分かち合いによって」支える。この列島に災害から無事の地はない。どこでもだれもが被災しうる。明日はわが身である。被災者を代わる代わる支え合う共同体である以外に、この列島の住民に救いはない。支援することを負担と思うのではなく、力強い復興支援の中でこそ、日本経済全体も活性化することを期したい。

生かすも殺すも政治次第

復興構想会議の答申の要旨は以上のようなものであった。ただ会議が何を提案しようと、それを生かすも殺すも、実は政治次第である。東日本大震災の時代は、その点で恵まれた環境とは言えなかった。

二〇〇九年に大きな期待を集めて政権交代を成し遂げた民主党政権であったが、凋落も早かった。鳩山由紀夫首相は一年もたずに政権を菅氏に譲ったが、二〇一〇年七月の参議院議員選挙に敗れて「ねじれ国会」が重い構造となっていた。

二〇一一年三月十一日、前述のように首相が外国人献金問題で追及を受けている瞬間に、東日本大震災の大揺れが始まったことは象徴的であった。私は議長に任命された四月十一日、首相にお目にかかると、野党の協力がなければどんな構想も日の目を見ない危険があると漏らされた。

実際、五月には「菅おろし」の政局が強まった。野党の攻勢だけでなく、与党内にも造反の動きがあり、六月二日には内閣不信任決議案が通過しかねない形勢となった。菅首相は、予算執行を可能にする特例法案などいくつかの案件が認められれば退陣することを約束して危機を乗り切らねばならなかった。このような政治環境を横目で見ながら、復興構想会議は作業に没頭していた。

仮借ない政争の最中にあって、復興についての超党派協力は意外に守られていたと感じる面もある。五月二日には被災地のための四兆円余の第一次補正予算が成立した。これはその地にとって大きな額であり、たまたま私は現地視察をしていて、この措置が被災地の関係者に一条の希望をもたらしたことを知った。七月二十五日には二兆円の第二次補正も成立した。

ただ、復興全般の法制的基盤である復興基本法は遅れた。復興庁設立などをめぐって与野党が意見を異にしたためである。

関東大震災モデルと阪神・淡路大震災モデルの対立と言ってもよい。後藤新平の復興院創設を軸とする帝都大復興計画は、第1章に見たように短期間に破綻したが、後代に霊感を与えるレジェンドであり続けた。が、阪神・淡路大震災の復興委員会をリードした下河辺淳委員長らは、既存の諸官庁との間に軋轢《あつれき》を生む新機関創設を避け、全政府機関を挙げて地元主導の復興案の実施にあたる方針をとった。しかし、復興委員会の民間からの委員であった堺屋太一氏や、自民党小渕恵三氏らの政治家をはじめ、めざましい画期的対処を可視化する新機関の創設を強く主張する声があった。

結果的に、阪神・淡路大震災の復興は迅速かつ効率的であり、成功とみなされた。東日本大震災に際して、菅首相の官邸も、その方式をとり、全政府支援型による実施を原案とした。しかし額賀福志郎氏ら野党・自民党には新機関創設論があった。ねじれ国会の下、強い野党である。それを容れる形で、復興庁設立が復興基本法に書き込まれた。阪神・淡路大震災と対照的な東日本大震災の広域性、複合性を考えれば、現地にいくつかの事務所を持つ復興庁という一元的機関は、結論的に言って悪くない選択であった。

とまれ、遅れて二〇一一年六月二十四日に施行された復興基本法は、翌日答申される復興構想会議の提言に公的地位を与えた。この報告書は霞が関の行政機関によって、七月二十九日に「復興の基本方針」という政策文書に落とし込まれた。実質的に官僚の作文である場合はともかく、有識者が主張をぶつけ合ってつくられた審議会の答申が、そのまま政府の政策となるのは稀である。

復興構想会議の提言は、一方で委員たちの議論の産物であり、概括的な方向性はそれによって定まったことが多い。他方で飯尾検討部会長が設けた主要問題についてのいくつものワークショップに関係省庁の参事官らが協力を求められ、官僚機構のノウハウをふまえて作案されたものでもあった。その成果物は、未曽有の事態への対処として理想主義的でありながら、霞が関として実施可能なものであった。あらかじめ相談に乗っていた省庁は、約一カ月でスムースに行政文書化したのである。

官僚敵視主義の濃厚な民主党政権にあって、復興構想会議は官僚機構の力を十全に引き出しながら、支配されることのなかった審議会だったと思う。

二〇一一年八月三十日、菅内閣は総辞職し、九月二日に野田佳彦内閣が継いだ。

秋が深まる中、いっこうに始まらない復興実施に焦燥感を禁じえなかった。このままでは来春まで時間を無駄にしてしまいかねない。十一月十日の政府の会議で、私は「率直に言って遅すぎる」と、二カ月ほどを政局に空費したことに抗議した。その後、間もなくであったろうか、当局から報告を受けた。「このたびは高台移転の経費を一〇〇パーセント国でみることにしました」。

驚きであった。高台移転(防災集団移転)をめぐる従来の分担は、国が四分の三、地元が四分の一であった。この四分の一がクセ者である。阪神・淡路大震災の復旧・復興をめぐる地元負担分の累積は巨大であり、兵庫県は今なお大きな借金を返済し切れずにいる。東北の小さな自治体に同じ運命を強いてはならない。私は「九〇パーセントから九五パーセントまで見てやってくださいよ」と財務省関係者にかねて囁いていた。それに対する秋深まっての答えが、「一〇〇パーセント、国費」だった。

よく決断したと思う一方、「モラルハザードを生じませんか」と思わず口にした。地元負担ゼロとなれば、逆に地元の責任感が失われるのではないか。お印ばかりに一パーセントでも〇・一パーセントでも地元負担を残すべきではないか。

財源の見通しがついたものと私は了解した。民主党と自民党、公明党の与野党三党合意に基づき、十一月から十二月にかけて、第三次補正予算、復興特区法、復興庁設置法、二五年間にわたり所得税を二・一パーセント上乗せする復興財源確保法をはじめ、関連諸法が相次いで成立した。歴史上、最も手厚い東日本大震災からの復興が、二〇一二年二月十日に生まれた復興庁を軸として展開されることとなった。生かすも殺すも政治次第と先に言ったが、政治は政局に忙殺されながらもスキームと財源を何とか整えたと言えよう。(28)

ここまで来れば、ボールは被災地の地元自治体に移る。この世に完全なものは存在しないが、歴史上最も手厚い復興スキームと財源が用意されたとなれば、それを生かすも殺すも地元次第である。

復興構想会議は、単なる復旧ではなく、創造的復興を掲げ、高齢化・少子化が進む日本社会にあって先端的モデル性を帯びた復興を遂げることを求めた。それをなしうるのは、途方もない悲惨に投げ込まれ、常態に復旧することすら難しい被災地の自治体のみである。

5　安全なまちづくりをめざして

復興の三類型

二〇一五年四月下旬、私は岩手県の三陸海岸被災地を数日かけて訪ねた。

驚いた。ついにその時が来た。この地域全体がうなりを上げてまちづくり土木工事まっさかりである。こんな広域の国土改造は久しく見たことがない。

復興構想会議議長であった私が、「率直に言って遅すぎる」と時の総理の面を冒して申し上げたのは、大震災の起こった二〇一一年の秋であった。政変に二、三カ月を空費し、被災地が冬を迎える前に槌音高く再建を始めることは不可能になったとの抗議である。問題は簡単ではない。まずなされるべきは、避難所から仮設住宅への移行であり、瓦礫処理であった。いったいいつになれば、本格的なまちの再建が始まるのか。

津波に流されたもとの地は危険地域に指定され、住居とまちを動かさねばならない。一軒の家に地権者が一〇〇人以上いることもある。その全員の同意を得ることは不可能に近い。適当な高台の地は容易に得られない。二年間が原則の仮設住宅暮らしが、その二倍、三倍から五倍になりかねない。

気が遠くなりそうな気分にとらわれたが、五度目の春の今、ついに本当に春がやってきた。間違いなく新しいまちづくりがスタートしている。それは二〇一四年に本格化したが、不思議なことにメディアはあまり報道せず、したがって国民的認識になっていない。

岩手県被災地の復興状況を見て回って、三つのカテゴリー（類型）があると感じた。[29]

［カテゴリーA］全面壊滅→新しいまち創造型

まちが全面的に津波に呑まれ、役所のビルすら沈んで、壊滅の憂き目を見たが、それだけに今、根本的に新しい安全なまちを創造しているタイプ。

岩手県では山田町、大槌町、陸前高田市がその典型である。

図 4-1　岩手県沿岸の被災自治体

［カテゴリーB］沿岸部被災→復興型

津波が中心街に浸入したが、市の一部にとどまり、また概して一階レベルの浸水であり、多くのビルは残っている。役所も傷ついたものの機能は存続し、在来のまちを生かしながら復興する方針の下、防波堤、防潮堤、グリーンベルト

（緑の丘）、二線堤、かさ上げなど減災手段を組み合わせる多重防御を試みる。津波に流された家の空き地を整理して、新しい中心街を築く釜石のような試みもある。

岩手県では宮古市、釜石市、大船渡市などの中心都市がこれにあたる。

［カテゴリーC］被害抑制→迅速復興型

三陸海岸には津波が多いだけに、立派な防波堤、防潮堤などを備えていたまちが多い。今回、最大波高からいささか外れていた県北では概してそれが効果的であった。洋野町、久慈市、普代村などがその例であり、野田村、田野畑村、岩泉町小本などでは大津波が防潮堤・水門を越えたが、他地域に比べれば被害は限定的であった。三〇人以上の犠牲者を出した野田村や田野畑村では、浸水住宅地の内陸部への移転が行われているが、全般にまちの再建はスムースである。

［カテゴリーA］と［カテゴリーB］にまたがる例を注記したい。

宮古、釜石、大船渡を［B］としたが、この三市は三陸沿岸の中心都市であり、いずれも周辺のまちを合併して膨脹してきた。三市の中心部は［B］にあたるが、合併された周辺のまちには、全面壊滅の悲惨をなめた地が少なくない。例えば、宮古市北部の田老、釜石市北部の鵜住居、大船渡市北部の越喜来、石巻市の雄勝などである。

明治と昭和の大津波で、前述のように再度壊滅した田老は、それでも内務省の高台移転方針に従わず、「万里の長城」と呼ばれる高さ一〇メートルの立派な防潮堤を構築し、それは一九六〇年のチリ地震津波を見事に跳ね返した。その後、その東部に住みついた多くの住民を守るため新たな防潮堤を築いて、一九七九年以降、X字形の二重堤防によって対処してきた。しかしこのたびの大津波は、Xの中心点から一気に二つの防潮堤を越えて家々を流し、逃げそびれた人々の命を奪った。

今、田老は大きく生まれ変わろうとしている。西部のまちを守ってきた古くからの一〇メートルの防潮堤を残しつつ、まちを国道四五号の西側の盛り土した山際に寄せる。今回全滅した東部のまち(乙部)は、観光ホテルを津波遺構として残す以外、住居は全廃し、その北部の山を切り崩して丘の上のニュータウン(三王団地)を開発している。従来、田老には移転すべき高台はないとされてきたが、技術能力の向上と財源の厚さが解をもたらしている。近代に三度の大津波をかぶった田老は、ついに決定的に安全なまちに今生まれ変わろうとしているのである。

鵜住居という古くからのまちは、今は釜石市の一部であるが、釜石湾より二つ北方の入り江である大槌湾に面している。大津波が襲い、まちは全滅したが、この地で「釜石の奇跡」と「悲劇」の双方が生まれた。

山際に建つ釜石東中学校では、サッカー練習中の地震によりグラウンドに亀裂が走ったのを見た生徒たちを先頭に、日頃からの訓練通り、丘に沿って奥地へ走り始めた。先生方も全生徒にそうするよう指示した。隣りに鵜住居小学校があり、初め上階に生徒を避難させようとしたが、中学のお兄さんが山へ走るのを見て、それに続くよう指示し、全員が山際の道を長々と走った。早くに走り始めたので、三五分後の津波につかまらず、予定避難地よりもさらに高台に上って助かった。学校教育「てんでんこ」の成果である。

他方、この地の防災センターは普段の防災訓練の拠点であり、今回も多くの住民が避難した。が、このたびの大津波では二階まで水に呑まれ、約六〇人の集団的な犠牲を招いた。今、まちごと土地造成中であるが、二〇一九年ラグビーワールドカップ予選が、小中学校の跡地に建設された復興スタジアムで開催された。

大船渡市の北部にある越喜来湾は、このたびの大津波が最も早く約三〇分で到来した。この湾奥のまちも全滅したが、やはり奇跡(小学校)と悲劇(老人福祉施設)があったことは、すでに述べた(一七〇頁)。要援護者にとって三〇分という時間は過酷な短さである。老人たちと共に献身的な職員たちの殉職を思い、老人福祉施設「さんりくの園」のあった地に向かって合掌した。

以上のように、大きな都市の中心部は[B]に属するが、広域合併した入り江のまちの多くが、[A]の「全滅→新しいまち創造型」を歩んでいるのである。

北から三陸海岸を南下する視察旅行にあって、山田町と大槌町が大津波を被ったうえ、火災のダブルパンチを被った悲惨には言葉を失った。それだけにダンプが行き交う現在のまちづくりの活気には感慨を覚えた。大槌町役場はビルごと津波に沈み、首長が殉職した唯一の自治体となったが、碇川豊町長(視察当時)は工事が本格化したこの頃、「人々が少しやさしくなった」と局面の変化を表現した。

想定を超える人工丘のまち

最も劇的に変化を体現しているのが、陸前高田であろう。広い平野の市街地が丸ごと一五メートルの津波に沈んだが、今、凄まじい土木工事が進行中である。川向こうの山一つを切り崩し、巨大ベルトコンベヤーで市の中心部まで土砂を運び、さらに五つの枝分かれしたコンベヤーで平野の奥を丸ごと埋め立てる工事がうなりを上げている。

私たち復興構想会議の報告書は、安全なまちの再建に、高台移転と多重防御の両タイプを提示した。現地のほぼすべてのまちが両者の混合を追求している。が、われわれの想像を超える一面もある。

多重防御方式に従い、防波堤、防潮堤、海浜公園、二線堤などの減災手段を重ねる。想定通りである。ところが、丘辺に高々と人口丘を創造し、その上に新しいまちを丸ごとつくる定形を示している。陸前高田の場合、その人工丘が広大にして高さも平均一〇メートルに及ぶのだ。地盤の弱い住居は地震に脆いが、大丈夫か。今の土木技術は一〇メートルの盛り土をまったく問題にしないという。現に重いローラー車がかさ上げした丘を叩いて回っていた。三陸沿岸沿いの高速縦貫道路や、盛岡―宮古、花巻―釜石の横断道路の高規格化が急がれており、それもこの地にとって希望である。

より安全なまちまちが三陸海岸に生まれることは疑いない。長い津波常襲地の歴史を振り返れば、そのことに感慨を覚えずにはおれない。

問題は、高齢化と人口減少を食い止める賑わいのまちとなれるか否かであろう。

海の幸はすばらしく、すでに水揚げは回復しているものもあるという。ただ、水産加工業に必要な労働力が被災と高齢化によって失われたため、ビジネス拡大は難しいという。機械化やロボット化を含めた企業家精神豊かなビジネスが豊かな海を生かすことが待たれる。

ハードが整いつつある今、新しいふるさとのまちをどうつくるか、賑わいと共に愛するに足るようなコミュニティを創造できるか、といったソフトが今後の中心課題となろう。(30)

違いの見えた復興過程

続いて、二〇一五年六月八日から十三日まで、宮城県と福島県の沿岸被災地を訪ねた。

福島県の避難指示区域は別として、津波被災地の情景は、三県で通じるものがある。大震災後の五年間を国は「集中復興期間」と称したが、復興がいっこうに本格化しない、遅すぎるのではないか。それが二〇一五年以前の実感であった。

ところが、多くの地では二〇一五年中に新しいまちづくりが動き始め、「集中復興期間」の最終年度となるこの年、東北被災地のまちというまちが大土木工事で雄叫びを上げていた。

初期条件の厳しいまちほど、工事は大がかりである。まち全体が津波に呑まれ、おびただしい住民が犠牲になるとともに、再生の拠点たるべき役所も壊滅したようなまち、私はそれを[カテゴリーA]と呼んだが、そうしたまちが今日、大土木工事に没頭している。岩手県では山田町、大槌町、陸前高田市であるが、宮城県では、南三陸町、女川町などがそれにあたる。

南三陸町中心街は一五メートルの津波の底に沈み、海辺近くにあった志津川病院は四階まで津波に洗われて、七〇人もの入院患者らが犠牲となった。一二メートルの三階建て防災対策庁舎の屋上に逃れた四三人が津波に流され、その上のアンテナ塔に登った一一人のみが生き延びた。全住民が住居を平野部から背後の高台三カ所に移す方針を、震災一カ月後にこの地を訪れた時、私は佐藤仁町長から聞いた。

四年後、それは確かな足どりで進んでいた。驚いたのは、二つの川に挟まれた平野部に一〇メートル近い盛り土が施され、広大な人工丘が生まれようとしていることであった。商店街などが立地するという。南三陸よ、お前もか。陸前高田などと同型であり、国の統一的な改造方針なのかと想像したが、そうでもないという。南三陸町の場合、高台移転のため山を切り開いたが、その際に四〇〇万立方メートルの土砂が余り、その処理として平野部を埋めているのだという。
遺構として残すことが検討されている防災庁舎の周辺に、広い震災復興祈念公園が二〇二〇年に完成した。隈研吾《くまけんご》氏のデザインになる新しいまちと聞く。

被災地における安全なまちづくりに際し、L1、L2という言葉が飛び交っている。約三〇〇〇名の犠牲者を出した昭和三陸津波のように、一〇〇年に一回レベルの津波がL1、このたびの約二万人の犠牲者を出した東日本大震災のように五〇〇年もしくは一〇〇〇年に一回レベルの超弩級の大津波をL2と呼んでいる。L1に対しては防潮堤などのハード・インフラで備えるが、L2の完全防災は不可能であり、逃げるというソフト対処を組み合わせる他はないと考える。そんな中でも、南三陸は全住居の高台移転を完遂しており、L2対処に最も近いまちづくりとなっている。

人口一万人余りの女川町は、最高一八・五メートルの津波に襲われ、ビル六棟が倒壊し、町役場も沈んだ。海抜一四・八メートルの女川原発は際どく難を免れたが、犠牲者が住民全体の八・七パーセントという最悪の値を記録するまちとなった。太平洋の外洋に面した入り江において津波は最も勢いがある。
県議から震災後に町長となった須田善明氏は、町内をとりまとめて、NPOなどの活動も活かしつつ、夢のある再建を試みている。復旧されて石巻、仙台とつながった鉄道駅と港を結ぶプロムナードを中心に、芸術家を含む内外の人々が愛して集まる、どこか華のあるまちとなる可能性を感じた。住居はすべて高台へ、大土木工事が進行中である。

宮城県被災地を訪ねて、相似た境遇なのに、リーダーシップや復興方針により異なる復興プロセスをたどるケースが少なくないことを知った。

女川町と同じく山と海に囲まれた隣りまちの雄勝は、平成の大合併に際し、この地の大都市石巻市の一部となった。海の幸のほか、全国シェア九割の硯《すずり》石という特産品を持つまちであるが、四三〇〇の人口は津波で二三六人を失った後、流出により半減し、その流れは止まらず、人口は三分の一まで減ずると見られる。遅ればせながら、高台移転(防災集団移転)による安全なまちへの工事が始まろうとしているが、遠い石巻市役所の決定を待たねば動けない構図が、士気を失わせるのであろうか。お隣りの女川町の力強い前進姿勢とのコントラストを感じずにはおれなかった。そんな中、商社マンであった立花貴氏が民間で取り組む森の中の小学校跡再生事業「モリウミアス」の試みに一条の光を感じた。

すべての被災自治体のうち最大の犠牲者三九七一人を出したのが、石巻市である。一六万の人口のうち二・五パーセントを失った。日和山の足下に広がる港湾も工業地帯も壊滅し、背後の住宅地も浸水し、雄勝のように合併したまちも壊滅的打撃を受けた。そして大川小学校の八四人が津波に呑まれた集団悲劇はあまりにも悲しい。すぐ背後に山があるのに、なぜとなろう。

とりつかなかったのか。現地を訪ねただれもがその思いを禁じえまい。

小学校を遺構として残す動きもあるというが、もしそうなれば最も深い悲しみを呼ぶ遺構

石巻市のほか、人口の二・七パーセント(一一五二人)を失った東松島市、一・九五パーセント(一四三三人)を失った気仙沼市は、いずれも都市の重要部分が激しく破壊され、[カテゴリーA]に近い面もある。しかし当局が健在で対処を続けており、全市壊滅とは言えないので、[カテゴリーB]であろう。岩手県の宮古市、釜石市、大船渡市などと同じである。

気仙沼市は、湾最奥の鹿折《ししおり》地区、湾と大川に挟まれた朝日地区などの壊滅を招いた。しかも石油タンクが炎上し、湾を浮遊する火災がまちや山に燃え移るというダブルパンチを受けた。

幸い市役所は際どく冠水を免れ、丘がちの地形ゆえに無事の地域も広い。上記二地区を中心に大土木工事中であるほか、「サメのまち」を売り出し、高すぎる海岸防潮堤が景観を傷つけない工夫をこらすなど、地元愛をもっての細やかな対処が感じられる。

東松島市では、沿岸の二つの要地、大曲と野蒜《のびる》が壊滅した。

両地区は内陸と山へ移転中であるが、最大の特徴は阿部秀保《ひでお》市長の下、「地域内分権」と称して市民との協議を最重視する点にある。災害への備えにせよ、瓦礫の分別にせよ、内陸

移転にせよ、市内八地区での住民対話を通じ認識の共有を築くプロセスを重視している。住民主体による復興が結局は速いし、強いことを実証している。

同じことは岩沼市についても言える。海岸砂丘沿いの六つの集落が津波に襲われた。井口経明《つねあき》市長(当時)らは、避難所と仮設住宅の双方について集落単位で動く方針をとった。阪神・淡路大震災において、人道的観点から障害者や高齢者を優先的に仮設住宅に入居させた結果、地域の絆が絶ち切られ、孤独死や自殺を招く失敗があった。それに学んで、岩沼市は集落単位での避難所と仮設住宅への移動を方針としたのである。

図 4-2　宮城県沿岸の被災自治体

そこでの地区住民の協議を市当局は重視した。地元出身の女性東大名誉教授の司会する協議会を通して、六つの集落はまとまりを維持しつつ、小中学校のある玉浦地区に、新しい一つのまちをつくることになった。このたび、田んぼに軽く盛り土した新しいまち、家がすっかり建ち並び、ショッピングセンターまで併設されたまちを見ることができた。岩沼市は大震災からの復興のフロントランナーである。

強い個性的なリーダーが危機の瞬間にいかに貴重か。例えば福島県相馬市の立谷《たちや》秀清《ひできよ》市長の発災時の応急対応から今日の復興に至るまでの水際立った手腕を見れば、そのことは明らかである。

市長は津波のその日の夕べ、市役所の職員に加えて市内の要人をも集め、午前三時までの会議において、直ちに対処すべきこと、中長期的になすべきことなどの全体計画を決め、大きな紙に明記して認識を共有した。津波で家を失った方々には、当座の一時金三万円を手渡すとアナウンスして、被災者を集め、被害実態を速やかに掌握した。味気ないプレハブの仮設住宅の林立を抑え、災害復興住宅たりうる木造りの家を多くつくった。高齢者にはそれ自体がコミュニティになるような新しいタイプの老人ホームを建設した。医師であり病院長だった市長の面目躍如である。

ただ、洞察力豊かなリーダーシップが強引なリーダーシップに転ずる時、逆効果を招く。岩沼市の北側に位置する名取市は、閖上という由緒ある魅力的な港町を持ち、それが壊滅した。厳しい初期条件であり、問題が難しすぎたとも言えよう。当局が強い使命感をもってトップダウンの指導力を発揮しようとする中で、住民が十分に協議し、自ら決定したと感じるプロセスを尊重し切れなかったのか、市の方針には支持と反発の双方が強く生じた。

閖上復興プランは再度の修正を余儀なくされ、その後、三度目のプランによってようやく合意を得て、動き出した。リーダーシップと民主的プロセスの両立が求められる今日の社会である。

原発事故に汚染された福島の地を訪ねれば、故郷を追われた人々のやり場のない悲憤を感じ、いつも言葉を失うが、このたびはいささか明るさを感じる変化もないではなかった。高速の常磐自動車道と国道六号が開通し、両者の間の連絡路も使えるようになった。除染を重ねて避難指示区域を徐々に狭める動きも、無視し難いと感じられた。中間貯蔵施設についても展望が開けるだろうか。

神戸の被災者の場合も、遠くへ避難した人のうち戻ったのは三分の一にとどまった。福島の人たちにとってはさらに厳しいかもしれないが、異なる人生の選択をそれぞれに支えることのできる日本社会でありたいものである。(31)

1　リスボン地震との比較

リスボン地震という歴史的モデル

本書では、近代日本の三つの大震災を比較検討してきたが、関連する大災害として、明暦の江戸大火や、明治と昭和の三陸津波なども視界に入れて論じてきた。しかし日本国内の災害ばかりでいいのだろうか。

日本ほど人口稠密な社会中枢部が頻繁に大災害に襲われる国は稀なので、いきおい日本の例が中心となるが、もちろん諸外国にも大災害はある。とりわけ一七五五年のリスボン地震は、かつて栄華を誇った世界帝国ポルトガルの首都が大地震と津波、そして火災によって壊滅した悲劇として人類史に刻印を残している。西洋史において幾重にも巨大な意味を持った大震災であったが、東日本大震災後の日本でもリスボン地震への言及が目立つようになった。大地震を機に衰退に向かったという両国の宿命的境遇の共通性を意識するゆえであろうか。

であるとすれば、それは誤解に基づく興味であると言わねばならない。リスボン地震の危機管理も応急対応も、そして二〇年に及ぶ復興についても、歴史的モデルと言ってよいほどの見事なものだった。

リスボンは災い転じて福となす創造的復興に成功した。かつてとは見違えるほど立派な首都を創造したのである。が、その後、十九世紀に入ってのナポレオン戦争で腰を折られ、長期的にオランダや英国など北方の新産業国に太刀打ちできなくなった。地震によって衰退したわけではないが、立派な復興も長期的趨勢を覆すことはできなかったのである。

リスボン地震から二六〇年、阪神・淡路大震災から二〇年の年となる二〇一五年、両国共同で国際シンポジウムを開催することになり、河田惠昭関西大学教授と共に、私はリスボン市を訪れた。十一月一日の記念式典、二日、三日のシンポジウムとワークショップの合間に市内の遺構や博物館を訪ね、二六〇年前の大災害を追体験することができた。そこでリスボン地震とその復興を振り返りつつ、そこから再度、近代日本の大震災への対応を見ておきたい。

ポルトガルの沖合千数百キロの大西洋には南北にプレートの割れ目があり、そこから直角にジブラルタル海峡から地中海を東西に切るプレートの裂け目がある。アフリカ大陸プレートがヨーロッパ大陸プレートの下へ潜り込むのではなく、東西にずれる裂け目である(インド亜大陸のプレートがヒマラヤの下に潜り込み、太平洋とフィリピンの海洋プレートが日本列島の下に潜り込むという、アジアの常識を当てはめてはいけない)。その大西洋二〇〇キロ沖あたりを震源に、一七五五年、大きな(M8・6か)地震が起こった。

その日、十一月一日はカトリック国では「諸聖人の祝日」であり、午前九時半、ミサ中に激震となった。今も遺構として残るカルモ教会は天井がなく、信徒たちに降り注いだことがわかる。神に頼むことに益があるのか、との人文主義者の批評がヨーロッパに生じた一方、神の罰が下されたと強弁するポルトガルのイエズス会士の声があった。

三度にわたって一〇分近く揺れた後、四〇分後に五〜一〇メートルの津波がテージョ川からリスボンに襲いかかった。火災が続き、首都は六日間燃え続けた。市内の建物の大部分が、地震・津波・火災の複合災害で失われた。

Aクラスの危機管理・応急対応

ジョゼ国王は幸運にもベレン離宮にいて難を逃れたが、打ちひしがれて何もできず、都へ戻ろうともしなかった。のちにポンバル侯爵と呼ばれることになる自信に満ちた一閣僚に王は全権を委ねた。これが大成功であった。ポンバルは国際経験が豊かであり、一六六六年の大火後のロンドンの再建や、ウィーンでの宗教的迷信への対処などを学習していた。

彼は馬車で被災地に入り、そのまま現地で陣頭指揮をとった。「死者を葬り、生ける者を助ける」。教会を説得し、疫病を避けるため、水葬と称して遺体を軍隊と市民にテージョ川へ投げ込ませた。崩壊した地にテントを張って支援所・避難所とし、水・食糧・医療を生き残った被災者たちに提供した。火事場泥棒や略奪を行う者を広場の高台に吊るし、軍隊を出動させて治安を回復した。また食品や資材の価格を統制した。危機管理も応急対応も、今日から見てもAクラスと言えよう。

翻ってわが国はどうか。

首相不在で政治決定が遅れ、流言飛語に惑わされて自警団による虐殺を許した関東大震災の危機管理と応急対応は、リスボンに遠く及ばない。

阪神・淡路大震災では、被災地の兵庫県庁も首相官邸も情報システムを欠き、半日間事態を認識できなかった。第一線部隊では、警察と消防も苦闘したが、とりわけ自衛隊は初動に遅れた。阪神・淡路の危機管理と応急対応は総じて失敗の部類であった。

その点、東日本大震災では、政府も第一線部隊も阪神・淡路の教訓に学んで改革を遂げ、地震と津波に対して機敏に対応した。が、原発事故に対する東京電力の対応は鈍く、それをカバーする準備は政府にも乏しかった。

リスボンの復旧・復興

リスボン地震は、その復興も注目に値する。

ポンバルは住民がてんでに復旧することを禁じ、技師たちに五つの復興案をつくらせた。そのうち壊滅したバイシャ地区を広い街路の碁盤目状の都心に造り替える第四案を採用した。バイシャ地区の海辺と山側の両端には大きな広場を設け、すばらしい首都となった。

二六〇周年シンポジウムの会場は、教会を銀行に造り替えた海辺の広場に近いホールであったが、その地下にはヤニを出して水の中でも腐りにくい松の杭が無数に打ち込まれており、その上に木組みをつくって土台を強化していた。ヴェネツィアなどに存在した技術であるが、液状化対策としても立派であり、堅固な地下地盤まで届かない鉄杭でビルが傾いているどこかの国は学ぶべきではないかと思った。

土台だけでなく統一基準の四階建てビルについても「鳥かご方式」という木組みの外枠を構成したうえ、石積みして、耐震化を図った。今では五階、六階を上乗せしているビルが多いのは気になるが、ポンバルが二〇年の独裁権を与えられて、当時の技術の粋を尽くし、まったく新しいまちを創造したことは高く評価できよう。

日本も見てみよう。

関東大震災では、後藤新平の新帝都をめざす創造的復興構想は政争の中で潰えたかに見えたが、内務省復興局や東京市の手でかなりの都市計画が実施されて、その後の東京発展の礎となった。

阪神・淡路大震災の復興では、国費は復旧までであり、〝旧〟よりよい復興を望むなら地元財源で行え、という行政の壁が立てられた。しかし地元は創造的復興にこだわり、防災ミュージアムとシンクタンク群、芸術文化センターなど後代の資産となる事業を少なか

震災対応	
東日本大震災	
2011年 3月11日	
1万9,692人, 不明2,523人	
地震・津波	原発事故
A	D
A	C
—	—
AA	—

2017年版』. ただし, NHK集計による.

表5-1　リスボンと日本の

	リスボン地震	関東大震災	阪神・淡路大震災
発生日	1755年 11月1日	1923年 9月1日	1995年 1月17日
死者	6万人以上	10万 5,385人	6,434人
災害の種類	地震・津波・火災	地震・火災	地震
対応の評価			
危機管理	A	D	C
応急対処	A	C	B
復旧	—	B	A
創造的復興	AA	A	A

［注］　阪神・淡路大震災と東日本大震災の死者数には災害関連死を含む．
［出典］　中央防災会議「1923 関東大震災報告書」第1編，『理科年表
　東日本大震災の死者・行方不明者の数字は，2023年3月10日現在の

らず実施した。

東日本大震災では、創造的復興が国の方針となり、今日、三陸海岸の自治体は、旧よりはるかに安全なまちを創造すべく大土木工事中である。復興支援の手厚さは、国民が復興増税を受け容れたおかげであろう。

宮城県南三陸町のように、住居はすべて丘の上に高台移転し、平野部に一〇メートルの人工丘をつくり、そこに商店街などを置くまちもある。一〇〇年に一度の津波対応(L1)を基本としているが、一〇〇〇年に一度の津波(L2)に対しても安全度を高めたまちづくりである。

ただ、原発事故にともなう汚染地域は、創造的復興どころではない。そもそも福島第一原発の一〜四号機は廃炉プロセスに入っている。未だに住民が戻れない地区もある。

国家の賑わいと凋落

ポンバル卿は耐震性のある安全な首都を再建しただけでなく、産業活性化にも意を用い、地震による衰退にも立ち向かった。ヨーロッパ諸国から篤《あつ》い支援を受け、最大の植民地であったブラジルに復興税を課して財源とした。

また、大地震の実態を掌握するため、広範なアンケート調査を行ったことは、災害への科学的対処の起点として注目に値する。

ただ、史上稀なほどに立派な創造的復興を成し遂げたリスボンであったが、それによって一国の中長期的興亡まで左右できたわけではない。イベリア半島の一角にある小さな国ポルトガルは、ブラジルのように豊かな植民地を従えることによって大をなしたが、ナポレオン戦争を契機にブラジルはポルトガルから離れていった。さらに先端産業をもってヨーロッパの近代をリードしえたのは、北方の英国などであってポルトガルではなかった。(1)

原発事故で大きく躓《つまず》いたとはいえ、東日本大震災の復興は日本史上最高レベルのものであり、それは史上最良と思われるリスボンの復興に比肩しうると言えよう。では、日本は衰退シナリオを免れるのか。中長期的に日本がポルトガルと異なり、衰退の道を克服するためには、日本経済が持続的に盛況を取り戻す必要がある。そのためには、世界的に高い技術水準を回復しつつ、人口減少を食い止めねばならない。

それが難しいなら、日本は、大国の盛況はなくとも文化面でキラリと光る魅力的な社会であることを求める他はない。西ヨーロッパの中型国家のイメージであるが、国際共同体に守られている西欧と違って、日本には同種の国家が周辺に乏しいので、自国の存立を守る外交と安全保障には格別の注意を要する。

こうしてみれば、災後の日本もポルトガルの宿命を免れ難いと思われるかもしれない。それは震災からの復興によって左右し難い国家の長期的趨勢の問題なのである。

歴史を顧みれば、七世紀の白村江の敗戦後も、十九世紀に黒船により国禁を破られた後も、第二次世界大戦の敗戦後も、日本は外部文明に学びつつ、大躍進を遂げるという驚くべき再生能力を示してきた。いつ再生軌道が発動されるかはわからないが、その時が来ることを期待してよいのではないだろうか。

2　災害対策の現在

復旧か、復興か

災害対策の今後の課題について考えるにあたって、ここまで本書で検討してきたことをふまえ、現状、目の前にある問題、あるいは明るい兆しについてもまとめておく。

まず第一には、単なる復旧か、創造的復興か、国費をもって支えるのは公的機能のみか、私有財産や個人の生活復興までを対象とするかという問題である。

関東大震災では、すでに見たように後藤新平の挫折にもかかわらず、大東京発展の土台となる創造的復興が執り行われた。

阪神・淡路大震災において、被災地を代表する貝原俊民兵庫県知事は、地方分権論の雄として地元主導の復興計画を説き、村山富市内閣もそれに同意した。復興院のような新機関を考えず、全政府挙げて被災地の復興案を支援する方式についても、両者は合意した。

しかし、いくつか意見の相違が残った。知事が創造的復興の旗を掲げたのに対し、中央政府は〝後藤田ドクトリン〟と呼ばれた限界を設定した。国費は〝旧〟に復するためまでであり、新たなよきものは地元の財源でやれ、被災地だからといって「焼け太りは許されない」。また、「法体系の整合性」を中央官庁は説き、被災地の「特区」や被災者個人の生活再建に国費を投ずることを認めなかった。

しかし結局は、被災地の主張が東日本大震災までに認められることになった。

兵庫県と神戸市は、国の同意を得て、九〇〇〇億円の復興基金を創設し、そこから国費では賄えないが、被災地としては行うべきだと考える事業をカバーする措置をとった。個人の生活再建への支援については、全国知事会の同意を得て、全国二五〇〇万人の署名を集め、政治家に働き掛け、震災から三年後、議員立法により「被災者生活再建支援法」が成立した。それは被災者の生活再建に一〇〇万円まで提供できる立法であったが、その後の改正により三〇〇万円まで拡大された。国費が公共部門だけでなく私財の再建のためにも投ぜられることになったのである。それはどの先進国でも行われることであり、国際人道上、当たり前のことである。

今では国連を中心とする国際社会も、災害からの復興について「Build Back Better」(よりよいものに再建)を標語とするに至っている。東日本大震災の発災一カ月後の閣議が、復興構想会議を設置するにあたって「単なる復旧ではなく、未来に向けた創造的復興」を謳ったことは、時代的な認識の進展に即したものであり、関東大震災と阪神・淡路大震災の二災害に繰り返された歴史的対立に決着をつける意味を持った。

阪神・淡路大震災の際に、国家的支援は得られず、兵庫県が被災地において先行的に対応したことに、災害弱者へのケア、心のケアを含む、被災者の生活支援プログラムがある。それらのほぼすべてについて、東日本大震災にあっては、社会的正当性が認知され、国自体が被災者生活支援チームを速やかに起ち上げて、復興の重要な柱と位置づけるに至った。社会認識の成熟を知るべきである(2)。

国際的支援

繰り返すまでもないが、東日本大震災に対する国際的支援の広がりは特筆すべきものであった。

復興に関わった者として、私は外国を訪問した時、その国の格別な支援に対する謝辞から会話を始めるのをつねとした。それに対して、「こちらこそ、日本から多大なODAなどの支援を長く受けてきたことにお礼を言いたい」と返す途上国が少なくなかった。印象的な会話の中で、戦後日本の生き方は間違いではなかったとの想いを強めることもあった。

そして国際的支援と言えば、何といっても米国による「トモダチ作戦」である。

将来の南海トラフや首都震災のような憂慮される巨大災害にあって、日本自身の被災地支援能力は限界を呈するだろう。それだけに、米国をはじめとする国際的支援の重要性は高まらざるをえないのである。

天皇の役割

近代の三つの大震災を通じて被災者に寄り添い、国民的一体性を守る立場を最も鮮明に支持してきたのは、天皇ではないかと思われる。

関東大震災に際して、病身の大正天皇の摂政宮であった裕仁皇太子(のちの昭和天皇)は、被災地の巡視を熱心に行い、九月十二日に焼け落ちた帝都の夜景を見て、「只一ツノ大ナル墓場ノ如キ感」とまで衝撃を語った。(3) 昭和天皇は、伊東巳代治に起草させた詔書にも見たように、創造的復興論者であった。

九月一日の大地震後、十五日と十八日に東京の被災地を再度、巡視した摂政宮は、震災被害について「其《その》程度範囲も甚大、見聞するに従ひ傷心益々深きを覚ゆ」と衝撃を受けたことを牧野伸顕宮内大臣に告げた。さらには「今秋挙行に決定したる」自らの婚儀を「進行するに忍びず、故に延期したし」と述べて、摂政はここまで人間的に成長したかと牧野を感動させた。(4)

皇室が、不幸に投げ込まれた国民に寄り添い、励まそうとするのは、災害ごとに下賜金が繰り返された戦前の行為に示されるように、皇室の一つの伝統である。

平成の天皇に至って、被災者に寄り添う立場はいっそう心のこもったものとなった。一九九〇年の雲仙普賢岳の被災者を見舞った際が最初であったろうか。両陛下は避難所の雑踏に入り、膝をつき座して、被災者と同じ高さになり、言葉をかけて手をとった。最もやんごとなき方がこのように振る舞うことは驚きをもって迎えられ、一部には批判もあったが、両陛下は、以後、すべての被災地を訪ねて、これを繰り返した。

阪神・淡路大震災発災後、二週間を経て、両陛下は現地に迷惑をかけまいとの配慮から、日帰りで被災地を見舞った。両陛下の心のこもった振る舞いに、被災地は感動した。「お二人のお見舞いは、バラバラになりかかっていた人々の心を和らげ、再び一つにし、すさみかかっていた人々の気持ちを元の優しい気持ちに戻してしまわれた」と、淡路北淡町の小久保町長は記している。貝原兵庫県知事によれば、その後、何年にもわたって、被災地復興の状況をつぶさに説明するよう、皇居に招かれ続けたという。(5)

平成の陛下は、新憲法下での「国民統合の象徴」として文字通り生きようとする初めての天皇である。日本が戦災を及ぼした諸外国との和解を通して、国際コミュニティのよき一員として安定すること、国内では災害・疾病・障害などにより不幸な境遇に苦しむ人々をいたわり、国民的一体性の回復に資すること、この二つが平成の天皇と皇后の基本的なテーマだったと思われる。

東日本大震災に対する両陛下の思い入れは深い。発災五日後の三月十六日には、ビデオメッセージを発し、「国民一人ひとりが、被災した各地域の上にこれからも長く心を寄せ、……復興の道のりを見守り続けていくことを心より願っています」[6]と語ったが、だれよりも自らそれを行っていることは、川島裕元侍従長が記すとおりである。

国民的一体性のための心を込めた諸活動を、最も悲惨な事態の中で敢行する。そのことを通して、両陛下は、人を大切にし、よきことを願う国民的道徳の拠点としての役割を果たしていると思われる。

安全なまちの先にあるもの

経済国家としての戦後日本が冷戦終結時のピークから「失われた二〇年」の下降を辿ったところを、東日本大震災が襲った。しかし経済財政が最悪の事態であったにしては、被災地に史上最も手厚い支援がなされて、津波常襲地が安全なまちに生まれ変わろうとしている。国民が復興税を受け容れた結果、財源が確かとなったからである。

歴史的に見ても画期的な安全化が進行する中、不安がよぎるのは、人口減少の社会動向であり、とりわけ被災地で進む少子高齢化である。人口と産業の上昇期ではなく、凋落期に津波常襲地がようやく安全なまちを手にするのは皮肉である。人々を全国から引き寄せる魅力と活力をいかに築くかが、今後の最重要課題となろう。

一部には、速やかな賑わいの回復のため高台移転などせず、海辺に住居と商店街を直ちに再建し、避難路を整備して、津波から逃げることを徹底すればよかったとの意見もある。しかし安全・安心感覚の進んだ今日、津波危険地域に住み続けたい人は多くなく、そのようなまちでは、かえって人口減少を加速する要因ともなろう。住民が津波の危険を忘れて海辺の便利に慣れるとすれば、これまでと同じ悲惨の繰り返しになりかねない。安全性と魅力の両立を図る以外にないと大悟すべきである。

人を呼び集めることのできる魅力あるまちと言えば、まず生業・産業に恵まれた賑わいと活力が第一の要件である。利益の体系に優れていることが基本である。しかし、それだけではない。自然と人間の共生する美しいまちであること、祭りや文化活動が魅力的にして活発であること、そして何よりも大事なのは、人を大切にし合う温かいコミュニティであることである。そのような価値の体系に優れていることが、今日の時代には劣らず重要である。

南海トラフと首都直下への備え

災害対処が、ことが起こってからの後追いパッチワークに流れがちな日本において、今では国土強靭化基本法などによって、次なる大災害への備えが可能となっていることは注目に値する。

和歌山県串本町では、次なる南海トラフ地震津波に備えて、目下高台移転が進行中である。徳島県美波町でも、高台移転計画が住民と徳島大学との連携によって作成されているが、財源は不透明である。国は事前の高台移転のための財源を用意してはいない。

東日本大震災では、増税までして財源をつくった日本であった。それは主として所得税二・一パーセントを二五年間上乗せすることによった。私見では、この増税を継続し、防災庁を設立し、今後の災害想定地への事前対処を順次行うべきである。日本社会は地震が起こってから、その復旧・復興に大金を投ずることをつねとする。しかし、事前に備える方が安く済み、かつ人と社会を多く救うことができる。周期的に津波に襲われる地域のうち、東北の三陸海岸は東日本大震災後の復興によって、将来の津波に対し強靭となった。それに比べ南海トラフの沿岸については、静岡県以外はほとんど対処が進んでいないのではないか。

どこまで備えが進んでいるのか、高知県を訪ねた。

高知平野から黒潮町に向かうと、山が海辺に迫る。あちこちに真新しい津波避難路の標識がある。避難路の整備には国費が七〇パーセントまで出るという。

高知沿岸では地震後一〇分以内に津波が来るので、平野部では丘に逃げる時間がない。そこここに鉄骨避難タワーが建造されている。七〇パーセントまで国費負担で、残り三〇パーセントを県が負担するとの英断の結果、県内には避難路だけでなく、一〇〇以上の避難タワーが林立している。

例えば、黒潮町は地震発生後一〇分以内に三四メートルの津波が襲来するとの警告を国から受けている。絶望的な大津波被災予定地であることを逆手に取って、地域の安全と振興を図る県や自治体の対処には感銘を受けた。ただ、人口三四万人の県都・高知市の備えが最大の問題ではないかと思った。

南海トラフへの備えが最悪事態の想定に基づいているのに対し、首都直下地震については、首都機能の喪失をもたらすような大災害の可能性を排除している。一九七四年に兵庫県や神戸市が震度7の直下型地震が来るとの専門家の答申を受けながら、震度5までの防災対策しか実施しなかったのと同じことを今回も行っているではないだろうか。

近く来るのは関東大震災のような海洋プレート型ではなく、M7クラスの直下型断層による地震に想定を絞っている。おそらくそうであろうが、この対応によって、いつか必ず来る大震災への対処を封印し、東京一極集中の是正を本気で行わないことを正当化している。関東大震災時の一〇倍近い人口集中それ自体が、災害時に二次的な社会災害を併発することを直視せず、中央官庁は人口と首都機能の一極集中を守り続けることを一般意志としている。

それでいて、大災害に対する国家的な事前の備えと、危機の瞬間の統合的対処を可能にする防災庁的な機関の設立を回避している。

非日常的な最悪の事態を考えずに済まし、したがって危機管理のできない日本の政治行政をいつまで続けるつもりであろうか。

日本社会は国防という対外危機対処のために防衛省と自衛隊を保有している。それでいて対外事態よりもはるかに頻度の高い自然災害に対しては第一線部隊(警察・消防・自衛隊など)の援用を考えるだけで、全体を統轄する参謀本部のような中枢機関を持たない。

いつか必ず来る大災害から眼をそむけるのではなく、それを真正面に見据えて研究し、それから国家と国民を守るために何が必要かを検討するため、縦割官庁による分立的対処で済ませず、国家による全体的対処を可能にするための防災庁的な新機関を設立し、速やかに総合対処を開始すべきではないだろうか。

あとがき

災害への対処を考えるに際しての原点は何か、ともし問われれば、私は率直に「阪神・淡路大震災の体験にある」と答えたい。大事にしていたゼミ生の命を奪われ、六〇〇〇人以上の同郷の人々を失うというのは、ありきたりの体験ではない。

歴史家として、社会科学者として、全体的な比較分析を行うことを本書の目的としながら、三大震災のそれぞれにおいて、被災者一人一人の悲惨の実相にも目を向けようとしたのには、私自身が被災地に身を置いていたことの影響があるだろう。大状況の中に生きる人間を見失うまいとするアプローチを私は歴史家として持してきたが、その一般論を超える何かが、災害を論ずる時にはあるかもしれない。

西宮市のわが家は全壊と認定され、妻と娘二人は広島の親しい家族の下に「疎開」した。「つらい疎開生活」という常識に反して、慰問した私が見たのは、幸せそうなわが家族であった。翌朝、六歳の末娘が近所のお姉ちゃんたちに連れられ、己斐《こい》上《うえ》小学校に通うのを、私は表に出て見送った。赤いランドセルをあてがわれ、喜々として階段を跳ね上がっていく小学一年生の末娘の後ろ姿に、私は涙した。

神戸はひとりぼっちではなかったのだ。広島の人たちが、否、全国の人たちが、こんなにも温かく被災地を包摂してくれているのだ。

東日本大震災の復興構想会議議長に任じられた私の立場は自明であった。被災地の人々を見捨てない。不可能をなすとは言わないが、できるかぎりのことをする。この災害列島の住人は、だれもが被災者となりうるのだ。

災害共同体であるという宿命は、国民共同体を強く本格化することを不可避とする。復興構想7原則が明示したように、この列島の住人は「連帯と分かち合い」をもって支え合う以外に、大災害を克服することはできないのだ。自己の存立のためにも、共助の手を差し延べ合う以外にない。

運命によって、阪神・淡路大震災と東日本大震災の双方に関わり、大災害の時代を前線で生きることになった私は、そのような考えを深めた。

それにしても、大災害の時代はなぜかくも私に寄り添うのか。

防衛大学校長を終えて、熊本県立大学理事長に私は転じたが、そこに二〇一六年四月の熊本地震が襲来した。その時、私は西宮市の自宅にいたが、本震の翌日、旧友であり、私を熊本に呼び寄せた蒲島郁夫知事からの電話で、復興への協力を求められた。「熊本地震復旧・復興有識者会議」の座長を務めることとなった。

阪神・淡路大震災の後、鳥取、中越、岩手・宮城を経て、時計回りに東日本大震災に展開したこの列島の震災であるが、熊本地震に至って南西日本に新局面が点火された感が否めない。「この地に水害は多いが、震災はない」といった安全神話の台詞を卒業して、列島の各地が次なる国難に備えることを期待したい。

本書の原本は、二〇一二年から三年八カ月にわたって毎日新聞に連載した「大災害の時代」に手を加えたものである。岸俊光氏をはじめ、毎日新聞の方々にはたいへんお世話になった。

「文庫版への序文」にも記したように、ミシガン大学出版会より英語版が刊行される機に、原著段階では十分に資料のなかった「トモダチ作戦」を新たに書き加えた。さらに、このたび日本語文庫版刊行に際して、新たな研究書が生まれており、それらに基づいて「トモダチ作戦」の項の充実を図った。それに伴い、本書は四章構成から五章構成に拡充した。その意味で本文庫版は単なる再刊ではなく、増補版の出版というべき内容である。ただ本書全体について書き改めることは慎み、たとえば東日本大震災の犠牲者数を最近の統計によって改める程度にとどめた。

謝辞の長いリストは慎みたいが、多くの方々の存在なしに本書は生まれえなかった。とりわけ私のもう一つの職場である「ひょうご震災記念21世紀研究機構」の故貝原俊民初代理事長はじめ、防災・減災に力を尽くす人材群、蒲島郁夫熊本県知事や、東日本大震災復興構想会議と復興庁でご一緒することのできた仲間たちには、深い感謝の念を覚えている。

この列島の住民の安全のために働くすべての人々に、本書を捧げたい。

二〇二三年七月

五百旗頭　真

注

岩波現代文庫版への序文

（1）世界銀行編著『大規模災害から学ぶ——東日本大震災からの教訓』ワシントンDC、二〇一二年。The World Bank, The Great East Japan Earthquake: Learning from Megadisasters, Washington DC, 2012.

はじめに

（1）寒川旭『地震の日本史——大地は何を語るのか〔増補版〕』（中公新書、二〇一一年）。

（2）森本公誠『聖武天皇　責めはわれ一人にあり』（講談社、二〇一〇年）。

（3）自然科学研究機構　国立天文台編『理科年表　2017年版』（丸善出版、二〇一六年）。

第1章

（1）震度の階級については、気象庁ホームページの「気象庁震度階級関連解説表」（https://www.jma.go.jp/jma/kishou/know/shindo/kaisetsu.html）を参照。

（2）池田徹郎の調査。震災予防調査会「震災予防調査会報告」第一〇〇号（一九二五年）所収。

（3）吉村昭『三陸海岸大津波』（文藝春秋、一九七〇年）。

（4）中央防災会議「災害教訓の継承に関する専門調査会報告書　1923関東大震災」（以下、「関東大震災報告書」と略す)第1編(二〇〇六年)。
(5)「関東大震災報告書」第1編。
(6)「関東大震災報告書」第1編。
(7)吉村昭『関東大震災』(文藝春秋、一九七三年)。
(8)横浜市市史編纂係『横浜市震災誌』第一冊(横浜市市史編纂係、一九二六年)。
(9)「関東大震災報告書」第1編。
(10)吉村前掲『関東大震災』。
(11)「関東大震災報告書」第1編、自然科学研究機構 国立天文台編『理科年表 2017年版』(丸善出版、二〇一六年)。
(12)「関東大震災報告書」第1編、同前『理科年表 2017年版』。
(13)山本純美『江戸の火事と火消』(河出書房新社、一九九三年)。
(14)中央防災会議「災害教訓の継承に関する専門調査会報告書 1657明暦の江戸大火」(二〇〇四年)。
(15)室崎益輝「函館大火(一九三四)と酒田大火(一九七六)」ひょうご震災記念21世紀研究機構災害対策全書編集企画委員会編『災害対策全書1 災害概論』(ぎょうせい、二〇一一年)。
(16)震災予防調査会「震災予防調査会報告」第一〇〇号(一九二五年)。
(17)「関東大震災報告書」第2編(二〇〇八年)。
(18)東京市編纂『東京震災録』前・中・後(東京市役所、一九二六年)。
(19)ひょうご震災記念21世紀研究機構調査研究本部「リスボン地震とその文明史的意義の考察 研究調査報告書」(ひょうご震災記念21世紀研究機構、二〇一五年)。

(20)「関東大震災報告書」第2編。
(21)吉村前掲『関東大震災』。
(22)警視庁編『大正大震火災誌』(警視庁、一九二五年)。
(23)「関東大震災報告書」第2編。
(24)内務省社会局編『大正震災志』上(内務省社会局、一九二六年)。
(25)「在日朝鮮同胞慰問会」調査。
(26)波多野勝・飯森明子『関東大震災と日米外交』(草思社、一九九九年)、内務省社会局編『大正震災志』下(内務省社会局、一九二六年)。
(27)鶴見祐輔『後藤新平』第四巻(勁草書房、一九六七年)、故伯爵山本海軍大将伝記編纂会編『伯爵山本権兵衛伝』下巻(山本清、一九三八年)。
(28)金七紀男「リスボン大震災と啓蒙都市の建設」『JCAS連携研究成果報告』8(二〇〇五年)。
(29)鶴見『後藤新平』、後藤新平研究会編著『震災復興　後藤新平の120日――都市は市民がつくるもの』(藤原書店、二〇一一年)。
(30)宮内庁『昭和天皇実録』第三(東京書籍、二〇一五年)。
(31)高橋重治編『帝都復興史』全三巻(復興調査協会、一九三〇年)。
(32)渋沢栄一記念財団・渋沢史料館『渋沢栄一と関東大震災』二〇一〇年。渋沢史料館の桑原功一氏に資料面でお世話になった。
(33)高橋前掲『帝都復興史』第六章。
(34)筒井清忠『帝都復興の時代　関東大震災以後』(中公選書、二〇一一年)。
(35)同前筒井書、前掲『震災復興　後藤新平の120日』。

(36)「関東大震災報告書」第3編(二〇〇九年)、大霞会編『内務省史』第三巻(地方財務協会、一九七一年)、副田義也『内務省の社会史』(東京大学出版会、二〇〇七年)、高橋編前掲『帝都復興史』。

第2章

(1) ひょうご震災記念21世紀研究機構災害対策全書編集企画委員会編『災害対策全書1 災害概論』(ぎょうせい、二〇一一年)、深尾良夫・石橋克彦編『阪神・淡路大震災と地震の予測』(岩波書店、一九九六年)、日本地震学会・地盤工学会・土木学会・日本建築学会・日本機械学会による共同調査報告のうち阪神・淡路大震災調査報告編集委員会編著『阪神・淡路大震災調査報告 共通編2』(土木学会・日本建築学会、一九九八年)など。

(2) 警察庁編『警察白書 平成7年版』(大蔵省印刷局、一九九五年)。

(3) 日本火災学会『1995年兵庫県南部地震における火災に関する調査報告書』(日本火災学会、二〇一一年)。

(4) 同前書。

(5) 阪神・淡路大震災記念協会(現ひょうご震災記念21世紀研究機構)編『阪神・淡路大震災記念協会オーラル・ヒストリー』(人と防災未来センター図書館所蔵)。(以下、阪神・淡路大震災オーラル・ヒストリー、と略す)

(6) 日本消防協会編『阪神・淡路大震災誌』(日本消防協会、一九九六年)。

(7) 小久保正雄北淡町〔現淡路市〕町長へのインタビュー(二〇〇二年八月七日、北淡町役場にて)、阪神・淡路大震災オーラル・ヒストリー所収。

(8) 繁田《はんだ》安啓《やすひろ》北淡町消防団副団長の談話、日本消防協会前掲編書『阪神・淡路大震災誌』所収。

(9) 山田知《さとる》西宮市教育長（のち市長）へのインタビュー（二〇〇五年八月二十五日、西宮市役所にて）、阪神・淡路大震災オーラル・ヒストリー所収。

(10) 前澤朝江兵庫県婦人防火クラブ連絡協議会会長の談話、日本消防協会前掲編書『阪神・淡路大震災誌』所収。

(11) 小田千鶴子神戸大学医学部付属病院集中治療部副看護婦長の談話、同前書所収。

(12) 三宅仁長田区西代戸崎自治会連合協議会副会長の談話、同前書所収。

(13) 川合友一芦屋市消防団長の談話、同前書所収。

(14) 『読売新聞』一九九五年二月十九日付。

(15) 滝藤浩二兵庫県警本部長へのインタビュー（二〇〇二年九月十九日、JR西日本本社にて）、および国松孝次警察庁長官へのインタビュー（二〇〇四年十月七日、東京：損保ジャパン本社にて）、共に阪神・淡路大震災オーラル・ヒストリー所収。『毎日新聞』一九九五年三月十二日付を参照。

(16) 関沢愛「地震火災の被害軽減対策」ひょうご震災記念21世紀研究機構災害対策全書編集企画委員会編『災害対策全書2　応急対応』（ぎょうせい、二〇一一年）。

(17) 消防庁編『阪神・淡路大震災の記録』第二巻（ぎょうせい、一九九六年）。

(18) 関沢前掲「地震火災の被害軽減対策」。

(19) 消防庁前掲編書『阪神・淡路大震災の記録』別巻資料編（ぎょうせい、一九九六年）。

(20) 日本火災学会前掲『1995年兵庫県南部地震における火災に関する調査報告書』。

(21) 消防庁前掲編書『阪神・淡路大震災の記録』第二巻、六七頁。

(22) 上川庄二郎神戸市消防局長へのインタビュー（一九九九年十二月六日、阪神・淡路大震災記念協会にて）、阪神・淡路大震災オーラル・ヒストリー所収。公刊されたものとして阪神復興・岩井フォーラム事務局「岩井フォーラム講話集」第三号(二〇〇六年)。
(23) 林政夫陸上自衛隊第三特科連隊長へのインタビュー(二〇〇五年七月二十九日、高知県庁にて)、阪神・淡路大震災オーラル・ヒストリー所収のほか、松島悠佐《ゆうすけ》『阪神大震災 自衛隊かく戦えり』(時事通信社、一九九六年)にも、姫路連隊の動きはかなり言及されている。公式記録である防衛庁陸上幕僚監部『阪神・淡路大震災災害派遣行動史 平成7年1月17日〜4月27日』(陸上自衛隊第一〇師団、一九九五年)も参照。
(24) 野口一行兵庫県防災係長へのインタビュー(一九九八年六月二十二日、阪神・淡路大震災記念協会にて)、阪神・淡路大震災オーラル・ヒストリー所収。齋藤富雄秘書課長〔のち副知事〕の手になる記録メモ「阪神・淡路大震災における自衛隊の災害派遣の初動をめぐって」(二〇一〇年二月八日)、自衛隊側は林第三特科連隊長へのインタビューと、防衛庁陸上幕僚監部前掲『阪神・淡路大震災災害派遣行動史』。
(25) 黒川雄三陸上自衛隊第三六普通科連隊長へのインタビュー(二〇〇五年九月十七日、滋賀県守山市黒川氏宅にて)、および松島悠佐中部方面総監へのインタビュー(二〇〇四年十月六日、東京：ダイキン本社にて)、共に阪神・淡路大震災オーラル・ヒストリー所収のほか、松島前掲『阪神大震災 自衛隊かく戦えり』、防衛庁陸上幕僚監部前掲『阪神・淡路大震災災害派遣行動史』。
(26) 神戸商船大学『震度7の報告――その時、神戸商船大学では…』(神戸商船大学、一九九六年)、日本消防協会前掲編書『阪神・淡路大震災誌』。
(27) 有田俊晃白鷗寮自治会長の回想、同前神戸商船大学『震度7の報告』。
(28) 河田惠昭「大規模地震災害による人的被害の予測」『自然災害科学』Vol. 16, No. 1(日本自然科学学会、一九九七年)。

(29) 二〇〇六年五月十九日、消防庁確定。
(30) 災害関連死についてのまとまった記述はなく、筆者の諸関係者への問い合わせによる。
(31) 阪神・淡路大震災調査報告編集委員会前掲編著『阪神・淡路大震災調査報告 共通編2』、特に「第7章 地震動特性」による。
(32) 『神戸新聞』一九七四年六月二十六日付夕刊。
(33) 同前『神戸新聞』。
(34) 松下勉伊丹市長へのインタビュー(二〇〇七年一月二十五日、阪神・淡路大震災記念協会にて)、および宮田良雄尼崎市長へのインタビュー(二〇〇六年十二月九日、阪神・淡路大震災記念協会にて)、共に前掲阪神・淡路大震災オーラル・ヒストリー所収。尼崎市は四九名、伊丹は二二名の犠牲者を出した。
(35) 北村春江芦屋市長へのインタビュー(二〇〇三年九月十九日、阪神・淡路大震災記念協会にて)、および後藤太郎助役へのインタビュー(二〇〇三年八月七日、阪神・淡路大震災記念協会にて)、共に前掲阪神・淡路大震災オーラル・ヒストリー所収、五百旗頭真「危機管理—行政の対応」朝日新聞大阪本社「阪神・淡路大震災誌」編集委員会編『阪神・淡路大震災誌——1995年兵庫県南部地震』(朝日新聞社、一九九六年)、高寄昇三『阪神大震災と自治体の対応』(学陽書房、一九九六年)。
(36) 笹山幸俊神戸市長へのインタビュー(二〇〇一年二月五日、神戸国際会館にて)、山下彰啓局長へのインタビュー(一九九九年十一月十八日、神戸市役所にて)、および貝原俊民兵庫県知事へのインタビュー(二〇〇一年十月五日、兵庫県庁にて)、いずれも前掲阪神・淡路大震災オーラル・ヒストリー所収。
(37) 馬場順三西宮市長へのインタビュー(二〇〇二年十月三日、西宮市役所)、および前掲山田教育長へのインタビュー、前掲阪神・淡路大震災オーラル・ヒストリー所収。

(38) 貝原兵庫県知事への前掲インタビュー、芦尾長司副知事へのインタビュー(二〇〇〇年八月三十日、みなと銀行本店にて)、前掲阪神・淡路大震災オーラル・ヒストリー所収、野口係長へのインタビュー、および前掲齋藤メモ「阪神・淡路大震災における自衛隊の災害派遣の初動をめぐって」などによる。

(39) 貝原知事へ筆者個人のインタビュー一九九五年四月十五日、兵庫地域政策研究機構にて。五百旗頭「危機管理―行政の対応」はこのオーラル・ヒストリーに基づいている。

(40) 貝原俊民『兵庫県知事の阪神・淡路大震災――15年の記録』(丸善、二〇〇九年)。

(41) 検視結果に基づく警察庁の推計。警察庁編『警察白書 平成7年版』所収。

(42) 村山富市首相へのインタビュー(二〇〇三年二月十九日)、五十嵐広三内閣官房長官へのインタビュー(二〇〇三年六月三日)、および石原信雄副長官へのインタビュー(二〇〇三年四月八日)、いずれも前掲阪神・淡路大震災オーラル・ヒストリー、村山富市述/薬師寺克行編『村山富市回顧録』(岩波書店、二〇一二年)、五十嵐広三『官邸の螺旋階段――市民派官房長官奮闘記』(ぎょうせい、一九九七年)、石原信雄述/御厨貴・渡邉昭夫インタヴュー・構成『首相官邸の決断――内閣官房副長官石原信雄の2600日』(中央公論社、一九九七年)、山川雄巳「阪神・淡路大震災における村山首相の危機管理リーダーシップ」『関西大学法学論集』47(関西大学法学会、一九九七年)、五百旗頭「危機管理―行政の対応」。

(43) 村山首相へのインタビュー(二〇〇三年二月十九日)、および小里貞利沖縄・北海道開発担当大臣へのインタビュー(二〇〇二年八月二十一日)、前掲阪神・淡路大震災オーラル・ヒストリー所収。

(44) 阪神・淡路大震災記念協会編『翔べフェニックス――創造的復興への群像』(阪神・淡路大震災記

念協会、二〇〇五年）第11章。

(45) 同前『翔べフェニックス』。

(46) 前掲村山首相へのインタビュー、五十嵐内閣官房長官へのインタビュー、および下河辺淳氏へのインタビュー（二〇〇〇年五月十一日）、貝原前掲書『兵庫県知事の阪神・淡路大震災』。

(47) 御厨貴・金井利之・牧原出インタビュー「『阪神・淡路震災復興委員会』（1995―1996）委員長　下河辺淳『同時進行』オーラルヒストリー」上『C. O. E. オーラル・政策研究プロジェクト』上（GRIPS、二〇〇二年）。

(48) 前掲『翔べフェニックス』。

(49) 前掲『翔べフェニックス』、前掲下河辺淳『同時進行』オーラルヒストリー」下。

(50) 前掲『村山富市回顧録』。

(51) 村山富市首相への筆者の質問（二〇一五年一月十七日、神戸にて）。

(52) 前掲『翔べフェニックス』。

第3章

(1) 警察庁「東日本大震災と警察」（警察庁、二〇一二年）によると、溺死一万四三〇八体、九〇・六パーセント、圧死等六六七体、四・二パーセント、焼死一四五体、〇・九パーセントとしている。

(2) 消防庁災害対策本部「東日本大震災」第一四九報（消防庁、二〇一四年）、自然科学研究機構　国立天文台編『理科年表　2017年版』（丸善出版、二〇一六年）。

(3) 河田惠昭「巨大災害としての東日本大震災」関西大学社会安全学部編『東日本大震災復興5年目の検証――復興の実態と防災・減災・縮災の展望』（ミネルヴァ書房、二〇一六年）。

(4)　津波の観測値は、消防庁「東日本大震災記録集　二〇一三年三月」(消防庁、二〇一三年)の表2・2-4、海底での地震活動の広がりについては、岡田義光「二〇一一年東北地方太平洋沖地震の概要」防災科学技術研究所編集委員会『防災科学技術研究所主要災害調査』第四八号(二〇一二年)など。
(5)　日本気象協会「地震津波の概要　第三報」『災害と防災・防犯統計データ集〈二〇一四〉』(三冬社、二〇一四年)。
(6)　内務大臣官房都市計画課「三陸津波に因る被害町村の復興計画報告書」(一九三四年)(以下、「内務省報告書」(一九三四年)と略す)。
(7)　消防庁災害対策本部前掲「東日本大震災」第一四九報(二〇一四年)。
(8)　村井俊治『東日本大震災の教訓――津波から助かった人の話』(古今書院、二〇一一年)。
(9)　河北新報社編集局『再び、立ち上がる!――河北新報社、東日本大震災の記録』(筑摩書房、二〇一二年)。
(10)　NHK東日本大震災プロジェクト『証言記録　東日本大震災Ⅱ』(NHK出版、二〇一四年)。
(11)　村井前掲『東日本大震災の教訓』。
(12)　河北新報社編集局前掲『再び、立ち上がる!』。
(13)　二〇一二年八月現在、国土交通省海事局調べ。五百旗頭真「東日本大震災」ひょうご震災記念21世紀研究機構災害対策全書編集企画委員会編『災害対策全書　別冊――「国難」となる巨大災害に備える』(ぎょうせい、二〇一五年)所収。
(14)　社会経済史学者の森嘉兵衛氏。山下文男『哀史　三陸大津波――歴史の教訓に学ぶ』(河出書房新社、二〇一一年)所収。
(15)　京都大学防災研究所の中村重久氏。山下同前『哀史　三陸大津波』所収。

(16)「内務省報告書」(一九三四年)。
(17)山下前掲『哀史 三陸大津波』。
(18)中央防災会議「災害教訓の継承に関する専門調査会報告書 1896明治三陸津波」(二〇〇五年)。なお、綾里の三度にわたる津波被害と復興については、饗庭伸ほか『津波のあいだ、生きられた村』(鹿島出版会、二〇一九年)が詳細に追跡している。
(19)山下前掲『哀史 三陸大津波』。
(20)「内務省報告書」(一九三四年)。
(21)山下前掲『哀史 三陸大津波』。
(22)「内務省報告書」(一九三四年)。
(23)「内務省報告書」(一九三四年)。
(24)「内務省報告書」(一九三四年)。
(25)北原糸子『津波災害と近代日本』(吉川弘文館、二〇一四年)。
(26)山下前掲『哀史 三陸大津波』、中央防災会議前掲「1896明治三陸津波」、岩手県「巖手《いわて》県海《かい》嘯《しょう》状況調査書」(一八九六年)、高山文彦『大津波を生きる――巨大防潮堤と田老百年のいとなみ』(新潮社、二〇一二年)。
(27)NHK東日本大震災プロジェクト『証言記録 東日本大震災Ⅱ』。
(28)消防庁災害対策本部「東日本大震災」第一四九報(二〇一四年)。
(29)NHKスペシャル取材班『巨大津波――その時ひとはどう動いたか』(岩波書店、二〇一三年)。
(30)南三陸消防署・亘理消防署・神戸市消防局・川井龍介編『東日本大震災 消防隊員死闘の記――津波と瓦礫のなかで』(旬報社、二〇一二年)。

（31）警察庁緊急災害警備本部「東日本大震災における警察活動に係る検証」（警察庁、二〇一一年）。
（32）福島県警察本部監修『ふくしまに生きる　ふくしまを守る――警察官と家族の手記』（福島県警察互助会、二〇一二年）。
（33）同前『ふくしまに生きる　ふくしまを守る』。
（34）同前『ふくしまに生きる　ふくしまを守る』。
（35）前掲「東日本大震災における警察活動に係る検証」、警察庁「東日本大震災に伴う警察措置」（警察庁、二〇一六年）。
（36）國友昭多賀城連隊長が「本当のことが書けるよう」全隊員に無記名で書かせた報告書の一節。瀧野隆浩『ドキュメント　自衛隊と東日本大震災』（ポプラ社、二〇一二年）所収。
（37）君塚栄治東北方面総監の筆者への談話および防衛大学校での前総監の講話（二〇一一年十月二十一日）、須藤彰『自衛隊救援活動日誌　東北地方太平洋沖地震の現場から』（扶桑社、二〇一一年）など。なお、君塚陸将はその後、陸上幕僚長となり、二〇一五年十二月に急逝された。冥福を祈りたい。
（38）日本防衛学会「自衛隊災害派遣の実態と課題」日本防衛学会編『防衛学研究』第四六号（二〇一二年）、火箱芳文『即動必遂――東日本大震災陸上幕僚長の全記録』（マネジメント社、二〇一五年）。
（39）火箱芳文陸上幕僚長とは、筆者の防衛大学校長時代に幹事（制服の副校長）として補佐を受けた関係にあり、陸幕長就任後も防衛省幹部として折々に会い、かつ携帯電話を自由に使うことができた。それゆえ、いつどこでうかがったかは、今では特定し難い。
（40）火箱陸幕長には折々の会話の中で、折木良一統合幕僚長には防衛省（市ヶ谷）での会議の折などに、筆者が関心をもって尋ねた。
（41）高嶋博視『武人の本懐　FROM THE SEA――東日本大震災における海上自衛隊の活動記録』（講

談社、二〇一四年）。

(42) 大畠章宏編『東日本大震災 緊急対応88の知恵——国交省初動の記録』（勉誠出版、二〇一二年）、震災対応セミナー実行委員会編『3・11大震災の記録——中央省庁・被災自治体・各士業等の対応』（民事法研究会、二〇一二年）。

(43) 日本赤十字社「東日本大震災——救護活動から復興支援までの全記録」（二〇一五年）、熊本赤十字病院「復興への軌跡——東日本大震災82時間の救護記録」（二〇一四年）、井清司企画編集「特集 災害医療と東日本大震災」『レジデント』二〇一二年七月号（医学出版）、宮城県「東日本大震災——宮城県の発災後1年間の災害対応の記録とその検証」（二〇一五年）。

(44) 青木栄一編『復旧・復興へ向かう地域と学校』〈村松岐夫・恒川惠市監修『大震災に学ぶ社会科学』第六巻〉（東洋経済新報社、二〇一五年）、消防庁前掲「東日本大震災記録集 二〇一三年三月」。

(45) 善教将大《まさひろ》氏のひょうご震災記念21世紀研究機構での報告による。同報告はその後、善教将大「災害時相互応援協定は機能したか——被災自治体サーベイを用いた分析」五百旗頭真監修／大西裕編著『災害に立ち向かう自治体間連携——東日本大震災にみる協力的ガバナンスの実態』（ミネルヴァ書房、二〇一七年）所収。

(46) 兵庫県復興支援課「東日本大震災に係る支援」（二〇一五年）。

(47) 関西広域連合広域防災局の筆保《ふでやす》慶一氏と兵庫県防災企画局の筆保慶一氏より教示を得た。兵庫県「東日本大震災 兵庫県の支援1年の記録」（二〇一二年）、河本《こうもと》尋子・重川希志依《しげかわきしえ》・田中聡「ヒアリング調査による災害応援・受援業務に関する考察——東日本大震災の事例」『地域安全学会論文集』二〇号（二〇一三年）。

(48) 総務省「各都道府県による被災県に対する支援状況（二〇一二年三月二一日）」（総務省ホームペー

ジhttps://www.soumu.go.jp/main_content/000151767.pdf)。
(49) ひょうご震災記念21世紀研究機構「第二回自治体災害対策全国会議報告書」(二〇一三年)。田中良区長の説明も再三うけた。
(50) 藤沢烈「公共を支える企業」岡本全勝編『東日本大震災 復興が日本を変える――行政・企業・NPOの未来のかたち』(ぎょうせい、二〇一六年)。
(51) 藤沢「公共を支える企業」。
(52) 遠野市「遠野市後方支援活動検証記録誌」(二〇一三年)。

第4章

(1) 小滝晃『東日本大震災 緊急災害対策本部の90日――政府の初動・応急対応はいかになされたか』(ぎょうせい、二〇一三年)、菅直人『東電福島原発事故 総理大臣として考えたこと』(幻冬社新書、二〇一二年)、福山哲郎『原発危機 官邸からの証言』(ちくま新書、二〇一二年)、船橋洋一『カウントダウン・メルトダウン』上(文藝春秋、二〇一二年)、木村英昭『検証 福島原発事故――官邸の一〇〇時間』(岩波書店、二〇一二年)が発災当初に詳しい。
(2) 北澤俊美『日本に自衛隊が必要な理由』(角川oneテーマ21、二〇一二年)、火箱芳文『即動必遂――東日本大震災陸上幕僚長の全記録』(マネジメント社、二〇一五年)。
(3) 福山前掲書『原発危機 官邸からの証言』。
(4) 共同通信社原発事故取材班・高橋秀樹編著『全電源喪失の記憶――証言・福島第1原発――1000日の真実』(祥伝社、二〇一五年)。
(5) 福島原発事故記録チーム編『福島原発事故 東電テレビ会議49時間の記録』(岩波書店、二〇一三年）。

（6）門田隆将《りゅうしょう》『死の淵を見た男　吉田昌郎と福島第一原発の五〇〇日』（PHP研究所、二〇一二年）、高橋前掲編著『全電源喪失の記憶』、船橋前掲『カウントダウン・メルトダウン』上、福島原発事故記録チーム編『福島原発事故　タイムライン2011―2012』（岩波書店、二〇一三年）。

（7）高橋前掲編著『全電源喪失の記憶』。

（8）福島原発事故独立検証委員会（民間事故調）『福島原発事故独立検証委員会　調査・検証報告書』（ディスカヴァー・トゥエンティワン、二〇一二年）を参照。

（9）外務省『東日本大震災と日米関係』二〇一一年六月集計。

（10）在日米軍の実員は絶えず動いており定かではないが、東日本大震災当時の米国政府軍部広報を元にした北村淳編著『写真で見るトモダチ作戦』（並木書房、二〇一一年）によると、当時の基地要員等を除く実戦部隊は、海兵隊一万七〇〇〇、海軍一万三〇〇〇、空軍一万二五〇〇、陸軍二三〇〇、合計およそ四万四八〇〇の兵力であったという。

（11）日米協会編／五百旗頭真・久保文明・佐々木卓也・簑原俊洋監修『もう一つの日米交流史――日米協会資料で読む20世紀』（中央公論新社、二〇一二年）、波多野・飯森前掲『関東大震災と日米外交』。

（12）村上友章「自衛隊の災害派遣の史的展開」『国際安全保障』四一―二（二〇一三年）。なお各災害の死者数は、『理科年表』（丸善出版、二〇一六年）によった。

（13）村上友章「自衛隊の災害救援活動――戦後日本における「国防」と「防災」の相克」片山裕編著『防災をめぐる国際協力のあり方』（ミネルヴァ書房、二〇一七年）。

（14）五百旗頭真「復興思想の変容」五百旗頭真・御厨貴・飯尾潤監修『総合検証　東日本大震災からの復興』（岩波書店、二〇二一年）。

(15) 中林啓修「米軍による日本国内での災害救援」『地域安全学会論文集』(二〇一七年)。国連を中心とする災害認識の変容と日本の対処については、楠綾子・栗栖薫子「日本の国際緊急援助・国際防災協力政策の展開」前掲片山編著所収。
(16) 船橋洋一『カウントダウン・メルトダウン』下(文藝春秋、二〇一二年)、磯部晃一『トモダチ作戦の最前線』(彩流社、二〇一九年)。船橋書と同様に磯部書も、日米両国の関係者から著者自身が証言を得て確かめており、信頼性が高い。以下の記述も多く両書に依っている。
(17) 北村前掲編著に在日米軍関係の日々の展開が詳しい。
(18) 磯部前掲書、菅直人前掲書、福山哲郎前掲書、門田前掲書、木村英昭前掲書、船橋前掲書。
(19) 磯部前掲書、船橋前掲書。
(20) 磯部前掲書、船橋前掲書。
(21) 北村前掲編書。
(22) ロバート・D・エルドリッヂ「東日本大震災における米軍のトモダチ作戦」前掲片山編著書。同『トモダチ作戦――気仙沼大島と米軍海兵隊の奇跡の〝絆〟』(集英社文庫、二〇一七年)、同編『次の大震災に備えるために――アメリカ海兵隊の「トモダチ作戦」経験者たちが提言する軍民協力の新しいあり方』(近代消防新書、二〇一六年)。
(23) 菅直人首相の筆者への応答(二〇一一年三月二十日、防衛大学校にて)。
(24) 福山哲郎内閣官房副長官(政務)への筆者によるインタビュー(二〇一四年五月十三日、参議院議員会館にて)および瀧野欣弥内閣官房副長官(事務)への筆者によるインタビュー(二〇一四年五月十四日、都道府県会館にて)。
(25) 復興構想会議の第一回会合(四月十四日)に配布された議長提出資料。

(26)　東日本大震災復興構想会議の議事録（第一回 二〇一一年四月十四日～第十三回 十一月十日）は、各発言者が手を入れたうえ、公表されている。

(27)　東日本大震災復興構想会議報告書「復興への提言——悲惨のなかの希望」（二〇一一年六月二十五日）の冒頭に「復興構想7原則」が掲げられている（内閣官房ホームページ https://www.cas.go.jp/jp/fukkou/）。

(28)　五百旗頭真「東日本大震災復興構想会議の役割」、飯尾潤「復興対策本部と復興基本法、復興庁の発足」、林俊行「東日本大震災復興財政（復興基金）」。いずれもひょうご震災記念21世紀研究機構災害対策全書編集企画委員会編『災害対策全書 別冊——「国難」となる巨大災害に備える』（ぎょうせい、二〇一五年）所収。牧原出「政治主導のもとでの専門知としての政治学の役割——東日本大震災復興構想会議をめぐって」『立命館法学』第399・400号、二〇二二年三月。本論文は第三者による初めての本格的分析である。

(29)　被災地の類型化については、復興構想会議検討部会のメンバーであった広田純一岩手大学教授（当時）の報告に教えられた。論文として、広田「被災類型によって違う復興の形」、五百旗頭・御厨・飯尾監修『総合検証 東日本大震災からの復興』（岩波書店、二〇二一年）。

(30)　二〇一五年の被災地視察に際して、復興庁、岩手県、沿岸市町村の方々、広田教授、手塚さや香釜石市復興支援員はじめ多くの方々からご教示をいただいた。

(31)　岩手県には、二〇一五年四月下旬、宮城県から福島県にかけて、同年六月八日から十三日、さらに福島原発サイトについては、六月二十九日に、現場を視察した結果の報告である。

第5章

（1）計盛《かずもり》哲夫「リスボン地震の緊急対応と復旧・復興」ひょうご震災記念21世紀研究機構災害対策全書編集企画委員会編『災害対策全書　別冊――「国難」となる巨大災害に備える』（ぎょうせい、二〇一五年）、ひょうご震災記念21世紀研究機構調査研究本部「リスボン地震とその文明史的意義の考察研究調査報告書」（二〇一五年）。
（2）阪神・淡路大震災記念協会編『翔べフェニックス――創造的復興への群像』（阪神・淡路大震災記念協会、二〇〇五年）、岡本全勝編『東日本大震災　復興が日本を変える――行政・企業・NPOの未来のかたち』（ぎょうせい、二〇一六年）。
（3）宮内庁『昭和天皇実録』第三（東京書籍、二〇一五年）。
（4）波多野・飯森前掲書。
（5）貝原俊民『兵庫県知事の阪神・淡路大震災――15年の記録』（丸善、二〇〇九年）。
（6）川島裕「天皇皇后両陛下　五年間の祈り」『文藝春秋』（二〇一六年四月号）、川島裕『随行記――天皇皇后両陛下にお供して』（文藝春秋、二〇一六年）。

参考文献

書籍・論文など

青木栄一編『復旧・復興へ向かう地域と学校』〈村松岐夫・恒川惠市監修『大震災に学ぶ社会科学』第六巻〉(東洋経済新報社、二〇一五年)。

饗庭伸、青井哲人、池田浩敬、石榑督和、岡村健太郎、木村周平、辻本侑生『津波のあいだ、生きられた村』鹿島出版会、二〇一九年。

井清司企画編集「特集 災害医療と東日本大震災」『レジデント』二〇一二年七月号(医学出版)。

飯尾潤「復興対策本部と復興基本法、復興庁の発足」ひょうご震災記念21世紀研究機構災害対策全書編集企画委員会編『災害対策全書 別冊――「国難」となる巨大災害に備える』(ぎょうせい、二〇一五年)。

五百旗頭真「危機管理―行政の対応」朝日新聞大阪本社「阪神・淡路大震災誌」編集委員会編『阪神・淡路大震災誌――1995年兵庫県南部地震』(朝日新聞社、一九九六年)。

五百旗頭真「東日本大震災」ひょうご震災記念21世紀研究機構災害対策全書編集企画委員会編『災害対策全書 別冊』。

五百旗頭真「東日本大震災復興構想会議の役割」ひょうご震災記念21世紀研究機構災害対策全書編集企画委員会編『災害対策全書 別冊』。

五百旗頭真監修／大西裕編著『災害に立ち向かう自治体間連携――東日本大震災にみる協力的ガバナン

スの実態』(ミネルヴァ書房、二〇一七年)。

五百旗頭真監修/片山裕編著『防災をめぐる国際協力のあり方』(ミネルヴァ書房、二〇一七年)。

五百旗頭真・御厨貴・飯尾潤監修『総合検証 東日本大震災からの復興』(岩波書店、二〇二一年)。

五十嵐広三『官邸の螺旋階段——市民派官房長官奮闘記』(ぎょうせい、一九九七年)。

石原信雄述/御厨貴・渡邉昭夫インタヴュー・構成『首相官邸の決断——内閣官房副長官石原信雄の2600日』(中央公論社、一九九七年)。

磯部晃一『トモダチ作戦の最前線』(彩流社、二〇一九年)。

岩手県「巌手県海嘯状況調査書」(一八九六年)。

NHKスペシャル取材班『巨大津波——その時ひとはどう動いたか』(岩波書店、二〇一三年)。

NHK東日本大震災プロジェクト『証言記録 東日本大震災II』(NHK出版、二〇一四年)。

エルドリッヂ、ロバート・D編『次の大震災に備えるために——アメリカ海兵隊の「トモダチ作戦」経験者たちが提言する軍民協力の新しいあり方』(近代消防新書、二〇一六年)。

エルドリッヂ、ロバート・D「東日本大震災における米軍のトモダチ作戦——国際支援と防災協力のあり方」五百旗頭監修/片山編著『防災をめぐる国際協力のあり方』。

エルドリッヂ、ロバート・D『トモダチ作戦——気仙沼大島と米軍海兵隊の奇跡の〝絆〟』(集英社文庫、二〇一七年)。

大畠章宏編『東日本大震災 緊急対応88の知恵——国交省初動の記録』(勉誠出版、二〇一二年)。

岡田義光「二〇一一年東北地方太平洋沖地震の概要」防災科学技術研究所編集委員会『防災科学技術研究所主要災害調査』第四八号(二〇一二年)。

岡本全勝編『東日本大震災 復興が日本を変える——行政・企業・NPOの未来のかたち』(ぎょうせい、

二〇一六年)。

貝原俊民『兵庫県知事の阪神・淡路大震災――15年の記録』(丸善、二〇〇九年)。

外務省『東日本大震災と日米関係』二〇一一年六月集計。

計盛哲夫「リスボン地震の緊急対応と復旧・復興」ひょうご震災記念21世紀研究機構災害対策全書編集企画委員会編『災害対策全書 別冊』。

門田隆将『死の淵を見た男 吉田昌郎と福島第一原発の五〇〇日』(PHP研究所、二〇一二年)。

河北新報社編集局『再び、立ち上がる！――河北新報社、東日本大震災の記録』(筑摩書房、二〇一二年)。

川島裕「天皇皇后両陛下 五年間の祈り」『文藝春秋』(二〇一六年四月号)。

川島裕『随行記――天皇皇后両陛下にお供して』(文藝春秋、二〇一六年)。

河田惠昭「大規模地震災害による人的被害の予測」『自然災害科学』Vol. 16, No. 1(日本自然科学学会、一九九七年)。

河田惠昭「巨大災害としての東日本大震災」関西大学社会安全学部編『東日本大震災復興5年目の検証――復興の実態と防災・減災・縮災の展望』(ミネルヴァ書房、二〇一六年)。

菅直人『東電福島原発事故 総理大臣として考えたこと』(幻冬社新書、二〇一二年)。

気象庁「気象庁震度階級関連解説表」(気象庁ホームページ https://www.jma.go.jp/jma/kishou/know/shindo/kaisetsu.html)。

北澤俊美『日本に自衛隊が必要な理由』(角川 one テーマ21、二〇一二年)。

北原糸子『津波災害と近代日本』(吉川弘文館、二〇一四年)。

北村淳編著『写真で見るトモダチ作戦』(並木書房、二〇一一年)。

木村英昭『検証 福島原発事故――官邸の一〇〇時間』(岩波書店、二〇一二年)。

共同通信社原発事故取材班・高橋秀樹編著『全電源喪失の記憶――証言・福島第1原発――1000日の真実』(祥伝社、二〇一五年)。

金七紀男「リスボン大震災と啓蒙都市の建設」『JCAS連携研究成果報告』8(二〇〇五年)。

楠綾子・栗栖薫子「日本の国際緊急援助・国際防災協力政策の展開」前掲片山編著所収。

宮内庁『昭和天皇実録』第三(東京書籍、二〇一五年)。

熊本赤十字病院「復興への軌跡――東日本大震災82時間の救護記録」(二〇一四年)。

警察庁「東日本大震災と警察」(警察庁、二〇一二年)。

警察庁「東日本大震災に伴う警察措置」(警察庁、二〇一六年)。

警察庁編『警察白書 平成7年版』(大蔵省印刷局、一九九五年)。

警察庁緊急災害警備本部「東日本大震災における警察活動に係る検証」(警察庁、二〇一一年)。

警視庁編『大正大震火災誌』(警視庁、一九二五年)。

神戸商船大学『震度7の報告――その時、神戸商船大学では…』(神戸商船大学、一九九六年)。

河本尋子・重川希志依・田中聡「ヒアリング調査による災害応援・受援業務に関する考察――東日本大震災の事例」『地域安全学会論文集』二〇号(二〇一三年)。

小滝晃『東日本大震災 緊急災害対策本部の90日――政府の初動・応急対応はいかになされたか』(ぎょうせい、二〇一三年)。

後藤新平研究会編著『震災復興 後藤新平の120日――都市は市民がつくるもの』(藤原書店、二〇一一年)。

故伯爵山本海軍大将伝記編纂会編『伯爵山本権兵衛伝』下巻(山本清、一九三八年)。

寒川旭『地震の日本史――大地は何を語るのか〔増補版〕』(中公新書、二〇一一年)。

自然科学研究機構 国立天文台編『理科年表 2017年版』(丸善出版、二〇一六年)。

渋沢栄一記念財団・渋沢史料館『渋沢栄一と関東大震災』二〇一〇年。

世界銀行編著『大規模災害から学ぶ――東日本大震災からの教訓』ワシントンDC、二〇一二年。

(英文原著) The World Bank, The Great East Japan Earthquake: Learning from Megadisasters, Washington DC, 2012.

消防庁「東日本大震災記録集 二〇一三年三月」(消防庁、二〇一三年)。

消防庁編『阪神・淡路大震災の記録』第二巻(ぎょうせい、一九九六年)。

消防庁編『阪神・淡路大震災の記録』別巻資料編(ぎょうせい、一九九六年)。

消防庁災害対策本部「東日本大震災」第一四九報(消防庁、二〇一四年)。

震災対応セミナー実行委員会編『3・11大震災の記録――中央省庁・被災自治体・各士業等の対応』(民事法研究会、二〇一二年)。

震災予防調査会「震災予防調査会報告」第一〇〇号(一九二五年)。

須藤彰『自衛隊救援活動日誌 東北地方太平洋沖地震の現場から』(扶桑社、二〇一一年)。

関沢愛「地震火災の被害軽減対策」ひょうご震災記念21世紀研究機構災害対策全書編集企画委員会編『災害対策全書2 応急対応』(ぎょうせい、二〇一一年)。

善教将大「災害時相互応援協定は機能したか――被災自治体サーベイを用いた分析」五百旗頭真監修/大西前掲編著『災害に立ち向かう自治体間連携』。

総務省「各都道府県による被災県に対する支援状況(二〇一二年三月二一日)」(総務省ホームページ https://www.soumu.go.jp/main_content/000151767.pdf)。

副田義也『内務省の社会史』(東京大学出版会、二〇〇七年)。

大霞会編『内務省史』第三巻(地方財務協会、一九七一年)。

高嶋博視『武人の本懐 FROM THE SEA ― 東日本大震災における海上自衛隊の活動記録』(講談社、二〇一四年)。

高橋重治編『帝都復興史』全三巻(復興調査協会、一九三〇年)。

高山文彦『大津波を生きる ― 巨大防潮堤と田老百年のいとなみ』(新潮社、二〇一二年)。

高寄昇三『阪神大震災と自治体の対応』(学陽書房、一九九六年)。

瀧野隆浩『ドキュメント 自衛隊と東日本大震災』(ポプラ社、二〇一二年)。

中央防災会議「災害教訓の継承に関する専門調査会報告書 1657明暦の江戸大火」(二〇〇四年)。

中央防災会議「災害教訓の継承に関する専門調査会報告書 1896明治三陸津波」(二〇〇五年)。

中央防災会議「災害教訓の継承に関する専門調査会報告書 1923関東大震災」第1編(二〇〇六年)。

中央防災会議「災害教訓の継承に関する専門調査会報告書 1923関東大震災」第2編(二〇〇八年)。

中央防災会議「災害教訓の継承に関する専門調査会報告書 1923関東大震災」第3編(二〇〇九年)。

筒井清忠『帝都復興の時代 関東大震災以後』(中公選書、二〇一一年)。

恒川惠市編『大震災・原発危機下の国際関係』〈村松岐夫・恒川惠市監修『大震災に学ぶ社会科学』第七巻〉(東洋経済新報社、二〇一五年)。

鶴見祐輔『後藤新平』第四巻(勁草書房、一九六七年)。

東京市編纂「東京震災録」前・中・後(東京市役所、一九二六年)。

東京電力福島原子力発電所における事故調査・検証委員会『政府事故調 中間報告書』(メディアランド、二〇一二年)。

東京電力福島原子力発電所事故調査委員会『国会事故調 報告書』(徳間書店、二〇一二年)。

東京都杉並区「3・11東日本大震災から一年——杉並区のあゆみ」(二〇一二年)。

遠野市「遠野市後方支援活動検証記録誌」(二〇一三年)。

内務省社会局編『大正震災志』上・下(内務省社会局、一九二六年)。

内務大臣官房都市計画課「三陸津波に因る被害町村の復興計画報告書」(一九三四年)。

中林啓修「米軍による日本国内での災害救援——阪神・淡路大震災以降の展開」『地域安全学会論文集』No. 30(二〇一七年)。

日米協会編/五百旗頭真・久保文明・佐々木卓也・簑原俊洋監修『もう一つの日米交流史——日米協会資料で読む20世紀』(中央公論新社、二〇一二年)。

日本火災学会『1995年兵庫県南部地震における火災に関する調査報告書』(日本火災学会、二〇一一年)。

日本気象協会「地震津波の概要 第三報」『災害と防災・防犯統計データ集〈二〇一四〉』(三冬社、二〇一四年)。

日本消防協会編『阪神・淡路大震災誌』(日本消防協会、一九九六年)。

日本赤十字社「東日本大震災——救護活動から復興支援までの全記録」(二〇一五年)。

日本防衛学会「自衛隊災害派遣の実態と課題」日本防衛学会編『防衛学研究』第四六号(二〇一二年)。

波多野勝・飯森明子『関東大震災と日米外交』(草思社、一九九九年)。

林俊行「東日本大震災復興財政(復興基金)」ひょうご震災記念21世紀研究機構災害対策全書編集企画委員会編『災害対策全書 別冊』。

阪神・淡路大震災記念協会編『翔べフェニックス——創造的復興への群像』(阪神・淡路大震災記念協会、

二〇〇五年)。

阪神・淡路大震災記念協会編『阪神・淡路大震災記念協会オーラル・ヒストリー』(人と防災未来センター図書館所蔵)。

阪神・淡路大震災調査報告編集委員会編著『阪神・淡路大震災調査報告 共通編2』(土木学会・日本建築学会、一九九八年)。

阪神復興・岩井フォーラム事務局「岩井フォーラム講話集」第三号(二〇〇六年)。

東日本大震災復興構想会議議事録(第一回 二〇一一年四月十四日~第十三回 十一月十日)(内閣官房ホームページ https://www.cas.go.jp/jp/fukkou/)。

東日本大震災復興構想会議「復興への提言――悲惨のなかの希望」(二〇一一年六月二十五日)(内閣官房ホームページ https://www.cas.go.jp/jp/fukkou/)。

火箱芳文『即動必遂――東日本大震災陸上幕僚長の全記録』(マネジメント社、二〇一五年)。

兵庫県「東日本大震災 兵庫県の支援1年の記録」(二〇一二年)。

兵庫県復興支援課「東日本大震災に係る支援」(二〇一五年)。

ひょうご震災記念21世紀研究機構「第二回自治体災害対策全国会議報告書」(二〇一三年)。

ひょうご震災記念21世紀研究機構編『翔べフェニックスII――防災・減災社会の構築』(ひょうご震災記念21世紀研究機構、二〇一五年)。

ひょうご震災記念21世紀研究機構災害対策全書編集企画委員会編『災害対策全書1 災害概論』(ぎょうせい、二〇一一年)。

ひょうご震災記念21世紀研究機構災害対策全書編集企画委員会編『災害対策全書2 応急対応』(ぎょうせい、二〇一一年)。

ひょうご震災記念21世紀研究機構災害対策全書編集企画委員会編『災害対策全書 別冊――「国難」となる巨大災害に備える』(ぎょうせい、二〇一五年)。

ひょうご震災記念21世紀研究機構調査研究本部「リスボン地震とその文明史的意義の考察 研究調査報告書」(ひょうご震災記念21世紀研究機構、二〇一五年)。

深尾良夫・石橋克彦編『阪神・淡路大震災と地震の予測』(岩波書店、一九九六年)。

福島県警察本部監修『ふくしまに生きる ふくしまを守る――警察官と家族の手記』(福島県警察互助会、二〇一二年)。

福島原発事故記録チーム編『福島原発事故 タイムライン2011―2012』(岩波書店、二〇一三年)。

福島原発事故記録チーム編『福島原発事故 東電テレビ会議49時間の記録』(岩波書店、二〇一三年)。

福島原発事故独立検証委員会(民間事故調)『福島原発事故独立検証委員会 調査・検証報告書』(ディスカヴァー・トゥエンティワン、二〇一二年)。

福山哲郎『原発危機 官邸からの証言』(ちくま新書、二〇一二年)。

藤沢烈「公共を支える企業」岡本全勝編『東日本大震災 復興が日本を変える――行政・企業・NPOの未来のかたち』(ぎょうせい、二〇一六年)。

船橋洋一『カウントダウン・メルトダウン』上・下(文藝春秋、二〇一二年)。

防衛庁陸上幕僚監部『阪神・淡路大震災災害派遣行動史 平成7年1月17日～4月27日』(陸上自衛隊第一〇師団、一九九五年)。

牧原出「政治主導のもとでの専門知としての政治学の役割――東日本大震災復興構想会議をめぐって」『立命館法学』第399・400号、二〇二二年三月。

松島悠佐『阪神大震災 自衛隊かく戦えり』(時事通信社、一九九六年)。

松葉一清『『帝都復興史』を読む』(新潮社、二〇一二年)。
御厨貴・金井利之・牧原出インタビュー「『阪神・淡路震災復興委員会』(1995―1996)委員長
下河辺淳『同時進行』オーラルヒストリー」上・下『C. O. E. オーラル・政策研究プロジェクト』
上・下(GRIPS、二〇〇二年)。
南三陸消防署・亘理消防署・神戸市消防局・川井龍介編『東日本大震災 消防隊員死闘の記――津波と
瓦礫のなかで』(旬報社、二〇一二年)。
宮城県「東日本大震災――宮城県の発災後1年間の災害対応の記録とその検証」(二〇一五年)。
村井俊治『東日本大震災の教訓――津波から助かった人の話』(古今書院、二〇一一年)。
村上友章「自衛隊の災害派遣の史的展開」『国際安全保障』四一-二(二〇一三年)。
村上友章「自衛隊の災害救援活動――戦後日本における「国防」と「防災」の相克」五百旗頭監修/片
山編著前掲書『防災をめぐる国際協力のあり方』。
村山富市述/薬師寺克行編『村山富市回顧録』(岩波書店、二〇一二年)。
室崎益輝「函館大火(一九三四)と酒田大火(一九七六)」ひょうご震災記念21世紀研究機構災害対策全書
編集企画委員会編『災害対策全書1 災害概論』(ぎょうせい、二〇一一年)。
森本公誠『聖武天皇 責めはわれ一人にあり』(講談社、二〇一〇年)。
山川雄巳「阪神・淡路大震災における村山首相の危機管理リーダーシップ」『関西大学法学論集』47(関
西大学法学会、一九九七年)。
山崎正和評「『大災害の時代――未来の国難に備えて』」『毎日新聞』二〇一六年九月四日付「今週の本
棚」。
山下文男『哀史 三陸大津波――歴史の教訓に学ぶ』(河出書房新社、二〇一一年)。

山本純美『江戸の火事と火消』(河出書房新社、一九九三年)。

横浜市市史編纂係編『横浜市震災誌』第一冊(横浜市市史編纂係、一九二六年)。

吉村昭『三陸海岸大津波』(文藝春秋、一九七〇年)。

吉村昭『関東大震災』(文藝春秋、一九七三年)。

新聞

『神戸新聞』一九七四年六月二十六日付夕刊。

『読売新聞』一九九五年二月十九日付。

『毎日新聞』一九九五年三月十二日付。

インタビュー・談話・回想など

芦尾長司兵庫県副知事へのインタビュー(二〇〇〇年八月三十日、みなと銀行本店にて)、『阪神・淡路大震災記念協会オーラル・ヒストリー』所収。

有田俊晃白鷗寮自治会長の回想、神戸商船大学『震度7の報告』および日本消防協会編『阪神・淡路大震災誌』所収。

五十嵐広三内閣官房長官へのインタビュー(二〇〇三年六月三日)。

石原信雄内閣官房副長官へのインタビュー(二〇〇三年四月八日)。

小里貞利沖縄・北海道開発担当大臣へのインタビュー(二〇〇二年八月二十一日)。

小田千鶴子神戸大学医学部付属病院集中治療部副看護婦長の談話、日本消防協会編『阪神・淡路大震災誌』所収。

折木良一自衛隊統合幕僚長からの、防衛省(市ヶ谷)での会議の折などの筆者による聞き取り。

貝原俊民兵庫県知事へのインタビュー(一九九五年四月十五日、兵庫地域政策研究機構にて、および二〇〇一年十月五日、兵庫県庁にて)、『阪神・淡路大震災記念協会オーラル・ヒストリー』所収。

上川庄二郎神戸市消防局長へのインタビュー(一九九九年十二月六日、阪神・淡路大震災記念協会にて)、『阪神・淡路大震災記念協会オーラル・ヒストリー』所収。

川合友一芦屋市消防団長の談話、日本消防協会編『阪神・淡路大震災誌』所収。

菅直人首相への筆者の質問(二〇一一年三月二十日、防衛大学校にて)。

北村春江芦屋市長へのインタビュー(二〇〇三年九月十九日、阪神・淡路大震災記念協会にて)、『阪神・淡路大震災記念協会オーラル・ヒストリー』所収。

君塚栄治陸上自衛隊東北方面総監の筆者への談話および防衛大学校での前総監の講話(二〇一一年十月二十一日)。

国松孝次警察庁長官へのインタビュー(二〇〇四年十月七日、東京:損保ジャパン本社にて)、『阪神・淡路大震災記念協会オーラル・ヒストリー』所収。

黒川雄三陸上自衛隊第三六普通科連隊長へのインタビュー(二〇〇五年九月十七日、滋賀県守山市黒川氏宅にて)、『阪神・淡路大震災記念協会オーラル・ヒストリー』所収。

小久保正雄北淡町〔現淡路市〕町長へのインタビュー(二〇〇二年八月七日、北淡町役場にて)、『阪神・淡路大震災記念協会オーラル・ヒストリー』所収。

後藤太郎芦屋市助役へのインタビュー(二〇〇三年八月七日、阪神・淡路大震災記念協会にて)、『阪神・淡路大震災記念協会オーラル・ヒストリー』所収。

齋藤富雄兵庫県秘書課長〔のち副知事〕による県の記録メモ「阪神・淡路大震災における自衛隊の災害派

遣の初動をめぐって」(二〇一〇年二月八日)。

笹山幸俊神戸市長へのインタビュー(二〇〇一年二月五日、神戸国際会館にて)、『阪神・淡路大震災記念協会オーラル・ヒストリー』所収。

下河辺淳氏へのインタビュー(二〇〇〇年五月十一日)。

滝藤浩二兵庫県警本部長へのインタビュー(二〇〇二年九月十九日、JR西日本本社にて)、『阪神・淡路大震災記念協会オーラル・ヒストリー』所収。

瀧野欣弥内閣官房副長官(事務)への筆者によるインタビュー(二〇一四年五月十四日、都道府県会館にて)。

野口一行兵庫県防災係長へのインタビュー(一九九八年六月二十二日、阪神・淡路大震災記念協会にて)、『阪神・淡路大震災記念協会オーラル・ヒストリー』所収。

馬場順三西宮市長へのインタビュー(二〇〇二年十月三日、西宮市役所)、『阪神・淡路大震災記念協会オーラル・ヒストリー』所収。

林政夫陸上自衛隊第三特科連隊長へのインタビュー(二〇〇五年七月二十九日、高知県庁にて)、『阪神・淡路大震災記念協会オーラル・ヒストリー』所収。

繁田安啓北淡町消防団副団長の談話、日本消防協会編『阪神・淡路大震災誌』所収。

火箱芳文自衛隊陸上幕僚長からの、折々の会話の中での筆者による聞き取り。

福山哲郎内閣官房副長官(政務)への筆者によるインタビュー(二〇一四年五月十三日、参議院議員会館にて)。

前澤朝江兵庫県婦人防火クラブ連絡協議会会長の談話、日本消防協会編『阪神・淡路大震災誌』所収。

松下勉伊丹市長へのインタビュー(二〇〇七年一月二十五日、阪神・淡路大震災記念協会にて)、『阪神・淡路大震災記念協会オーラル・ヒストリー』所収。

松島悠佐陸上自衛隊中部方面総監へのインタビュー(二〇〇四年十月六日、東京：ダイキン本社にて)、『阪神・淡路大震災記念協会オーラル・ヒストリー』所収。

宮田良雄尼崎市長へのインタビュー(二〇〇六年十二月九日、阪神・淡路大震災記念協会にて)、『阪神・淡路大震災記念協会オーラル・ヒストリー』所収。

三宅仁長田区西代戸崎自治会連合協議会副会長の談話、日本消防協会編『阪神・淡路大震災誌』所収。

村山富市首相へのインタビュー(二〇〇三年二月十九日)。

村山富市首相への筆者の質問(二〇一五年一月十七日、神戸にて)。

山下彰啓神戸市局長へのインタビュー(一九九九年十一月十八日、神戸市役所にて)、『阪神・淡路大震災記念協会オーラル・ヒストリー』所収。

山田知西宮市教育長(のち市長)へのインタビュー(二〇〇五年八月二十五日、西宮市役所にて)、『阪神・淡路大震災記念協会オーラル・ヒストリー』所収。

本書は二〇一六年六月、毎日新聞出版より『大災害の時代――未来の国難に備えて』として刊行された。二〇二〇年七月に増補された英語版がミシガン大学出版会より『The Era of Great Disasters: Japan and Its Three Major Earthquakes』として刊行された。岩波現代文庫への収録に際し、加筆修正をおこない、書名を『大災害の時代――三大震災から考える』とした。

本書に掲載した写真について、特記なきものは、毎日新聞社提供である。

大災害の時代——三大震災から考える

2023年8月10日　第1刷発行

著　者　五百旗頭《いおきべ》 真《まこと》

発行者　坂本政謙

発行所　株式会社 岩波書店
〒101-8002 東京都千代田区一ツ橋 2-5-5
案内 03-5210-4000　営業部 03-5210-4111
https://www.iwanami.co.jp/

印刷・精興社　製本・中永製本

ISBN 978-4-00-603343-9　Printed in Japan

岩波現代文庫創刊二〇年に際して

二一世紀が始まってからすでに二〇年が経とうとしています。この間のグローバル化の急激な進行は世界のあり方を大きく変えました。世界規模で経済や情報の結びつきが強まるとともに、国境を越えた人の移動は日常の光景となり、今やどこに住んでいても、私たちの暮らしは世界中の様々な出来事と無関係ではいられません。しかし、グローバル化の中で否応なくもたらされる「他者」との出会いや交流は、新たな文化や価値観だけではなく、摩擦や衝突、そしてしばしば憎悪までをも生み出しています。グローバル化にともなう副作用は、その恩恵を遥かにこえていると言わざるを得ません。

今私たちに求められているのは、国内、国外にかかわらず、異なる歴史や経験、文化を持つ「他者」と向き合い、よりよい関係を結び直してゆくための想像力、構想力ではないでしょうか。

新世紀の到来を目前にした二〇〇〇年一月に創刊された岩波現代文庫は、この二〇年を通して、哲学や歴史、経済、自然科学から、小説やエッセイ、ルポルタージュにいたるまで幅広いジャンルの書目を刊行してきました。一〇〇〇点を超える書目には、人類が直面してきた様々な課題と、試行錯誤の営みが刻まれています。読書を通した過去の「他者」との出会いから得られる知識や経験は、私たちがよりよい社会を作り上げてゆくために大きな示唆を与えてくれるはずです。

一冊の本が世界を変える大きな力を持つことを信じ、岩波現代文庫はこれからもさらなるラインナップの充実をめざしてゆきます。

（二〇二〇年一月）

岩波現代文庫[社会]

S322
菌世界紀行 —誰も知らないきのこを追って—
星野保

大の男が這いつくばって、世界中の寒冷地にきのこを探す。雪の下でしたたかに生きる菌たちの生態とともに綴る、とっておきの〈菌道中〉。〈解説〉渡邊十絲子

S323-324
キッシンジャー回想録 中国(上・下)
ヘンリー・A・キッシンジャー
塚越敏彦ほか訳

世界中に衝撃を与えた米中和解の立役者であるキッシンジャー。国際政治の現実と中国の論理を誰よりも知り尽くした彼が綴った、決定的「中国論」。〈解説〉松尾文夫

S325
井上ひさしの憲法指南
井上ひさし

「日本国憲法は最高の傑作」と語る井上ひさし。憲法の基本を分かりやすく説いたエッセイ、講演録を収めました。〈解説〉小森陽一

S326
増補版 日本レスリングの物語
柳澤健

草創期から現在まで、無数のドラマを描きき る日本レスリングの「正史」にしてエンターテインメント。〈解説〉夢枕獏

S327
抵抗の新聞人 桐生悠々
井出孫六

日米開戦前夜まで、反戦と不正追及の姿勢を貫きジャーナリズム史上に屹立する桐生悠々。その烈々たる生涯。巻末には五男による〈親子関係〉の回想文を収録。〈解説〉青木理

2023.8

S328
人は愛するに足り、真心は信ずるに足る
―アフガンとの約束―
中村 哲
澤地久枝(聞き手)

戦乱と劣悪な自然環境に苦しむアフガンで、人々の命を救うべく身命を賭して活動を続けた故・中村哲医師が熱い思いを語った貴重な記録。

S329
負け組のメディア史
―天下無敵 野依秀市伝―
佐藤卓己

明治末期から戦後にかけて「言論界の暴れん坊」の異名をとった男、野依秀市。忘れられた桁外れの鬼才に着目したメディア史を描く。〈解説〉平山 昇

S330
ヨーロッパ・コーリング・リターンズ
―社会・政治時評クロニクル 2014-2021―
ブレイディみかこ

人か資本か。優先順位を間違えた政治は希望を奪い貧困と分断を拡大させる。地べたから英国を読み解き日本を照らす、最新時評集。

S331
増補版 悪役レスラーは笑う
―「卑劣なジャップ」グレート東郷―
森 達也

第二次大戦後の米国プロレス界で「卑劣な日本人」を演じ、巨万の富を築いた伝説の悪役レスラーがいた。謎に満ちた男の素顔に迫る。

S332
戦争と罪責
野田正彰

旧兵士たちの内面を精神病理学者が丹念に聞き取る。罪の意識を抑圧する文化において豊かな感情を取り戻す道を探る。

2023. 8

S333
孤塁
―双葉郡消防士たちの3・11―
吉田千亜

原発が暴走するなか、住民救助や避難誘導、原発構内での活動にもあたった双葉消防本部の消防士たち。その苦闘を初めてすくいあげた迫力作。新たに「『孤塁』その後」を加筆。

S334
ウクライナ 通貨誕生
―独立の命運を賭けた闘い―
西谷公明

自国通貨創造の現場に身を置いた日本人エコノミストによるゼロからの国づくりの記録。二〇一四年、二〇二二年の追記を収録。〈解説〉佐藤優

S335
「科学にすがるな!」
―宇宙と死をめぐる特別授業―
佐藤文隆
艸場よしみ

「死とは何かの答えを宇宙に求めるな」と科学論に基づいて答える科学者 vs. 死の意味を問い続ける女性。3・11をはさんだ激闘の記録。〈解説〉サンキュータツオ

S336
増補 空疎な小皇帝
「石原慎太郎」という問題
斎藤貴男

差別的な言動でポピュリズムや排外主義を煽りながら、東京都知事として君臨した石原慎太郎。現代に引き継がれる「負の遺産」を、いま改めて問う。新取材を加え大幅に増補。

S337
鳥肉以上、鳥学未満。
―Human Chicken Interface―
川上和人

ボンジリってお尻じゃないの? 鳥の首はろくろ首!? トリビアもネタも満載。キッチンから始まる、とびっきりのサイエンス。〈解説〉枝元なほみ

2023.8

岩波現代文庫[社会]

S338-339
あしなが運動と玉井義臣(上・下)
―歴史社会学からの考察―
副田義也
日本有数のボランティア運動の軌跡を描き出し、そのリーダー、玉井義臣の活動の意義を歴史社会学的に考察。〈解説〉苅谷剛彦

S340
大地の動きをさぐる
杉村新
地球の大きな営みに迫ろうとする思考の道筋と、仲間とのつながりがからみあい、研究は深まり広がっていく。プレートテクトニクス成立前夜の金字塔的名著。〈解説〉斎藤靖二

S341
歌うカタツムリ
―進化とらせんの物語―
千葉聡
実はカタツムリは、進化研究の華だった。行きつ戻りつしながら前進する研究の営みと、カタツムリの進化を重ねた壮大な歴史絵巻。〈解説〉河田雅圭

S342
戦慄の記録 インパール
NHKスペシャル取材班
三万人もの死者を出した作戦は、どのように立案・遂行されたのか。牟田口司令官の肉声や兵士の証言から全貌に迫る。〈解説〉大木毅

S343
大災害の時代
―三大震災から考える―
五百旗頭真
阪神・淡路大震災、東日本大震災、熊本地震に被災者として関わり、東日本大震災の復興構想会議議長を務めた政治学者による報告書。〈緒言〉山崎正和